U0882003

新编21世纪社会学系列教材

现代西方社会学理论

刘少杰 著

Modern Western Sociological Theory

中国人民大学出版社
·北京·

内容简介

本书是一部系统介绍现代西方社会学理论的教材，内容包括从孟德斯鸠、孔德、斯宾塞到曼海姆和舒茨等15位西方社会学家的思想理论。本书导论论述了西方社会学产生的现实基础、思想来源、主要传统、发展阶段和学习西方社会学理论的方法与意义。第二章至第十六章对15位西方社会学家的学术背景、基本理论、方法原则、学术贡献与理论局限作了系统而明确的阐述。本书线索清晰、层次分明、语言流畅、评述准确，适合普通高等院校社会学、社会工作、人口学等本科专业一、二年级教学使用。

作者简介

刘少杰　教育部人文社会科学重点研究基地中国人民大学社会学理论与方法研究中心主任，教授，《社会学评论》主编，安徽大学讲席教授，国家社会科学基金评审委员。主要研究领域为理论社会学、网络社会学和经济社会学。先后承担国家社会科学基金重大项目、教育部重大攻关项目等重大重点科研项目十余项，在《中国社会科学》《新华文摘》《社会学研究》等学术刊物上发表论文百余篇，出版学术专著十余部，其中《当代中国意识形态变迁》入选国家哲学社会科学成果文库，受到全国哲学社会科学规划领导小组表彰。先后获得国家和省部级科研成果奖励13项，荣获宝钢优秀教师特等奖提名奖、北京市教学名师称号、中国人民大学大华杰出教学贡献奖、国务院特殊津贴等。

前言

转瞬之间，我从事社会学教学工作已经28年了。

1994年，我在吉林大学社会学系为本科生讲授的第一门课就是“西方社会学理论”。经过二十多年的教学实践，我深感欲培养高质量的社会学专业人才，一定要把对理论思维的训练置于根本的地位上。而欲认真地训练学生的理论思维能力，最有效的办法就是引导学生认真学习社会学学术史中的思想理论。

西方社会学理论的思想内容十分丰富，利用有限的课堂教学时间，清楚透彻地向学生讲解不同流派社会学家的重要理论观点，不仅要求教师对这些思想理论有深入的研究，而且也需要向学生提供线索清晰、语言流畅、观点明确、深入浅出、可读性强的教材。

为了实现上述培养人才和提高教学水平的目的，我于1998年编著出版了《现代西方社会学理论》，后来又于2002年编著出版了《后现代西方社会学理论》。这两部教材分别用于本科生低年级教学和本科生高年级及研究生教学，受到了学生和教师的欢迎，得到了很多好评。

中国人民大学于近年启动了教材建设计划，《现代西方社会学理论》被列入基本教材出版计划。现在呈现在读者面前的这部教材，是1998年出版的《现代西方社会学理论》的修订版，本书在原有内容的基础上又增加了“孟德斯鸠关于法、政体与社会的理论”和“舒茨的现象学社会学”两章，其他各章也有不同程度的修改和增补。

需特别指出的是，本书不仅把马克思主义的社会学理论作为一个重要学术传统做了深入的阐释，而且坚持用马克思主义社会学的基本立场去评析西方社会学的一些思想观点，引导读者客观、辩证地看待各种西方社会学理论的学术贡献及其局限性。

此外，本书由作者独立编著，在篇章结构、理论分析、行文风格等方面保持了统一性，具有较强的可读性。

中国人民大学出版社人文分社潘宇社长和盛杰编辑对本书作了认真审阅，纠正了许多疏漏不当之处，做了大量辛苦的工作，借此机会向她们表示诚挚的谢意。

刘少杰

2021 年 6 月 22 日

于北京世纪城时雨园

目录

第一章　导　论

第二章　孟德斯鸠关于法、政体与社会的理论

第三章　孔德的社会实证论

第一章
导　论

本章要点

本章介绍了西方社会学形成的现实基础和思想渊源，分析了实证主义社会学、人本主义社会学和马克思主义社会学在立论基础、基本观点、理论取向和方法论原则等方面的不同特点及区别与联系，论述了学习西方社会学理论的方法和意义。

关键概念

实证主义社会学；人本主义社会学；马克思主义社会学

西方社会学的思想内容十分丰富，理论流派非常复杂。要想比较深入地研究西方社会学的各种思想理论，首先应当对其现实基础、思想来源、理论贡献、主要传统和演化线索有比较清晰的把握，并且对怎样才能明确理解西方社会学的学术观点也有清楚的认识，然后才能在五光十色的西方社会学理论中辨别良莠、汲取精华。

一、西方社会学的兴起

从1838年孔德提出社会学（sociology）的概念至今，仅仅在180多年的历史中，社会学获得了迅速的发展。它不仅满腔热忱地关注和回答了各种纷繁复杂的现实社会问题，提出种种具有操作性的解决社会矛盾与冲突、推动社会发展的战略规划，受到各国政府和社会管理机构的高度重视，而且还深邃冷静地从对各种现实问题的思考中概括出了各种学说和理论，既为当代世界思想宝库增添了华光闪烁的学术篇章，又对当代哲学、文学、艺术、宗教、伦理、政治学和法学都产生了广泛而深刻的影响，出现了许多丰富多彩的、向其他学科渗透的交叉学科，如文化社会学、宗教社会学、政治社会学等等。因此，社会学无疑是当代最年轻、最有生命力的一门新兴科学。

社会学能够获得如此旺盛的生命力和朝气蓬勃地发展，其重要原因之一在于：

社会学是关于社会变迁和社会转型的学问。社会学在社会变迁中诞生，在思考社会转型中发展。孔德在 19 世纪 30 年代提出社会学概念之际，正是法国大革命刚刚结束不久，旧的封建秩序被无情的暴力革命摧毁，新的资本主义秩序尚未确立，资产阶级政权不断更迭，劳资冲突此起彼伏，各种经济问题困扰着资产阶级，同时也激发了他们巩固政权、发展工业的强烈愿望。如何摆脱秩序混乱的社会困境，在资产阶级政治大革命胜利的基础上，取得资本主义工业和文化的胜利，是摆在思想家面前的紧迫任务。孔德把秩序作为其社会学核心概念之一，充分说明了最初社会学的形成就是对社会危机的反映。

当社会学把社会秩序的建立与维护作为自己的根本追求时，一个必须回答的问题则是：社会秩序形成与维持的根据是什么？孔德曾把社会秩序理解为对外部世界客观规律的认识与服从，他指出："我们在这个过程中必须这样看待外部世界，它并不受任何意志所支配，而是服从于能够令我们作出充分预见的规律，如无预见，我们的实践活动就缺乏任何理性基础。"① 迪尔凯姆②对社会秩序的存在根据也给予高度重视，但他认为，孟德斯鸠等启蒙运动时期的思想家们在这一点上作出了积极探索，并为社会学作为一门科学的形成做出了奠基性贡献。

在迪尔凯姆看来，孟德斯鸠不仅把人们的目光引到了对社会现象的重视上，而且还提出了类型与法的概念。迪尔凯姆指出："孟德斯鸠不仅理解了社会现象对科学研究的重要性，也参与塑造了两个基本观念，这些观念，即类型的观念和法的观念。对确立社会科学来说是必不可少的。"③ 类型的观念可以引导人们在多样性和差别性中去认识和概括人类社会的经济、政治和文化的各种现象，以至可以清楚地认识不同民族或政体中各种社会生活的特点与区别；而法的观念则更为重要，因为孟德斯鸠所论述的法即社会的本质联系，或者说是社会存在与运行的规律。可以通过不同政体中的制度、法律和风俗习惯，去发现和揭示这些从根本上规定着社会秩序的法。因此，可以说，孟德斯鸠等启蒙运动时期的思想家们已经提出了社会学的根本追求，即社会秩序存在与形成的根据。

不仅以孔德为代表的实证社会学（positivistic sociology）把社会秩序作为根本追求，并认为社会秩序的形成有其客观根据，而且以韦伯为代表的解释社会学（interpretive sociology）、以马克思和卢卡奇为代表的批判社会学也是如此。实证社会学把社会现象作为客观对象，试图用物理学方法描述社会整合与进化的规律；解释社会学把社会现象看作人的主体活动的结果，试图用人文学科的理解与评价方法阐释社会行动的根据与意义；马克思主义的批判社会学（critical sociology）把社会现象看作实践过程，试图用唯物的辩证思维方式，批判地揭示社会异化的原因和人类自由解放道路。然而，不论从何种角度出发，采用何种方法，得出何种结论，社会

① 孔德．论实证精神．黄建华，译．北京：商务印书馆，1996：23.

② 迪尔凯姆（Émile Durkheim，1858—1917），又译为杜尔凯姆、杜尔克姆、涂尔干等。

③ 涂尔干．孟德斯鸠与卢梭．李鲁宁，赵立玮，付德根，译．上海：上海人民出版社，2003：55.

学都是一种直面现实、参与现实、力求把现实从困境中解脱出来，让人类从危机中超越，寻求社会持续进步和秩序稳定的具有重大现实意义的学科。

直面现实被认为是社会学区别于以黑格尔（Georg Wihelm Friedrich Hegel，1770—1831）为代表的德国古典哲学的标志，孔德把直面现实看作是实证社会学同形而上学传统决裂的根本点。黑格尔认为哲学是关于理性的学说，他的哲学体系是以理性的逻辑演化、理性的外化与内化而展开的。孔德认为这种以理性为核心的形而上学思维，是远离现实的虚幻反思，是神话思维的变相，以工业社会为基础的社会学必须抛弃这种把人们导向抽象王国的理性思辨。根据这些观点，人们一般认为社会学的出现是形而上学的终结，是理性哲学的湮灭。其实，社会学同传统形而上学，尤其是同黑格尔的理性哲学，并非简单的对立关系。在一定意义上可以说，无论是实证社会学、解释社会学，还是马克思主义社会学，都是欧洲形而上学传统，尤其是黑格尔理性哲学的批判性继续。

对形而上学传统和理性哲学责难最为严厉的莫过于孔德，然而就是他也未能真正同其所责难的理性哲学一刀两断。孔德实证社会学的基本原则是：像物理学一样直面现象范围内的事物，只问经验现象是什么，而不问它应当是什么，力求把握事物客观性和精确性的知识。实证社会学的这个基本原则不过是把自然科学原则移到了社会领域，这是被人们称为排斥价值原则和审美原则的科学理性。因此，当孔德声言同传统理性哲学决裂时，他不是在一般意义上反对理性，而是反对被包含在传统理性概念中的价值理性和审美理性，并且同时坚持和抬高了科学理性、认知理性以及客观理性。

在以黑格尔为代表的传统理性哲学中，理性作为思维与实践的根据，既是科学理性（认知理性）、价值理性（评价理性）和审美理性（艺术理性）的统一，也是客观理性与主观理性的统一，其中包含了人们追求真善美的总体性。黑格尔以这种总体性的理性概念为核心，展开了逻辑与历史的推演，表达了人类征服自然、控制社会、提高思维能力、发展科学文化、增长财富、获取人类幸福和自由的美好理想。理性在主观与客观、精神与自然的圆融统一中达到最高境界。从孔德坚持的基本原则——科学理性、认知理性、客观理性是传统理性概念的一个方面而言，实证社会学并未完全超越理性哲学的传统，只不过把科学理性、认知理性和客观理性从作为总体的传统理性中提取出来绝对化罢了。

不但实证社会学未能同传统理性哲学彻底分裂，而且同实证社会学尖锐对立的解释社会学也未能从理性哲学的传统中完全脱离出来。以韦伯为代表的解释社会学，其思想源头可直接追溯到欧洲历史主义或人文学科先驱意大利哲学家维柯（G. Vico，1668—1744），德国哲学家、美学家赫尔德（J. G. Herder，1744—1803）和哲学家狄尔泰（W. C. L. Dilthey，1833—1911）等人那里。他们高举人本主义旗帜，反对科学主义，强调价值、意义和主观性。虽然解释社会学也认为社会学是科学，应当追求社会生活的客观性，但是解释社会学认为科学是通过解释主观意义和文化价值的同物理学有根本区别的历史性科学，研究人类社会生活的客观形势在主观意义上有联系的人的社会行动的普遍性，而不是同自然规律一样的铁的必然性。

实证社会学从作为客观对象的社会事实出发，而解释社会学则从作为主观存在的个体的人出发；实证社会学试图以科学理性把握客体的客观规定性，解释社会学则试图通过意义阐释解释社会行动的主观根据或主观理性。如果说实证主义社会学强调科学理性、客观理性是传统理性哲学的片面性继续，那么把主体意愿和主观理性作为基本原则的解释社会学是传统理性哲学的又一种片面性继续。

在实证社会学和解释社会学形成的同时，欧洲出现了从实践出发的马克思主义社会学（Marxist sociology）。西方学者在论述社会学理论的发展历史时，都把马克思关于社会结构、阶级斗争和社会矛盾冲突的学说作为社会学理论的重要内容加以阐述；但是在东方社会主义国家中，人们在相当长的时间里只听说马克思的历史唯物主义，而不知道马克思的社会学。布哈林曾把历史唯物主义称为马克思的社会学，但因此而被宣判为篡改马克思主义的修正主义。事实上，马克思关于社会历史的学说不仅是关于历史本质和历史规律的历史哲学，而且也是关于社会活动、社会结构、社会冲突、社会变迁的社会学。以实践为基础，在社会实践的运动变化中观察社会、理解社会的马克思主义社会学，在西方社会学理论中有着独特的重要地位，它不仅回答了其他社会学派未能回答的问题，而且还对其他社会学流派产生了重大影响。

同实证社会学和解释社会学对待传统理性哲学的态度不同，马克思公开声明自己的社会历史理论是对以黑格尔为代表的德国古典哲学的批判继承。马克思主义的经典作家们在谈到自己的社会历史理论时，都不讳言他们承接了黑格尔哲学否定的、批判的辩证精神，动态的、发展的历史感，创造的、超越的实践性。当然，马克思主义经典作家们从未忘记申明他们同传统理性哲学的对立，并一再强调二者的对立首先是从现实出发同从理性观念出发的对立。在马克思主义看来，最基本的现实是人民群众从事着的实践活动。人民群众的实践活动并且主要是物质生产实践推动着社会发展变化，经济、政治和文化各种社会层面的矛盾与冲突都可以在这里找到根源。马克思主义不否认理性在社会生活中的作用，但是马克思主义认为人们的理性原则在实践中产生、发展和发挥作用。以实践为基础的理性是现实的、批判的、总体的活动根据，因为实践本身就是综合，是主观与客观的统一过程，是包含认识、评价和审美等总体意识于其中的物质活动。所以，当马克思主义立足于实践基础肯定理性原则的作用时，就既不能像实证社会学那样仅仅承认科学理性和客观理性，也不能像人本主义者那样片面强调主观理性和主观意愿，而是植根于实践活动中的、指向主观与客观统一和真善美统一的总体理性。

如果从研究对象上看，可以将社会学称为关于社会危机的学问，那么从建构原则上看，又可以将社会学称为关于社会理性化的学问。韦伯、帕森斯和哈贝马斯对此都有过论述。就此而言，社会学在德国古典哲学之后兴起，并非欧洲理性主义传统的中断，而是它的继续。马尔库塞在《理性与革命》一书中曾对社会学同以黑格尔为代表的理性哲学之间的关系作了论述，在他看来，孔德、克尔凯郭尔和马克思等人的社会理论，在黑格尔哲学解体时出现并非偶然，它们同黑格尔哲学有着不可分割的内在逻辑联系。

黑格尔理性哲学是欧洲理性主义传统的集大成，在他的庞大哲学体系中，前人赋予理性概念的含义都被综合在一起，理性成为一个内涵最抽象、外延最丰富的概念。理性是认知的逻辑，是评价的原则，是审美的尺度，是行为的规范，是实践的根据。理性是经过反思而自觉的人性，是概念化了的自然性。理性在现实中的代表是法国资产阶级大革命的精神，理性的本质是否定，理性的功能是批判，理性的追求是自由，理性的特性是普遍性。根据理性的这些品质，黑格尔要求现存的东西都必须按照理性加以改造，"凡是合乎理性的东西都是现实的；凡是现实的东西都是合乎理性的"[①]。

黑格尔的理性概念在矛盾中生成与发展。经过逻辑学的演化，理性外化到自然，开始认识自然、征服自然。当理性从自然返回社会历史时，它开始了最复杂、最艰巨的劳作。理性不仅反思宗教、文学、艺术、哲学、历史等文化形式，还要反思家庭、民族、阶级、国家等社会组织和社会行为。马尔库塞认为，在《法哲学原理》中，黑格尔的理性哲学已经进入了社会领域，触及社会学所面对的大量社会问题。黑格尔认为，社会生活的一切行为和一切组织，都只有按照理性加以改造，成为理性的作品，才具有必然性，才能从自在走向自觉，才能自立、自为、自由。可见，黑格尔在《法哲学原理》中已经全面提出并论述了社会理性化问题，韦伯、帕森斯、哈贝马斯等当代社会学家执着探索的社会理性化是黑格尔追求的继续。所不同的只在于，黑格尔以哲学语言概括了社会学问题，社会学家们则以社会学语言展开了黑格尔的哲学问题。

总之，西方社会学的兴起既是对西方社会问题的反映，也是对西方理性主义传统的发扬光大，我们应当在现实基础和文化传统的双向统一中考察和把握西方社会学的生成。如果被孔德等人反传统的口号遮蒙，认为社会学是同形而上学或理性哲学传统完全决裂的产物，进而脱离欧洲文化传统孤立地谈论社会学的形成与发展，不仅无法在人类思想文化的连续性中把握社会学作为一种文化形式的发展脉络，而且也无法理解社会学家们面对现实问题而提出的种种概念和学说。

二、实证主义、人本主义和马克思主义

虽然只有 180 多年的历史，西方社会学却演化出错综复杂的思想脉络。面对纵横交错的学术流派，采用不同的根据，在难理其宗的西方社会学中可以理出不同的演化线索。当然，概括线索一定要择其主要而述之，可是这样又难免有疏漏偏颇。

---

① 黑格尔．法哲学原理．范扬，张企泰，译．北京：商务印书馆，1961：11.

因此，无论按照何种根据理出的线索都只是舍弃了某些个性的概括，它只能作为引领我们阅读文本的线路图，真正具体地理解各种流派的学术思想，还有待于深入门庭各异的学术流派中去解读它们的文本。

前面提到实证社会学、解释社会学和马克思主义社会学，这是从立论基础和理论取向的不同而对西方社会学做出的一种划分。孔德为实证社会学规定的立论基础是可观察的经验事实，理论取向是稳定社会秩序、推进社会工业化进程。比孔德稍晚些的斯宾塞和迪尔凯姆，虽然提出了许多孔德并未谈及的新问题和新观点，但是他们三者在立论基础和理论取向上是一致的，西方学者一般把他们三人的理论统称为实证社会学的古典理论。

孔德作为实证主义的鼻祖，虽然明确了实证社会学的立论基础和理论取向，但是统观其全部理论，却可以发现他并没有把实证主义原则贯彻始终。孔德声言要从经验事实出发，但却从知识类型转换和思维方式变化出发来解释社会进化；孔德早年主张用物理学方法研究社会现象，但到晚年却倡导用宗教来启迪人类心灵，达到社会和谐。斯宾塞批评了孔德实证主义的不彻底性，斯宾塞说："他研究主观，我探讨客观。"[①] 在斯宾塞看来，孔德所研究的知识类型、思维方式和宗教情感并非实证方法所能把握的实证知识，以它们作为研究对象难免要重新陷入形而上学思辨。实证主义应当面对的是作为客观实在的社会有机体及其结构功能，只有这样才能保证实证知识的客观性和确定性。

实证社会学的系统建立是由迪尔凯姆完成的。迪尔凯姆首先明确了社会事实是社会学的研究对象，他从社会事实的本质与特征论证了社会事实的客观性和普遍性，还对研究和解释社会事实的客观性方法论原则作了论述。迪尔凯姆坚持了实证社会学的理论一贯性，他把实证原则贯彻到对社会进化、社会团结、宗教现象与社会知识等各种社会问题的研究中，使实证社会学以比较完整的理论系统在现代学林中争得一席之地。可以说，实证主义社会学在其古典理论中经历了由孔德提出—斯宾塞明确—迪尔凯姆系统化的渐进过程。

实证社会学自问世起，就受到来自人本主义和马克思主义的两方面批判，在 20 世纪初这种批判尤为激烈。面对持久不断的批判，实证主义原则在社会学领域逐渐受到怀疑，但是这并没有使实证主义从社会学领域退出。在帕森斯、默顿的结构功能主义（structural-functionalism）社会学和曼海姆、索罗金的知识社会学（sociology of knowledge）中，实证主义原则在一定程度上得到了坚持，但是已经失去了实证社会学古典理论的坚定色彩，他们往往把坚持实证主义的某些原则同吸收人本主义的某些主张统一了起来。例如，帕森斯社会学理论的立足点是社会结构的客观性和结构功能模式的普遍性，其理论取向是寻求社会结构功能的理性化，进而推进世界的现代化进程，就此而言，帕森斯坚持了实证社会学的立论基础和理论取向；但是，帕森斯接受了韦伯等人从主观方面理解个人社会行为的某些主张，肯定了情

---

① 科塞．社会思想名家．石人，译．上海：上海人民出版社，2007：80.

感、意志、价值选择等主体性因素在社会结构功能运作中的意义，这意味着人本主义的某些原则已经被融入帕森斯的社会学理论中了。

在曼海姆和索罗金的知识社会学中，也能看到实证主义原则同人本主义倾向的某种融合。曼海姆把文化看作存在于社会条件中的知识客体，试图通过经验描述和结构分析来把握它的运动规律，同时曼海姆也强调要注意个人心灵和价值取向对社会文化的影响。索罗金对文化系统和知识类型的研究，把感性经验的实证性分析同价值、意义的辩证阐释有机地统一起来，他既强调文化模式和知识类型演变的客观一般性，也强调个体心理结构、价值取向在文化变迁、知识进化中的作用。

人本主义社会学是作为实证主义社会学的对立面发展起来的。在韦伯的社会学理论中，已经可以看到人本主义在社会学中的表现，但是，还不能简单地把韦伯的学说归结为人本主义社会学。虽然韦伯强调了社会行动的主观性，强调了文化传统和价值观念在社会发展和社会变迁中的作用，并且反对用物理学的方法解释社会现象，但是韦伯还明确地主张社会学研究的价值中立原则，强调发现社会生活客观性的科学意义，强调排斥人情、个性的科层制是走向现代化的有效形式。在这个意义上，韦伯有时还表现出了科学主义的反人本主义倾向。不过，社会学后来越来越强烈的人本主义传统，在韦伯那里还是能够找到许多思想理论上的联系的。所以，从韦伯开始考察社会学中的人本主义又是有据可循的。

韦伯社会学理论中表现出的某些人本主义原则，却是由比他们早得多的歌德、席勒等浪漫主义者确立的，然后经李凯尔特和狄尔泰等人系统阐发的。歌德和席勒继承了维柯和赫尔德反对科学理性的美学思想，主张用植根人性的价值评价和审美体验去理解人生意义和社会存在。在他们看来，人类社会同自然对象不同，如果用自然科学的方法和原则来看待人类社会，人就不会被作为完整的人而是被作为物来看待，近代文化危机的实质也就在这里。因此，必须用人的眼光，从人的情感、意志、选择和创造性来观察和理解人类社会。

歌德和席勒用诗化的语言阐述的人本主义原则在李凯尔特和狄尔泰那里得到了理论化和系统化。李凯尔特把包括社会科学在内的历史科学归结为文化科学，而文化正是价值的领域，价值领域无法用探索客体本质与规律的自然科学来把握，它必须用历史科学的特有方法——价值理解来把握。狄尔泰则对社会生活的主体性和历史性以及对社会生活意义和价值的理解方式、理解条件、理解矛盾等问题都作了深入讨论。尽管李凯尔特和狄尔泰等人所系统论述的是关于理解社会生活的人本主义原则，不是要为社会学做些什么，但是他们所论述的这些原则是以韦伯等人为代表的解释社会学和后来的人本主义社会学的必要准备。

韦伯在他的社会学著作中坚持了一些人本主义原则，但是，他不像歌德、席勒、李凯尔特和狄尔泰那样把人本主义原则同实证主义的经验描述或客观分析截然对立起来，而是让人们在他的著述中经常得出两种原则交互渗透的结论。韦伯关于价值理性和工具理性、科层制与铁牢笼等方面的论述，都可以被人们作为得出实证主义和人本主义两种原则相互融合这一结论的证据。

人本主义精神在法兰克福学派的批判社会学和米尔斯与柯林斯的冲突理论（conflict theory）中得到了比较强烈的表现。法兰克福学派的批判社会学兴起于两次世界大战之间，在20世纪60年代处于高峰。法兰克福学派一方面通过卢卡奇的思想继承了马克思早期的某些观点和黑格尔的辩证理性哲学，另一方面吸收了尼采、海德格尔的人本主义哲学，在批判法西斯主义和资本主义工业意识形态中阐发了批判色彩极为强烈的社会学理论，其主旨是以辩证理性取代科学理性，在反击实证主义思潮的同时唤醒人们的批判意识，寻求人类的深层解放，彻底克服社会异化，争取真正意义上的社会和谐、自由和幸福。米尔斯和柯林斯的社会冲突理论受到社会批判理论很大的影响，他们像法兰克福学派那样对现实持辩证的批判态度，揭示了发达资本主义社会中的种种社会矛盾和社会冲突，对个体或被压迫阶层如何摆脱不合理压迫，争取自主、自由作了深入探索，其中也充满了人文主义精神。

许多西方学者往往把法兰克福的批判社会学和米尔斯等人的社会冲突理论列在马克思主义社会学范围里，这种分类是有一定根据的。法兰克福学派的主要成员，如马尔库塞、哈贝马斯等人，不仅经常以马克思主义者自居，而且他们的许多基本理论也是从马克思的某些观点出发的。马尔库塞从马克思的劳动异化理论出发，批判了资本主义工业文明的全面异化，提出了总体革命的社会理论；哈贝马斯在发挥马克思实践观点的基础上，建立了交往行为理论（theory of communicative action）。许多学者都把这些理论看作马克思社会学思想的进一步展开。社会冲突理论对马克思理论的继承同样明显可见。马克思的阶级斗争理论、劳动异化理论、社会矛盾导致社会冲突和社会结构变迁理论，在米尔斯和柯林斯等人的社会学理论中都可以找到踪影。

继承马克思的基本观点和基本方法，在社会学理论上有所建树的思想家很多，值得注意的有：阐述了资本主义社会物化理论的乔治·卢卡奇，把弗洛伊德精神分析融入法西斯主义心理批判的威尔海姆·赖希，建立了日常生活批判理论的列斐伏尔和阿格妮丝·赫勒，试图对现代文明社会的疾患给出诊断与治疗的弗洛姆等等。这些社会学家及其思想理论，不仅把马克思社会学的某些重要理论同当代西方社会实践相结合，吸收西方哲学、社会学的积极成果，推进马克思主义社会学不断发展，而且从社会实践出发，为寻求社会全面发展和人类彻底解放，探索了大量在实证主义社会学和人本主义社会学视野里无法顾及的社会问题，建构了许多内容丰富的社会学理论，成为西方社会学主流之一。

在马克思创立的基本原则上发展起来的马克思主义社会学传统，同实证主义和人本主义两种社会学传统的关系也是一种交互渗透的关系。我们不仅在实证主义社会学和人本主义社会学中可以看到马克思主义社会学的影响，而且在马克思主义社会学中也同样能够看到实证主义社会学和人本主义社会学的影响。人本主义社会学对马克思主义社会学的影响，不仅在常常被冠以人本主义和新马克思主义两种头衔的法兰克福学派那里表现强烈，而且在被称为杰出马克思主义者卢卡奇及其学生阿格妮丝·赫勒那里也有十分浓厚的表现。实证主义社会学对马克思主义社会学的影响不如人本主义社会学的影响那么引人注意，但是，马克思主义社会学某些流派对实证主义的接受，或者实证主义对马克思主义社会学的渗透，其中也有很多引人深思的理论问题值得探讨。

在以阿尔都塞为代表的结构主义马克思主义中，实证主义同他们的社会学理论统一起来。阿尔都塞像实证主义者那样要“科学”地阐释马克思理论，并用马克思理论“科学”地说明社会问题。他认为变动不居的社会现象是由内在而稳定的客观结构决定的，只要把握住这些客观结构，而无须像人本主义者那样去伸张什么主体性，就可以合理地调控社会，使人类社会进入有序的平稳发展过程。在以 G. A. 柯亨为代表的分析学派的马克思主义中，实证主义色彩表现得更为浓烈。柯亨从新实证主义——分析哲学出发，按照分析哲学的客观性和精确性原则，对马克思的社会学理论作了实证性的解释与重构，与其说是分析学派的马克思主义，不如说是用分析哲学来改造马克思主义。

实证主义和人本主义作为两种对立的思潮或两极化的方法论原则，在马克思主义社会学中都能找到立足之处或表现机会。一方面在于，马克思主义社会学作为开放的体系，它要不断地同其他当代思潮和当代文化发生交流和相互作用，实证主义和人本主义渗入开放的马克思主义社会学中也就在所难免；另一方面在于，马克思主义社会学的立足基础是实践，是主观和客观、精神与物质相互作用的辩证统一过程，实证主义和人本主义关注的、追求的，不过是实践过程的不同方面，从实践出发，在实践中解释社会问题，不仅必然要触及实证主义追求的客观确定性，而且还一定要面对人本主义追求的主观能动性。因此，实证主义和人本主义都能够挤入马克思主义社会学之中，既是当代世界文化氛围使然，也是马克思主义社会学立足基础所致。不过，这不意味着实证主义和人本主义分立于马克思主义社会学之中，分庭抗礼地存在下去是一种正常现象，而应当说实证主义同人本主义在马克思主义社会学中的对立，是实践观点未能得到真正贯彻而出现的理论缺失。如果能够把马克思的实践观点贯彻到底，实证主义和人本主义的两极化原则，在马克思主义社会学中应当得到超越或统一。

三、现代化、后现代化和重建现代化

从西方社会学主题在不同历史年代的变化看，可以发现西方社会学经历了现代化理论（theory of modernization）—后现代化理论（theory of post-modernization）—重建现代化理论（theory of re-modernization）三个阶段的历史演化过程。

在孔德、斯宾塞、迪尔凯姆、韦伯、齐美尔等古典社会学家那里，西方社会学的主题是确立工业秩序、推进现代化进程。19 世纪欧洲资产阶级虽然取得了政权，但是它还未能使其统治的社会获得一个稳定的秩序，发展工业、积累资本的勃勃雄心在动荡不居的社会环境中难以实现。于是，以推进资本主义工业化进程为己任的孔德和斯宾塞，首先提出工业社会是人类社会发展的新阶段，在工业社会中人们的思维方式和生活方式都将发生本质变化，必须为新生的工业社会确立稳定和谐的社会秩序，才能使组织化、社会化的工业生产顺利进行下去，进而使人类从新社会中获得财富与幸福。根据这种宗旨和针对紊乱不堪的社会现实，古典社会学家提出的问题是：失范、分化、凝聚、整合、团结、权威、秩序等等。尽管在不同社会学家那里问题展开的角度和重心有所区别，但是确立工业秩序、推进现代化进程这条主线依然清晰可见。

一般说来，人们把工业化同现代化视为同一概念，工业化是就社会发展的内容——主要指生产方式而言的；现代化是就社会发展的形式——现代社会对传统社会的历史超越而言的。或者进一步说，工业化是现代化的内容，现代化是工业化的形式，二者是同一过程的两个方面。正是在这个意义上，韦伯、米德、曼海姆和帕森斯等人对社会生活理性化的探索，主要是从形式上对社会现代化开展的研究，是对以工业化为主要内容的现代化研究的推进。他们提出的问题不是如何确立新秩序、推进工业化进程，而是揭示新秩序的理性基础，使其合理化；不是普泛地探讨如何使社会整合团结，而是深入个体和群体的交往心理结构中，研究自我意识在符号沟通、社会互动过程中健康成长，进而生成自觉、自为和自由的新社会主体，实现社会深层、稳定的和谐；不是一般探讨知识类型的转换，而是在传统与现实、个人意识与社会规范、文化精神与物质条件多层关系中探讨知识发展和文化的功能发挥；不是直接探讨社会分工引起社会结构变化，而是对社会经济、政治、文化各种结构的内在矛盾关系，对社会结构的相互渗透、动态转换的功能模式做出系统概括，以求社会各种结构在理性化模式中发挥更大效率。

在稳定秩序基础上追求功能效率的现代化理论，在 20 世纪 50 年代和 60 年代达到高峰，不仅在欧美学术界发生广泛影响，而且西方各国政府及社会管理机构也从中采纳许多思想观点，制定出一些加速西方社会现代化的战略规划。然而，进入 70 年代，随着丹尼尔·贝尔《后工业社会的来临》一书问世，人们忽然发现，社会确如贝尔所言，已经进入了一个同工业社会有着根本差别的“后工业社会”。工业社会同前工业社会一样，其社会主要矛盾或主要任务都是处理人与自然的关系，不同之处仅在于：前工业社会（采集社会和农业社会）的主要矛盾是人与自然的直接关系，工业社会的主要矛盾是人通过机器与自然发生关系，二者实质上还都是人与自然的关系。后工业社会则有了根本变化：社会的主要矛盾或主要任务，已经转变为处理人与人之间的关系。正是由于社会主要矛盾的变化，社会各种层面的主要问题也发生了变化，人们对于经济、政治、文化各种社会结构都要以新的眼光重新审视。

后工业社会（post-industrial society）已经来临！这个振聋发聩的呼唤，引起了西方学术思想的轩然大波，一场激荡人心的观念变革在各种学科中掀起阵阵澎湃狂澜，而它的整体表现则是后现代主义（post-modernism）思潮席卷了欧美文化所有领域。后现代主义根据社会主要矛盾的转变，面对社会结构转型的现实变化，以激进的口号提出要同全部欧洲文化传统决裂，他们不仅要否定传统文化展开的主体与客体二元对立的关系（实质是人与自然关系），而且要消解主体自明性、客体在场性，要摧毁结构与逻辑的外在客观性和中心有序性。在他们看来，人类存在于其中的世界根本没有中心、没有结构，一切都是在离异、分化和扩延中的可能性，试图从中概括出本质、规律都是白日做梦，人生不过是一场在“无底棋盘上的游戏”。

在后现代主义者的著述中，激烈的言辞和怪诞的术语，早已打破了各种传统学科的界限，因此，人们很难说后现代主义者的哪些著述是属于社会学的，并且更难说哪些人是后现代主义社会学家。但是，如果不拘泥于学科界限，从后现代主义把哲学、文学、宗教、伦理同社会学融为一体的论述中，我们可以看到后现代主义正以辛辣的语言动摇着传统社会学的根基。福柯的知识考古学和权力谱系学，德里达的分延论和解构性解读论，利奥塔的后现代知识转型论，费耶阿本德的文化传统多元合法论，布迪厄强调感性意识的场域实践论，吉登斯的双向结构化理论，詹明信的晚期资本主义文化逻辑论——这些以崭新语言组成的理论，在各种文化形式的交融会通中触及了大量当代社会问题，他们提出的那些让人耳目一新的概念，不仅突破了原有社会学理论的观念系统，而且展开了一个又一个面目全新的社会场景。

西方很多思想家常常以想前人非所想、思他人非所思而自居。当后现代主义铺天盖地地向西方文化扑来时，哈贝马斯却坚定地举起反对后现代主义的旗帜。哈贝马斯认为，启蒙运动以来的欧洲理性主义传统，并非如后现代主义所抨击的那样一无是处，以理性化为核心的现代化事业并没有完结，其中仍然包含着人类走向自由幸福的美好希望，应当在反省传统理性观念的同时，既克服传统理性观念的某些不足，又要发扬其积极方面，并结合时代与社会发展现实，构造更有益于人类进步的新理性。

在哈贝马斯看来，传统理性观念的弊病之一是科学理性、评价理性和审美理性相互分离，同时这些理性又同日常生活分离，日常生活是人类从事科学认知、价值评价和审美体验的家园，是各种理性观念的诞生地，是人性整体展开的原初地。然而，这种作为人类各种社会活动基础的生活世界，却被分裂的理性观念侵吞与分裂了。在系统反思人类实践行为和文化传统时，必须返回人类生命活动的基础——生活世界，以新的理性观念规范作为当代人基本活动方式的交往行为，进而从根本上推进当代社会的理性化或现代化。哈贝马斯把他新建构的理性称之为交往理性，这是一种含科学理性、评价理性、审美理性于一身，在日常交往中运作并作为各种理性观念基础的总体理性、基础理性，是理性的理性。

就哈贝马斯对现代化的重新设计和对理性化的重新建构而言，可以说，他掀开了重建现代化的新篇章。从现代化、后现代化，再到重建现代化这样一种演化线索，既可以看到西方社会学理论对现实生活的热切关注和积极参与，也可以发现它以其整体性视野，总是抓住西方社会发展变化的全局性问题，并从经验现象到理性结构的多种层面进行总体性把握，就此而言，学习西方社会学理论，犹如研读一部现代西方社会发展史。

四、理解、选择、创造

虽然西方社会学有纷繁复杂的学术流派，并且可以被区分为许多相互冲突的理论传统，但是它们仍然有着共同的本质，即它们都是对社会现实的不同理解。实证社会学认为自己的理论是对社会现象的科学认识，其实科学认识也是一种理解，只不过把理解的焦点集中在社会现实的客观性方面，而展开的理解方式也就表现为主观对客观的反映；人本主义社会学认为自己的学说是对社会意义与价值的追求，其实这还是一种理解，是焦点集中在对社会现实主观方面的理解，于是展开的理解方式也就表现为主观对主观的体会与感悟；批判的社会学认为自己的理论既不是对客观事实的反映，也不是对主观情感的体验，而是对虚假现象的批判，然而批判仍然是一种理解，是对既存现实的否定性理解，是按照理想标尺要求现实改变现状的重建性理解。所以，不同的社会学理论或不同的社会学流派向我们展示了对社会现实的不同理解方式。

如果承认五彩缤纷的西方社会学理论是对社会现实的不同理解，那么学习西方社会学理论就成了对理解的理解，其中既包含着对社会学家留下的各种本文的理解，又包含着对社会学家的主观结构和客观环境的理解。社会学家对其研究对象的理解，虽然不像艺术家那样浪漫，也不像神学家那样虚幻，而是面对着实实在在的社会现实，但是社会学家的理解同艺术家的审美理解和神学家的价值理解一样，也是带着特定心理结构和知识结构的理解，例如特有的情感体验、价值取向、人生态度、观念系统和教育经历等等；同时，社会学家的理解，虽然不像经济学家那样专注社会物质生活，也不像政治家那样往往直接卷入阶级斗争和社会冲突，而是从社会总体联系上对现实进行理智的透视，但是社会学家的理解同经济学家和政治学家的理解一样，也无法脱离他们所处的社会物质生活条件，阶级斗争和社会冲突也不可能不影响他们的观念与结论。

问题由此而变得十分复杂，这向我们昭示：只有在作者的主观结构、客观环境和作者留给我们的文本的统一联系中，才能达到一个相对完整的理解。正是因为这个缘故，许多社会学家在论述西方社会学理论时，如约翰逊和科塞等人，一定要花大量笔墨去介绍社会学家们的理想情趣、家庭环境、教育背景、社会条件和文化氛围，力图使人们对社会学理论有一个比较具体的理解。在社会学理论的文本中读到的各种概念、判断或原理，不是社会学家对外界事实的简单反映，而是社会学家主观结构、客观环境同研究对象的互动性概括、融合、生成。并且，这不仅是一个共时性的环节，而且还是一个历时性的过程。因为，无论是社会学家的主观结构和客观环境，还是社会学家的研究对象，都是承前启后的历史事件，心境、环境和社会行为与社会系统，都是一个不断生成、不断延伸的动态过程，这就要求我们对社会学理论的理解不仅要有整体性，而且还要有动态性。

这些足以说明学习社会学理论要比学习各种自然科学，甚至比学习心理学、语言学和逻辑学复杂得多。然而，问题的复杂性还不仅于此，更为复杂的一面是学习西方社会学理论时的自我理解。西方社会学家带着特定的主观结构理解他们所面对的社会现实，给我们留下了包含他们主观性的各种社会学理论文本。同样，阅读这些理论文本的人们也带着自己的主观结构即自己的情感意志、价值取向和知识结构等来理解这些文本。无论阅读文本深入的程度如何，读者领悟到的意义都不是单纯的获得，同时也是一种赋予。用解释学的话来说，读者领悟到的意义不是作者的原意，纯粹的原意是无法再现的，读者领悟到的意义是他希求的意义和作者文本蕴含意义的融会与升华，亦即视界融合。

在这个意义上，理解社会学理论包含着理解者的自我理解。于是，有必要对自我理解作再理解。读者只有在阅读中不断地反思自己的主观结构，才能对自己领悟到的意义有一个比较清醒的认识。对自我理解作再理解，是对理解的前提批判。因为理解者或读者的主观结构是作为理解过程的前提条件而存在的，反思理解者的主观结构也就是批判理解过程的前提条件。前提批判是理解者对文本意义何以成立的追问，是对结论的根据的审查。前提批判是苦恼的，但无前提批判的结论是简单的。

前提批判不仅是对理解过程中主观结构的清理，而且还是对理解过程所处的客观环境的审视。主观结构是在客观环境中存在的，读者的情感意志、价值取向不能脱离物质的和文化的社会条件，并且后者总是受到前者的种种制约与规定，或者说读者的主观结构在很大程度上是客观环境的折射或表达。而且更为重要的是，读者在阅读社会学理论文本时，领悟到的意义和形成的判断与推论，也不可避免地受到他所处的环境的制约，其中自觉和不自觉地包含着他对周围环境的体验与理解。因此，一位不满足于简单结论的读者在审查自己理解的前提条件时，不仅要反思自己的主观结构，而且还要审视自己的周围环境，辨析自己领悟到的意义和得出的结论，其中有哪些内容同周围环境有关。用历史唯物主义的话来说，要在特定的历史条件中把握自己的思想意识。

承认了周围环境或历史条件对理解过程的限制，这在一定意义上承认了学习社会学理论的受动性，但是这并不意味着把我们的学习过程完全看成是被动的。学习西方社会学理论的理解过程，从根本上看是一种主动的选择过程和积极的创造过程。我们学习这门课程的目的不仅在于了解西方社会学家建构的各种理解社会现实的方式，结合我们立足的本国现实，建立我们自己的社会学理论，并且，每位读者学习西方社会学的理解过程，也是一种主动选择与积极创造的过程。进入我们视野并引起我们兴趣的总是那些同我们的意愿和追求相关的内容，我们从理论文本中领悟的意义包含了我们的选择与创造。

创造性的理论学习能够指导创造性的社会学实践。社会学是一门实践性较强的学科，社会学离不开社会调查和问卷分析等社会活动，这是社会学有别于文学和哲学等人文学科的特点。不过，我们不能因为社会学这个特点就淡化其理论层面的意义。人们习惯于把社会学区分为应用社会学和理论社会学，似乎这是社会学的两个方面。其实，这种划分有很大缺陷。一方面，能够应用的社会学，或重在应用的社会学，一定是有着某些理论范畴或理论原则的社会学，没有理论范畴和原则的社会学不仅是无法应用的，而且它本身也是不可能存在的；另一方面，社会学理论不是形而上学思辨的产物，它是社会学家面对社会现实做出的理论思考，它的形式与内容都同生活实践息息相关，这种源于生活的社会学理论一定能够应用到社会实践中去。把社会学划分为理论社会学与应用社会学，实质上冲淡了甚至割裂了社会学理论及其应用的内在联系。

康德说过："感性无理性则盲，理性无感性则空。"① 人们所谓应用社会学相当于康德所说的感性方面，而理论社会学则相当于理性方面。只有把社会学理论及其应用有机地统一起来，我们才能把握一种成熟的、完整的社会学。因此，学习社会学理论不仅是接受理论知识，而且也是为有效地从事社会学实践做准备。作为社会学实践的准备，社会学理论学习主要体现在方法原则训练和思维能力训练两个方面。

从方法和原则方面看，每种社会学理论都有自己的概念系统或理论框架，它们既是社会学家面对社会现实而概括出的有丰富内容的理论体系，也是可以用来观察和理解其他人所处于其中的社会现实的逻辑形式，或者说是具有一定普遍意义的方法和原则。常常有些社会学理论被斥责为荒谬，其实荒谬的不是那些经过冷静思考而形成的社会学理论，而是那些缺乏思考就横加指责的发难者。但凡能在社会学中争得一席之地的理论，无论其有多少缺憾和局限，它总是抓住了社会现实的某一个方面，总是有着它的合理性和积极意义，并且它的概念系统和理论框架也一定能够从某一角度或某一侧面来理解和把握丰富多彩的社会现实。

从思维能力训练方面看，学习社会学理论是提高思维能力的有效途径。社会学理论是在对社会变迁和社会转型的艰苦思考中形成的，各种社会矛盾和社会冲突绞尽了社会学家们的脑汁，他们的理论是在无序中理出的秩序，是在困惑中寻觅到的澄明。他们的概念与命题，不仅可以梳理变动不居的社会现实，而且可以帮助我们理清错综复杂的思绪。在社会学理论中，既可以看到前人怎样提炼和回答他们那个时代的课题，也可以感悟到我们应当怎样概括和把握当今时代的主题与脉搏。

我国正处在深刻的社会转型时期，我国的经济生活、政治生活和文化生活，以及我们周围的日常生活都在发生显著而持久的社会变迁，理解和把握这场触及社会生活所有层面的社会变迁，是社会学专业人才不可推卸的责任，也是十分难得的历史机遇。然而，实现这个光荣的使命，利用这个可贵的机遇，实非易事。这不仅要

① 康德．纯粹理性批判．蓝公武，译．北京：商务印书馆，1993：71.

求我们要有坚实的理论基础，而且还要求我们要有敏锐的思维能力，要具备这两方面的条件，最有效的途径与方式莫过于积极而认真、创造而求实地学习和理解西方社会学理论。

思考题

1. 怎样理解西方社会学形成的社会基础和思想来源？

2. 如何认识实证社会学、解释社会学、马克思主义社会学之间的联系与区别？

3. 如何概括社会学从诞生到现在的历史演化？

4. 为什么研究西方社会学理论，不仅要理解西方学者的社会学理论，而且还要理解自己？

推荐阅读书目

1. 瑞泽尔. 古典社会学理论. 王建民，译. 北京：世界图书出版公司，2014：1-38.

2. 青井和夫. 社会学原理. 刘振英，译. 北京：华夏出版社，2002：1-42.

3. 沃斯特. 现代社会学理论. 杨善华，等译. 北京：华夏出版社，2000：1-16.

4. 华莱士，沃尔夫. 当代社会学理论. 刘少杰，等译. 北京：中国人民大学出版社，2008：1-13.

5. 刘少杰，等. 经典马克思主义社会学理论史. 北京：中国人民大学出版社，2020：1-26.

第二章
孟德斯鸠关于法、政体与社会的理论

本章要点

本章介绍了孟德斯鸠对社会学形成与发展做出的奠基性贡献，评述了孟德斯鸠关于开展社会法则研究并为社会学明确了研究对象的思想观点，对其关于普遍原因，政体类型与法的多样性，地理、文化与法的精神等方面的观点也做了深入阐述。

关键概念

社会法则；普遍原因；政体类型；法的精神

国内学者讨论西方社会学理论通常是从孔德开始的，但是从对社会学的奠基性贡献而言，正像迪尔凯姆和阿隆等法国社会学家所论述的那样，孟德斯鸠是当之无愧的社会学奠基人之一。从孟德斯鸠开始考察西方社会学的发生与演化，会使人们更清楚地认识西方社会学的研究对象、精神实质和思想渊源。

一、学术背景

孟德斯鸠（Montesquieu，1689—1755）出生于法国波尔多附近拉伯烈德庄园的一个贵族家庭。父亲是一名军人，战功卓著，但英年早逝。孟德斯鸠自幼聪明，父亲对他的前程寄予很高期望，他在少年成长时期得到了父亲的精心培育。[①] 1700—1705 年，在朱伊的奥拉图瓦尔会开办的中学读书。1705 年离开朱利，回波尔多攻读法律。1708 年获得法学和律师学士证书，当年伯父约翰·巴蒂斯特将孟德斯鸠姓氏赐予他，并答应让他以后继承法院院长职位。[②]

1709 年，孟德斯鸠前往巴黎进修法学，并进入巴黎社交界，参加科学院和文

① 达朗贝尔．孟德斯鸠庭长先生颂词//孟德斯鸠．论法的精神．许明龙，译．北京：商务印书馆，2012：2.

② 孟德斯鸠．波斯人信札．梁守锵，译．北京：商务印书馆，2010：365－366.

学院的会议，开展了活跃的社会交往。1715 年，孟德斯鸠同军官之女茵·德·拉特丽格结婚。1716 年，他继承伯父职位担任波尔多议会议长（即波尔多法庭庭长），并获男爵封号。后来，孟德斯鸠卖掉了议长这个世袭的职位，获得一笔巨额资财，然后开始了学术生涯。1721 年，孟德斯鸠匿名发表了他的著作《波斯人信札》，这部著作以小说的形式，假借两个波斯贵族在欧洲旅行时的通信，对当时法国的封建统治进行了无情的讥讽与抨击。这本书以其行云流水般的语言、情节生动而寓理深刻的内容引人入胜。“该书一出版便取得巨大的成功：当年就出版了四版，印刷十来次，还有若干伪版。”[①] 孟德斯鸠能成为法兰西学院院士，也与《波斯人信札》使他成为具有广泛影响力的著名学者直接相关。

1725 年，孟德斯鸠回到波尔多，撰写了《论义务》《论自然法》《论公平》等论文，并开始撰写《论法的精神》。1728 年 1 月，孟德斯鸠成为法兰西学院院士以后，开始了长途学术旅行。“他的目的是考察各国的物质和精神，研究各国的法律和体制，拜访著名的学者、作家和艺术家，寻访为数不多的特殊人物。”[②] 他先后到了维也纳、匈牙利、意大利、瑞士和英国等地，广交名人学者，也拜访了各国政要高官。他回忆自己的学术旅行时说：“我没有错过任何可以获得教益的机会，为了更好地把握真理，我离开自己的国家，走遍天下，会见了当代所有最著名的人物。”[③]

1731 年，孟德斯鸠回到拉伯烈德庄园，但大部分时间是在巴黎度过的。1734 年，孟德斯鸠完成了《罗马盛衰原因论》，为免遭法国当局迫害，该书在荷兰出版。1734 年至 1747 年，孟德斯鸠的主要精力倾注于《论法的精神》的写作中。1748 年 10 月底，《论法的精神》在日内瓦由巴利奥父子出版公司出版，但未署作者名。“孟德斯鸠以奥维德的半句诗‘prolem sine matrecreatam’作为该书题名，意思是‘没有前例的书’。孟德斯鸠的解释是：‘为创作一部伟大的作品，必须有两件东西——一个父亲和一个母亲，即才和自由……，我的作品缺少的是后者。’”[④] 该书出版后，受到社会各界广泛赞扬，1748—1750 年共印了二十二版，并很快被译成欧洲各国文字。

孟德斯鸠兴趣广泛，他在法律、历史、哲学、文学和自然科学等很多领域都开展了视野广泛的研究。特别是在社会学领域，虽然社会学的概念是孔德最先提出的，但是在考察社会学的创立和奠基时，很多学者都指出孟德斯鸠的贡献是不可低估的。迪尔凯姆在论述社会学的建立与发展时说：“不但一个名叫奥古斯特·孔德的法国人为这门科学奠定了实际的基础，区分出了本质部分，并将它命名为社会

---

① 梁守锵．译者前言//孟德斯鸠．波斯人信札．梁守锵，译．北京：商务印书馆，2010：1.

② 达朗贝尔．孟德斯鸠庭长先生颂词//孟德斯鸠．论法的精神．许明龙，译．北京：商务印书馆，2012：8.

③ 达朗贝尔．孟德斯鸠庭长先生颂词//孟德斯鸠．论法的精神．许明龙，译．北京：商务印书馆，2012：8.

④ 孟德斯鸠．波斯人信札．梁守锵，译．北京：商务印书馆，2010：370－371.

学……而且，我国18世纪的哲学家还推动我们对社会问题投入了现实的关注。在这个才华横溢的作家群中，孟德斯鸠占有一席之地。正是他在《论法的精神》中为这门新科学设定了原则。”[①]

1752年，孟德斯鸠几乎失明，国内外的崇拜者来到拉伯烈德庄园去看望他。1753年，孟德斯鸠还应达朗贝尔邀请，为《百科全书》撰写了《论鉴赏力》。1755年2月10日，孟德斯鸠因感染恶性传染病而逝世于巴黎，享年66岁。

二、普遍原因与法则

在孟德斯鸠的著作中我们可以发现，他不仅广泛考察了世界各国的经济、政治、文化和社会现象，而且也研究了古希腊罗马、中世纪和近代欧洲的很多历史事件和社会变迁。于是，孟德斯鸠首先给人们留下的印象是博学多才、百科全书式的学者。然而，在他广阔的视野中，其关注的并不仅仅是千变万化的社会现象，他要在这些色彩斑斓的风土人情或变化多端的政治文化现象中，发现起着支配作用的普遍性原因。他在《罗马盛衰原因论》中写道：“支配世界的不是命运，罗马人可以为此提供证明。当他们采用某一办法治国时，罗马持续不断地繁荣富强，当他们采用另一种办法治国时，挫折接连不断。对每一个国家都起作用的一些总体原因，使罗马兴起、维持或坠入深渊，所有偶发事件都受制于这些总体原因。”[②]

所谓规定一个民族繁荣与衰败的普遍原因，也就是支配社会发展变迁的具有普遍意义的客观因素或客观规律。虽然与孟德斯鸠同时代的法国唯物主义者也阐述了大致相同的观点，但在18世纪前叶，宗教神学的神创世界论、唯心主义英雄历史观以及思想观念决定历史的各种学说，众说纷纭，莫衷一是。孟德斯鸠强调透过社会历史的个别事件和偶然变化，从中发现具有客观性、普遍性和必然性的原因和规律，这在当时具有重要的历史观和方法论意义。

在孟德斯鸠看来，规定事物发展变迁的普遍原因就是法（lois，law）。“从最广泛的意义上来说，法是源于事物本性的必然关系。就此而言，一切存在物都各有其法。”[③]“存在着一个初元理性，法就是初元理性和各种存在物之间的关系，也是各种存在物之间的相互关系。”[④]初元理性（primitive reason）是事物存在与变化的基本根据。在西方语言中，理性（reason）一词最基本的含义是指事物存在与变化的根据。因为事物的多样性和差别性，理性也是多样的和具体的，因此，有价值理

---

① 涂尔干．孟德斯鸠与卢梭．李鲁宁，赵立玮，付德根，译．上海：上海人民出版社，2003：2.

② 孟德斯鸠．罗马盛衰原因论．许明龙，译．北京：商务印书馆，2016：135.

③ 孟德斯鸠．论法的精神．许明龙，译．北京：商务印书馆，2012：9.

④ 孟德斯鸠．论法的精神．许明龙，译．北京：商务印书馆，2012：9.

性、工具理性、科学理性和逻辑理性等各种理性抑或多种根据。而法是事物存在与发展的普遍原因，是一种反映了事物本质属性的必然关系，并且是各种事物之间的原初的相互关系，因此，孟德斯鸠称之为初元理性。

在评价孟德斯鸠为社会学做出了奠基性贡献时，迪尔凯姆明确指出，正是孟德斯鸠提出了社会发展变迁中存在着不是按人们的意志随意变化的法则，他为社会学的建立与发展奠定了基础，因为具有必然性、普遍性和客观性的法则，就是社会学的研究对象。“明确科学的主题、性质和方法，确立科学的基础，也同样重要。这是孟德斯鸠为我们的科学所做出的贡献。……在引导其后来人通向真正的社会科学的道路上，此前还没有人像他那样走得如此之远，还没有人像他那样对确立这门科学的必要性看得如此清楚。”①

孟德斯鸠还对法做了自然法与人为法的区分。“与众不同的智能存在物能够拥有他们自己创制的规则，但他们同样拥有一些并非由他们自己创制的法则。”② 不是人类自觉创立的法则就是自然法。不过，自然法也是植根人类本性的规则。诸如人类的畏惧、食欲、亲近和合作等心理倾向或活动原则，也是人类的本性，是人类为了生存、安全和繁衍，在漫长的自然演化中形成了一些自我限制、自我规定的规则，只不过这些规则不是经过人类的理性思维和组织程序而自觉制定的。“除了我们的存在本质之外，自然法再也没有其他渊源。只有考虑了社会组成之前的人，才能较好地认识自然法。自然法就是人在社会组成之前的法。”③

自然法的根据是人的自然本性，而人为法的根据则是人的社会性，是在人的社会关系进一步增强、社会群体或社会组织发展壮大基础上生成的制度或法律。“每个社会都觉得自己实力强大，于是国与国之间便处于战争状态。每个社会中的每个人都开始觉得自己的实力强大，于是就想方设法使社会的主要好处为己所用，于是人与人之间便处于战争状态。”④ “这两种战争状态的存在，促成了人与人之间的法律的产生。”⑤ 可见，人为法是社会发展到一定程度，人与人之间和群体与群体之间的竞争加剧，为了争取或维护利益而形成的制度与法律。

孟德斯鸠从三个方面论述了人为法：万民法、政治法、公民法。万民法也就是国际法。“地球如此巨大，地球上的居民也必然分成不同的民族，各个民族之间的相互关系中于是有了一些法律，这便是万民法。”⑥ 简言之，万民法是处理国家之间事务的法律，是一个民族对外的法律。同时，国家还要有对内的法律，即政治法。“各个民族生活在一个社会之中，这个社会应该得到维持，因而在治人者和治于人

① 涂尔干．孟德斯鸠与卢梭．李鲁宁，赵立玮，付德根，译．上海：上海人民出版社，2003：3.
② 孟德斯鸠．论法的精神．许明龙，译．北京：商务印书馆，2012：10.
③ 孟德斯鸠．论法的精神．许明龙，译．北京：商务印书馆，2012：12.
④ 孟德斯鸠．论法的精神．许明龙，译．北京：商务印书馆，2012：13.
⑤ 孟德斯鸠．论法的精神．许明龙，译．北京：商务印书馆，2012：13.
⑥ 孟德斯鸠．论法的精神．许明龙，译．北京：商务印书馆，2012：13－14.

者之间的关系中便有了一些法律，这就是政治法。”[①] 处理公民之间关系的法就是公民法。

三、政体类型与法的多样性

虽然孟德斯鸠首先从社会存在与变化的普遍原因来考察法，也就是在一般意义上阐述法的本质特性，但他也高度重视法应当适应国家或民族的特殊性，即法不能脱离各国的政治体制与物质文化条件而存在。“一般而言，法是人类的理性。因为它治理着地球上的所有民族。各国的政治法和公民法只不过是人类理性在各个具体场合的实际应用而已。”[②] 当孟德斯鸠联系国家、民族或某种政体来讨论法时，他就不是在一般意义上论述法了，而是开始阐述各国的法律体系或法律制度了。

孟德斯鸠划分出三种政体：共和政体、君主政体和专制政体。“共和政体是全体人民或仅仅部分人民掌握最高权力的政体；君主政体是由一人依固定和确立的法单独执政的政体；专制政体也是一人单独执政的政体，但既无法律又无规则，全由他的个人意愿和喜怒无常的心情处置一切。”[③] 在孟德斯鸠看来，政治法和公民法都与政体性质和原则直接统一，“各种法律应该与业已建立或想要建立的政体性质和原则相吻合”。政治法的制度和规则组成了政治体制，而公民法的制度和规则维持了政治体制的存在。[④]

政体就是统治者对被统治者实行权力控制和行为规定的模式，它体现了政治统治的性质和政体赖以存在的原则。孟德斯鸠认为，每种政体都要求有与之本性相符合的法。直接源自共和政体的法是与民主相关的法，“在这种政体中，确立选举权的法当然就是基本法。规定如何投票、谁投票、投给谁、就什么事情投票。”[⑤] 这些保障选举权和选举有效实施的法具有基础的地位，因为这些法既是保障人民行使治理国家的权力的法，也是保证共和政体保持其民主本质的法。在这个意义上，孟德斯鸠称之为基本法。

君主政体和专制政体都是一个人掌握统治权力的政体，区别在于：在君主政体中，君主要按照既定的法律行使权力、治理国家。因此，虽然君主政体的统治者是个人，但统治者不能完全根据自己的意志行使统治，他也要服从法律的约束。而在专制政体中，统治者是根据自己的意志行使权力、统治国家的。“专制政体国家里

① 孟德斯鸠．论法的精神．许明龙，译．北京：商务印书馆，2012：14.

② 孟德斯鸠．论法的精神．许明龙，译．北京：商务印书馆，2012：15.

③ 孟德斯鸠．论法的精神．许明龙，译．北京：商务印书馆，2012：17-18.

④ 孟德斯鸠．论法的精神．许明龙，译．北京：商务印书馆，2012：15.

⑤ 孟德斯鸠．论法的精神．许明龙，译．北京：商务印书馆，2012：18.

根本没有基本法，也没有法律监护机构。”[①] 因此，专制政体是统治者独裁的政体，法律已经失去存在的意义。

孟德斯鸠还论述了三种政体的三种原则。当孟德斯鸠论述政体的性质时，他注意的是谁来统治，是多数人统治还是个人统治。而当他论述政体的原则时，他注意的则是政体靠什么来维持其运行。“性质决定政体，原则推动政体，这就是政体和原则的区别。前者是政体的特殊结构，后者是推动政体的人的情感。”[②] 共和政体的原则是美德，君主政体的原则是荣宠，专制政体的原则是畏惧。

共和政体的美德实际上是统治者和人民共同持有的思想信念或行为准则，其内容包括：爱国、民主、平等、节俭等。这些人们共同持有的信念，是共和政体中人们的行为准则，是人们拥护和遵守共和政体法律的政治情感或政治道德。因为共和政体的法律就是旨在实现民主和平等，所以共和政体的原则同其法律在本质上是统一的。

君主政体的原则是荣宠。荣誉、宠爱、得宠、争宠等，都是荣宠的表现。而荣宠之所以能成为君主政体的原则或情感，最根本的原因在于世袭制和等级制。世袭制使君主享有政治、经济和文化上的特权，君主因此具有高贵的地位、至上的荣誉，并同臣民保持严明的区分，并且，君主还要把保证其地位、权力和荣誉的原则贯彻到他控制的臣民和领地之中，维持在其统治下的等级制。于是，在君主政体中，臣民们也竭力追求君主赏赐他们的宠爱、奖赏和荣誉。不过，尽管君主制是一个人的统治，但君主要依法来统治国家，这是君主政体同专制政体的主要区别。

专制政体是既不依靠美德也不按照法律来统治的政体。“专制政体的原则是畏惧，而这个原则的目的是安定；但是安定绝不是太平，而是敌人即将占领的那些城市的缄默。”[③] 因为专制政体的统治者是根据自己意志行使权力的独裁者，具有普遍意义的美德和法律都会对他的独裁统治构成妨碍，但个人的意志又要在被他统治的领地和人民身上实现，因此只有依靠军队形成具有普遍效力的威慑和暴力[④]，也就是令被统治者产生对独裁者的畏惧，保持对独裁统治的沉默，专制政体的统治才能得到维护和巩固。

孟德斯鸠论述了三种政体类型，而三种类型的政体又有各自运行的原则，各国的法律必须与其政体类型和政体的原则相符，这就决定了法律是多样的。可见，孟德斯鸠是从一般与个别的角度来考察和分析各国的法和法律的。从一般性上看，无论处于何种政治体制统治中的人类都有一些共同的本性。人类共同具有的自然本性，要求各个民族都承认或确立一些肯定与维护人的自然本性的共同法则，这是法的一般性或共同性。

---

① 孟德斯鸠．论法的精神．许明龙，译．北京：商务印书馆，2012：28.
② 孟德斯鸠．论法的精神．许明龙，译．北京：商务印书馆，2012：30.
③ 孟德斯鸠．论法的精神．许明龙，译．北京：商务印书馆，2012：76.
④ 孟德斯鸠．论法的精神．许明龙，译．北京：商务印书馆，2012：76.

然而，人类是在不同的政治体制下存在的，不同政体的性质及其运行的原则又规定了各国法律的个别性或特殊性。于是，法或法律就是一种一般与个别、普遍与特殊的统一，应当在这种统一性中考察和认识各国的法律。

四、地理、文化与法的精神

孟德斯鸠还从地理环境、气候条件和风俗文化等方面考察和论述了法的多样性，试图在多种多样的法律体系中揭示出法的精神。“精神特点和内心情感如果在不同气候条件下确实迥然有异，那么，法律就应该考虑这些内心情感和精神特点的差异。”① 在孟德斯鸠看来，法律不仅要与不同类型的政体相符合，而且还会受到不同的文化传统的影响，而各国的文化传统又是在具有明显差异的气候条件或地理环境中存在的，所以应当从气候条件、地理环境和文化传统的差异性来进一步把握法律的多样性，应当从法律与政治体制、气候土壤、生产活动、生活方式、风俗习惯、宗教信仰、人口与技术、贸易等方面的联系来把握法的精神。而所谓法的精神是孟德斯鸠追求的主要目标，是他在《论法的精神》中探索的核心问题：

> 法律还应该顾及国家的物质条件，顾及气候的寒冷、酷热或温和，土地的质量，地理位置，疆域大小，以及农夫、猎人或牧人等民众的生活方式等等。法律还应顾及基本政治体制所能承受的自由度，居民的宗教信仰、偏好、财富、人口多寡，以及他们的贸易、风俗习惯等等。最后，各种法律还应彼此相关，考虑自身的起源、立法者的目标，以及这些法律赖以建立的各种事物的秩序，必须从所有这些方面去审视法律。
>
> 这就是我在本书中打算做的事。我将一一考察这些关系，所有这些关系组成了我所说的法的精神。②

气候、地理与文化是孟德斯鸠考察各国法律生成与存在根据的基本视点。孟德斯鸠首先从人体对气温的反应开始论证他的观点：“人体外部纤维的末端因冷空气而收缩，纤维的弹性因此而增大，从而有利于血液从末端回流心脏。寒冷使纤维的长度缩短，从而增强其力量。反之，热空气使纤维末端松弛，长度增加，因而使其弹性和力量缩小。”③

根据气温对身体的影响，孟德斯鸠还认为，在寒冷气候中人的精力比较充沛，心脏搏动和纤维末端反应较强，因而寒带人“自信心增强，亦即勇气更大，对自己的优越性有更多的认识。又如，复仇欲望减低，安全感增大，亦即直率增多，疑

① 孟德斯鸠．论法的精神．许明龙，译．北京：商务印书馆，2012：271.
② 孟德斯鸠．论法的精神．许明龙，译．北京：商务印书馆，2012：15.
③ 孟德斯鸠．论法的精神．许明龙，译．北京：商务印书馆，2012：271.

虑、谋划和狡诈减少”[①]。寒带人为人豪爽、直率，心胸开阔、复仇欲望低，疑虑、谋划和狡诈都较少。

热带人则与寒带人相反。因为热带气温高，人身体虚弱、精神萎靡不振，性格懦弱、胆小怕事，自卑心强，做事缺少勇气。“一个人若处在闷热的气候中，鉴于我们在前面说到的那些原因，心神就会高度萎靡不振。若在这种情况下请他做一件需要勇气的事，我相信他肯定难以答应，因为，虚弱使他的心灵沮丧，觉得自己什么也干不了，所以什么都怕。炎热地区的人怯懦如同老人，寒冷地区的人骁勇如同少年。”[②] 可见，孟德斯鸠根据气温差异，把寒带人和热带人的秉性、能力、性格鲜明地对立起来了。

孟德斯鸠也讨论了温带人的气质和品格。在他看来，温带人居于热带人和寒带人之中，既不像热带人那样怯弱，也不像寒带人那样凶悍，性格比较温和，感情表达也居于二者之间。“温带地区的人风尚不定，恶习无常，美德也无常；这是因为那里的气候缺乏确定的性质，难以有固定的风尚和品德。”[③] 其实也就说，温带有四季之分，气温在不同的季节有明显的差别变化，这种季节变化影响了温带人的气质，因此，温带人的风尚和品德不是固定不变的。

土壤的性质和土地面积也被看作是影响政治和法律的重要因素。“一个国家的土质如果优良，人就会自然而然地产生依赖性。作为人民中的主要部分，村民们自己的事太多太忙，无暇羡慕自由。殷实的乡村害怕抢劫，害怕军队。”[④] 如果土质贫瘠，则意味着那里资源贫乏，生存条件恶劣，人们为了生存就要竭力争夺权力和地位，进而抢占更多的资源。于是，“土地肥沃的国家通常是一人执政，土地贫瘠的国家通常是多人执政。”[⑤]

孟德斯鸠还讨论了法律同风俗、习惯和习俗的关系。在他看来，法律和风俗习惯、风尚，都是对人的行为的规定，但规定的形式和角度不同。“习俗和风尚是法律不曾、不能或不愿意确立的习惯性行为。”“法律与习俗的区别在于：法律着重规范公民的行为，习俗着重规范人的行为。习俗与风尚的区别在于：习俗主要与内心活动相关，风尚主要与外部行为相关。”[⑥] 可见，习俗和风尚是民间的习惯性行为，习俗和风尚对人的规范，是法律无法涉及的，而法律则是对公民行为的规范，法律体现了国家的意志。

关于气候、地理环境和风俗习惯同法律关系的论述，虽然涉及内容广泛，但孟德斯鸠的目的是要揭示：是什么因素影响了具有不同特点的法律制度。他指出：“人受气候、宗教、法律、施政的准则、先例、习俗、风尚等多种因素的支配，其

① 孟德斯鸠．论法的精神．许明龙，译．北京：商务印书馆，2012：272.
② 孟德斯鸠．论法的精神．许明龙，译．北京：商务印书馆，2012：272.
③ 孟德斯鸠．论法的精神．许明龙，译．北京：商务印书馆，2012：274.
④ 孟德斯鸠．论法的精神．许明龙，译．北京：商务印书馆，2012：328.
⑤ 孟德斯鸠．论法的精神．许明龙，译．北京：商务印书馆，2012：328.
⑥ 孟德斯鸠．论法的精神．许明龙，译．北京：商务印书馆，2012：364.

结果是由此而形成了普遍精神。”① 可见，孟德斯鸠认为，气候、地理环境、风俗文化和法律制度等多种因素共同规定着人，而这些因素在共同对人的规定中形成了普遍的精神，而这个普遍精神就是一个民族的文化精神。

关于土地面积与政治体制和法律的关系，孟德斯鸠也阐述了自己的独到之见。在他看来，土地面积较小的国家的居民往往更爱好自由，民主、平等也能得到尊重和实现。“岛民比大陆居民更爱好自由。岛屿通常面积较小，一部分人不大可能被用来压迫另一部分人。大海把他们与庞大的帝国隔开，暴政无法把手一直伸到那里，征服者因大海而止步，岛民不会被卷入战争，因而可以较好地维护自己的法律。”② 相反，在中国广袤的土地上，不仅历代封建皇帝都严厉实行和坚决捍卫着专制制度，而且在肥沃土地上耕耘的农民，也没有争取自由、民主和平等的要求。

虽然文化精神是普遍精神，但是因为各民族的特殊性，不同民族的文化精神又是不同的。“对于每一个民族来说，若一种因素作用较强，其他因素的作用就会受到削弱。未开化人几乎只受大自然和气候的支配，中国人受风尚的支配，日本人受暴虐的法律的支配，习俗曾为斯巴达定下了基调，施政准则和古老的习俗则为罗马定下了基调。”③ 这就是说，虽然气候、地理环境、法律、风俗、习俗等因素在各个民族那里都有作用，但在不同民族中这些因素所起的作用是不同的，这些因素中有一种因素是处于主导地位的。处于主导地位的因素规定了民族的文化精神或民族精神的主要特征，于是，在世界各地能够看到不同民族具有的多种特色的文化精神或民族精神。

孟德斯鸠实际上对政体制度和文化精神的作用都给予了高度重视，也就是说，他试图从政体制度与文化精神的统一中来考察各个民族的政治生活、社会生活和文化生活。“只要民族精神与政体原则不相违背，立法者就应尊重这种民族精神，因为，只有当我们自由自在地依照天赋秉性行事时，才能做得最好。”④ 雷蒙·阿隆对孟德斯鸠同时重视政体制度和文化精神的立场做出了评论：“在孟德斯鸠的著作中，我们可以隐约看到两种可能的综合思想。一种是政治制度占主导地位的影响，另一种是国家的总精神。”⑤

国家的总精神就是孟德斯鸠论述的文化精神或民族精神。在孟德斯鸠看来，文化精神或民族精神是包含了各个民族特殊性的普遍精神，而这种由地理环境和风俗习惯多种因素综合而成的普遍精神，虽然不像政治体制那样对一个民族的政治行为和社会行为具有强制性的规定，但它作为一种在漫长的历史中被传承下来的文化精神，对民族的生活方式、行为方式和思想方式都具有稳定而深刻的影响，并且它的影响不是通过强制手段能改变的。因此，孟德斯鸠用一个节标题来警告试图强制改

---

① 孟德斯鸠．论法的精神．许明龙，译．北京：商务印书馆，2012：356.
② 孟德斯鸠．论法的精神．许明龙，译．北京：商务印书馆，2012：330－331.
③ 孟德斯鸠．论法的精神．许明龙，译．北京：商务印书馆，2012：356.
④ 孟德斯鸠．论法的精神．许明龙，译．北京：商务印书馆，2012：357.
⑤ 阿隆．社会学主要思潮．葛智强，等译．北京：华夏出版社，2000：29.

变民族文化精神的企图："切忌改变民族的普遍精神"①。

孟德斯鸠通过讨论人口因素还论及了生产与技术问题。在孟德斯鸠看来，人口多少是与该地区能够进行何种生产劳动直接相关的。"牧区只有少数人有事可做，所以人丁稀少。麦田用人较多，葡萄园用人则多得不计其数。"② 并且，正是因为农业产出了稻米，可以供大量人口食用，所以支持了农业发达地区繁衍出众多人口。为了使农民能够生产出更多农产品，就需要使用技术，于是，就出现了工匠把一些手工技术应用到农业生产上去的发展。"国家需要许多人耕种超过自己消费所需要的土地，为此就应让他们有生产多余产品的欲望，而这一点只有工匠能够做到。"③

五、对社会学的奠基性贡献

如前所述，迪尔凯姆等人认为，孟德斯鸠为社会学的建立与发展作出了奠基性贡献，但从当代实证社会学的视野却未必能很明确地得出这个结论。因此，很多评介西方社会学理论的论著或教材只字不提孟德斯鸠的思想观点，更谈不到怎样评价他为社会学做出的贡献了。然而，迪尔凯姆恰恰是从实证社会学的立场得出这个结论的。

作为实证社会学传统普遍承认的奠基人，迪尔凯姆认为社会学是一门社会科学。社会学像物理学一样要研究客观本质和外在规律性，区别不过在于：物理学研究自然现象或物理世界的客观本质和自然规律，而社会学则研究社会现象的客观规定性和社会必然规律。只有做到了这一点，社会学才明确了自己的研究对象和科学性质。正是首先在这个意义上，迪尔凯姆高度评价了孟德斯鸠的贡献：

> 明确科学的主题、性质和方法，确立科学的基础，也同样重要。这正是孟德斯鸠为我们的科学所做出的贡献。他对历史阐释并不总是那么正确，我们很容易证明他是错的。但是，在引导后来人通向真正的社会科学的道路上，此前还没有人像他那样走得如此之远，还没有人像他那样对确立这门学科的必要条件看得如此清楚。④

孟德斯鸠明确了社会学的研究对象——社会事实。在孟德斯鸠之前，哲学家们也在他们的文献中讨论了法律、习俗和宗教等社会现象，但他们通常把这些社会现象看作人类意志的表现，并没有把它们看成像物理现象一样的客观事实，因此也就不可能像物理学那样去揭示其本质与规律。孟德斯鸠不仅广泛考察了各个民族中的

① 孟德斯鸠．论法的精神．许明龙，译．北京：商务印书馆，2012：357.

② 孟德斯鸠．论法的精神．许明龙，译．北京：商务印书馆，2012：497.

③ 孟德斯鸠．论法的精神．许明龙，译．北京：商务印书馆，2012：498.

④ 涂尔干．孟德斯鸠与卢梭．李鲁宁，赵立玮，付德根，译．上海：上海人民出版社，2003：3.

法律、风俗习惯和宗教信仰的社会事实，而且揭示了这些社会现象存在的基础——制度。在《论法的精神》中，孟德斯鸠作了说明："这本书所讨论的是世界上所有民族的法律、习俗以及不同的实践。其论题相当广泛，几乎囊括了所有人类通行的制度。"[①] 可见，孟德斯鸠把制度作为社会生活的基础看待，与迪尔凯姆把社会学定义为关于制度的科学是一致的。更明确地说，迪尔凯姆把社会学定义为制度的科学，是受到了孟德斯鸠的影响或启发。

把社会制度当作自然界的本质规律一样去研究，这是实证社会学最基本的立场——客观论立场，孟德斯鸠显然坚持了这个立场。不过，孟德斯鸠的客观性立场不是彻底的，迪尔凯姆对此也做出了分析。客观立场是科学立场，而在社会科学诞生之前，哲学家们是从主观论立场来解释社会现象的。哲学家从意志、概念或原则出发来解释和推演社会历史的变迁，迪尔凯姆称之为艺术的方法。孟德斯鸠虽然主张要探究社会现象的客观规律，但他又常常回到艺术的主观论立场，用逻辑推论的方法，而不是客观的实证方法，去讨论和阐释社会现象。这说明孟德斯鸠的科学立场不是彻底的，他还在一定程度上保留了传统哲学的思维方式或研究方法。

传统哲学的思维方式是有明确的价值原则的，应当说孟德斯鸠在他的著述中也表明了自己的价值原则。他关于三种政体的论述，明显地表现出了他支持民主、平等和自由的价值立场，他对专制政体表达了明确的否定态度。他认为专制政体的原则是畏惧，它的统治手段是恐怖。他还说："专制政体的腐化从不间断，因为这个原则就其本质而言就是腐化的。别的政体之所以覆亡是由于某些特殊变故破坏了他们的原则，专制政体则不然，倘若某些因素不能制止其原则的腐化，那么，这种政体覆亡的原因在于它内在的弊病。"[②] 这些观点都表达了孟德斯鸠的价值信念和价值原则。不过，这种价值追求和非客观的原则不能掩盖他为社会学找到了明确的研究对象的奠基性贡献。

孟德斯鸠为社会学明确的研究对象，主要是社会法则和社会类型。社会法则不仅仅是法律，还包括政治、社会和思想文化等方面的规则和制度，揭示社会不同层面、不同领域的法则，就相当于探究自然界各个领域中的本质和规律。而社会类型既是孟德斯鸠对其所研究的社会现象的分类概括，也是研究社会现象的一种方法。孟德斯鸠关于三种政体和野蛮社会的论述，就是一种典型的类型学研究。

实证社会学提倡比较的研究方法，孟德斯鸠在这方面也有积极的探索。在迪尔凯姆看来，比较或类比方法可以替代传统哲学的从抽象概念进行演绎推论的思辨方法，它可以使社会科学坚持不脱离客观实际的立场。尽管孟德斯鸠没有明确地讨论过比较方法，"但他直觉地认识到这方法的必要性。他从各个民族的历史中收集大量材料，其目的是比较它们，从中得到法则。实际上，他的整部著作无疑都在将复杂多样的民族所遵循的法则进行比较，我们可以确切无疑地说，在《论法的精神》

---

① 涂尔干．孟德斯鸠与卢梭．李鲁宁，赵立玮，付德根，译．上海：上海人民出版社，2003：14.

② 孟德斯鸠．论法的精神．许明龙，译．北京：商务印书馆，2012：141.

中，孟德斯鸠开创了新的研究领域，即我们现在所说的比较法”①。

总之，孟德斯鸠对社会学特别是对实证社会学的奠基性贡献是不可低估的。正像迪尔凯姆指出的那样：“孟德斯鸠不仅理解了社会现象对科学研究的重要性，也参与塑造了两个基本观念，这些观念，即类型的观念和法的观念，对确立社会科学来说是必不可少的。”②

思考题

1. 孟德斯鸠怎样论述规定一个民族兴衰的普遍原因？

2. 怎样理解孟德斯鸠论述的“法”？怎样对“法”的内涵与外延做出更明确的阐述？

3. 孟德斯鸠怎样论述政体的不同类型及其原则？政体的原则同法是什么关系？

4. 孟德斯鸠怎样看待地理环境、文化传统和法的精神在各民族社会发展中的地位和作用？

5. 迪尔凯姆根据什么说孟德斯鸠为社会学的形成做了奠基性贡献？

推荐阅读书目

1. 阿隆．社会学主要思潮．葛智强，等译．北京：华夏出版社，2000：12－46.

2. 涂尔干．孟德斯鸠与卢梭．李鲁宁，赵立玮，付德根，译．上海：上海人民出版社，2003.

3. 孟德斯鸠．罗马盛衰原因论．许明龙，译．北京：商务印书馆，2016.

4. 孟德斯鸠．论法的精神．许明龙，译．北京：商务印书馆，2012.

① 涂尔干．孟德斯鸠与卢梭．李鲁宁，赵立玮，付德根，译．上海：上海人民出版社，2003：46.

② 涂尔干．孟德斯鸠与卢梭．李鲁宁，赵立玮，付德根，译．上海：上海人民出版社，2003：55.

第三章

孔德的社会实证论

本章要点

本章介绍了孔德创立实证主义社会学的思想来源、现实基础，通过分析客观性原则、相对性原则论述了实证主义社会学方法，阐述了孔德关于社会发展三阶段理论、社会秩序与社会进步是社会学的主要研究任务以及人道教等方面的思想理论。

关键概念

实证方法；社会发展三段论；秩序与进步；人道教

孔德是西方实证社会学的创始人，他不仅明确提出了要建立一门科学的实证社会学，而且对实证社会学的主要特征、研究对象、基本任务、方法原则和奋斗目标等一系列问题都作了论述。孔德的社会学思想在西方社会学理论中具有十分重要的意义，对西方社会学的历史演化具有深远影响。

一、社会实证论概况

社会实证论是以实证主义的原则和方法来研究社会现象的社会学理论，其主要代表人物是孔德（Auguste Comte，1798—1857）、穆勒（John Stuart Mill，1806—1873）、斯宾塞（Herbert Spencer，1820—1903）和迪尔凯姆（Émile Durkheim，1858—1917）等人，是他们明确阐述了社会实证论的基本立场、基本观点和基本方法，使早期社会学成为一门区别于哲学、文学、宗教学和伦理学的具有强烈自然主义（naturalism）色彩的社会“科学”。

社会实证论的产生不仅有资产阶级在获取政权后急于稳定社会秩序、推进资本主义工业化进程的社会背景，而且还有作为欧洲文化传统重要内容的经验主义（empiricism）、科学主义（scientism）、自然主义和理性主义（rationalism）的思想来源。人们分析实证主义的经验主义思想来源时，一般把它归结为贝克莱（George

Berkeley，1685—1753）和休谟（David Hume，1711—1776）的唯心主义经验论。[①]其实不止于此，实证主义作为哲学思想回避了唯物主义与唯心主义之争，在孔德等人看来，没有必要挖空心思地去追问那个无法被证实的物质本原或精神本原，面向经验事实就是了。因此，在对经验主义原则的继承上，实证主义并未作出唯物主义还是唯心主义的选择。事实上，培根（Francis Bacon，1561—1626）和洛克（John Locke，1632—1704）的唯物主义经验论才是实证主义最早的经验主义思想来源。

培根和洛克都认为经验现象是独立于人们的意识而自存的客观存在，人的认识起源于直接感知客观存在的感觉，感觉的可靠性在于它能够真实地反映客观存在，客观存在有其自身运动变化的规律，以感觉为基础的认识把握了客观现象及其规律就可以产生科学知识。科学是人类征服自然的力量，科学知识的发展将把人类带入美满和谐的人间天堂。培根和洛克的这些观点和信念，正是孔德、斯宾塞等人阐述自己思想理论的基础和基本出发点。相反，把贝克莱和休谟的经验论说成是实证主义思想来源却显得有些欠缺。因为，实证主义者既不像贝克莱那样把经验现象归结为人的主观感觉，也不像休谟那样怀疑感觉之外存在的真实性。

以培根和洛克为代表的经验主义是近代以来在欧洲文化中一直占有重要地位的科学主义的哲学基础。崇尚实证科学，要求人们的思想与言行都应遵循实证科学原则与方法的科学主义，既是实证主义社会学的思想来源，也是它的基本精神和基本内容。培根和洛克主要从认识论和方法论上论证了科学认知方式和科学归纳逻辑的合理性，而伽利略（Galileo Galilei，1564—1642）和牛顿（Isaac Newton，1642—1727）等自然科学家则对科学主义的基本目标、基本原则、基本模式作了具体论述。在他们看来，科学的典型模式是数学和物理学，科学的奋斗目标是认识自然、征服自然，科学的原则是剔除主观特殊性和不确定性，科学的任务是用观察、思考、实验的方法来寻求和探索客观对象的普遍性和确定性，即把握外在对象的本质与规律。

科学主义要求主观服从客观，认为客观是先在和外在的自然存在。面对自然存在，科学的任务首先不是要求如何按照人的意志去改变它，而是要求人们的主观符合客观。这就是孔德说的“只问是什么”，而“不问应当是什么”。这是一种否认主观性、创造性和价值要求的自然主义，是片面夸大社会现实自在性和自发性的客观主义。顺应自然、服从客观，这是实证主义从自然主义或客观主义那里继承的品质，它使实证主义社会学具有一定的保守性。

社会实证论的另一思想来源是统治欧洲近现代文化的理性主义。尽管孔德建立社会实证论首先是以反对传统理性主义的面目出现的，但社会实证论不是对理性主义传统的全部反对，而只是反对理性主义中的价值理性和审美理性，同时却坚持了理性主义中的科学理性。统观文艺复兴运动以来的欧洲近代文化，从根本上支配和规定着欧洲人精神与行为的是科学的原则和科学的思维方式。因此，近代以来欧洲

① 刘放桐，等．现代西方哲学．北京：人民出版社，1981：34.

人信守的最基本的根据是科学理性，所谓近代欧洲理性主义传统的核心也是科学理性，从这个意义上说，社会实证论并未背叛欧洲理性主义传统，相反，倒是把理性主义传统的核心——科学理性推向了极端，即以科学的方法和原则排斥评价和审美，要求社会科学乃至人类全部思维活动都要按照数学和物理学的模式展开。

社会实证论首先在法国和英国得到了较快的发展。孔德在法国率先提出了实证主义基本原则和基本方法，并提出了从实证主义出发研究社会现象的基本构想。迪尔凯姆把孔德的社会学构想系统化、具体化了，使社会学作为一门规定性比较明确的实证性学科登上了法国大学的讲坛，社会实证论由此在学科之林中争得了一席之地。孔德提出的社会实证论的基本原则，很快在英国学术界产生了影响，穆勒像斯宾塞一样在孔德思想的影响下，分别建立了唯名论的社会实证论和有机论的社会实证论。虽然由于社会环境和文化传统的差异，穆勒和斯宾塞的社会实证论表现出许多不同于法国社会实证论的特点与风格，但是它们面向客观、追求秩序性和确定性的基本精神还是一致的。

孔德、迪尔凯姆、穆勒和斯宾塞的学说一般被称为早期社会实证论，主要流行于19世纪末到20世纪初。在韦伯的社会理解论和法兰克福学派的社会批判论流行之前，社会实证论是西方社会学的主流。第二次世界大战后，社会实证论的基本精神和基本原则遭到人本主义社会学和马克思主义社会学的激烈批判，并且各种形式的人本主义哲学，如现象学、存在主义、生命哲学、哲学解释学、后结构主义等也从各个角度对社会实证论发起了攻击。社会实证论曾一度陷入困境。尤其是法兰克福学派指责社会实证论反对辩证的批判性思维，为法西斯主义在欧洲蔓延铺平了道路，使社会实证论的处境更加难堪。

然而，无论社会实证论有过多少过失，它毕竟是在资产阶级取得政权、迫切要求稳定社会秩序的社会背景下产生的一种新思维方式，它有反对空虚、面向实际的积极意义，在一定程度上顺应了资产阶级推进工业化进程的某些要求。因此，社会实证论的产生与流行有其不可否认的社会基础或现实根据，尽管它遭到来自各方面的批判，但它还是以顽强的生命力通过改变自己的形式而流传下来。在凡勃伦（Thorstein B Veblen，1857—1929）的社会科技决定论、帕累托（Vilfredo Pareto，1848—1923）的社会非逻辑论、阿尔都塞（Louis Pierre Althusser，1918—1990）的社会结构论、帕森斯（Talcott Parsons，1902—1979）的社会结构功能论等社会学理论中，仍然能够清晰地看到社会实证论的基本原则和基本精神。

第二次世界大战前后兴起的具有实证主义色彩的社会学理论通常被称为新社会实证论。同早期社会实证论相比，新社会实证论在一定程度上克服了自然主义和科学主义的偏激性。在对社会现象进行经验性研究时，新社会实证论开始注意价值评价、审美体验等主观因素。西方某些学者认为这是实证主义和人本主义在社会学领域里的融合。不过，无论社会实证论在多大程度上吸收了其他社会学流派的方法甚至是原则，它追求客观性、秩序性和确定性的基本精神仍然被坚持着，它仍然是当今诸多社会学流派中一种有明显特点的理论传统。

二、孔德的学术背景

奥古斯特·孔德（Auguste Comte，1798—1857）出生于法国南部城市蒙彼利埃，父亲和母亲都是虔诚、谨慎的天主教徒，他们反对法国资产阶级大革命，对天主教在社会革命中遭到冲击极为愤慨。这样一个家庭并没有对少年孔德产生多大影响，相反他却性格倔强、对宗教传统具有强烈的反抗精神，他热烈赞扬大革命对旧传统、旧秩序的冲击与摧毁，认为革命将为人类赢得自由、和谐与幸福。

孔德虽然体弱多病，但天资聪慧。1814 年 6 月，孔德以优异的成绩考入十分著名的巴黎高等工程技术学校，这里聚集了一批杰出的科学家，科学技术研究走在法国的前列。孔德非常热爱这所学校，他不仅希望在这里获得优异的学习成绩，而且还盼望能成为一名科学家留校任教。然而，在激烈动荡的拿破仑时代，学校也难免遭到革命与战争的冲击，孔德也未能如愿实现自己的理想。拿破仑很重视巴黎高等工程技术学校，尽管他知道这所学校是培养科学家与工程师的，但是他出于巩固政权和赢得战争胜利的需要，还是委派一名军官试图把它改造成培养军官的学校。孔德对拿破仑专制虽然不满，但是同波旁王朝比较起来，他认为拿破仑要好得多。

在大学的学习生活中，孔德也表现出强烈的反抗精神，在许多问题上都有独到而明确的见解，常常被同学们拥戴为领袖。1816 年 4 月，6 名学生因对陈旧的考试方式不满而向学校提出抗议，学校不仅不接受学生们的意见，反而要处罚他们。孔德与同学们一起反对校方的做法，但是并未奏效。不久，学校在政府的支持下准备重建，只有那些循规蹈矩的学生才能获准留校学习。孔德对此极为不满，一怒之下离开了他曾十分热爱的学校。

离开学校后，孔德靠私人授课维持生活。孔德曾试图求助别人在大学里谋得一个教师职务，但他的愿望未能实现。1817 年夏天，孔德结识了亨利·圣西门（Comte de Saint-Simon，1760—1825），这位极富理想色彩的空想社会主义者对孔德的思想观点和学术生涯发生了重大影响。孔德最初作为圣西门的私人秘书，他有条不紊、勤于思索的工作作风受到圣西门的赏识。孔德对圣西门也很尊重，把他看作自己的导师，虚心学习他的思想理论。然而，这种友谊未能长久保持下去。随着孔德思想观点的逐步成熟，加上社会联系日益增多，孔德同圣西门之间有了竞争，在扩大社会影响和发表著作署名等问题上，两个人不时发生分歧。圣西门依然以长者和导师的身份居高临下地对待孔德。最终因为一本著作的署名问题上，孔德同圣西门发生了激烈冲突，两人自此分道扬镳。

孔德确立实证主义观点，首先受益于圣西门。孔德的实证知识论、实证方法论和工业化理论，都可以在圣西门的著作中找到思想来源。圣西门认为，法国资产阶级大革命所确立的社会秩序标志着人类社会已经进入一个成熟的发展阶段，这是一种不同于农业社会封建秩序的工业社会新秩序，这种秩序的本质特点是实证性，即一切从经验事实出发，在对实际生活问题的观察与解决中获得幸福与快乐，而其主要方式与途径是推进工业化进程。在圣西门看来，社会以工业为基础。工业是社会存在的唯一保证者和所有财富和财产的唯一源泉。因此，对于工业最有利的条件也是对于社会最有利的条件。为了实现工业化的目的，社会科学应当改变传统的思辨式的研究方式，即应该运用观察科学所运用的方法，把推理和理论建立在客观观察到的事实上。而最典型的观察科学即物理学等自然科学。这就是说，圣西门已经明确地提出了模仿自然科学的实证主义原则与方法。

在讨论孔德的思想来源或学术背景时，人们经常提到的还有杜尔哥和孔多塞的社会进步论、迈斯特尔和博纳尔的社会整体秩序论、亚当·斯密和萨伊的自由主义经济学。杜尔哥认为科学和技术推动人类社会向前发展是一个必然趋势，无论在这个发展过程中会出现何种矛盾与冲突，这种社会进步的趋势是不可逆转的；孔多塞对科学技术能够推动社会进步更是坚定不移，不过他比杜尔哥更多地强调了教育在推进科技发展和社会进步中的作用。迈斯特尔和博纳尔面对法国大革命后的社会动荡，疾呼社会团结和社会秩序的重要性。在他们看来，不应当把个人凌驾于社会之上，应当肯定社会高于个人，必须维护社会整体利益和社会整体秩序。只有这样，被社会造就和组织起来的个人才能获得真正的幸福与自由。斯密和萨伊的自由主义经济学，充分肯定了社会分工和工业化对社会进步与发展的意义。孔德把这些思想都融入进了他的社会实证论体系之中。

孔德在学术研究上还没有摆脱德国古典哲学建立包罗万象学科体系的传统，他的实证理论体系是以包容哲学、科学、政治学、法学、宗教和伦理学等各种学科而自居的。出于这种理想，孔德广泛吸纳各种学科的思想观点，培根的经验论、笛卡儿的唯理论、康德的知识论、孟德斯鸠的法学理论以及牛顿等人的近现代自然科学观点，都可以在孔德的实证理论体系中找到踪迹。马克思曾嘲笑孔德无所不包的体系，他说："……他的著作简直像百科全书，包罗万象。但是这和黑格尔比起来却非常可怜（虽然孔德作为专业的数学家和物理学家要比黑格尔强，就是说在细节上比他强，但是整个说来，黑格尔甚至在这方面也比他不知道伟大多少倍）。"①

同孔德在学术上涉及如此丰富的领域相反，他在生活上却终生孤独、穷困潦倒。同圣西门分手后，孔德一直没有谋到一个正式职业，贫困的生活给他的学术研究带来了很多麻烦。但是，孔德从未向困难屈服，坚持不懈地在凄惨的生活境遇中研究他的实证哲学与实证社会学。1825 年，孔德同一位曾经当过妓女的女士卡洛琳·梅森结婚，这位饱尝生活艰辛的妻子对孔德不仅在生活上体贴入微，而且在事业上也全力支持。然而，处于困境中的孔德对妻子的关心与情爱毫不珍惜，常常因为家庭生活之外的事情引起恼怒而向妻子大发雷霆。孔德为了宣传自己的思想，开设了一个私人讲座，使孔德宽慰的是巴黎的一些著名科学家和知名人士也曾光临讲

① 马克思恩格斯选集：第 4 卷．3 版．北京：人民出版社，2012：463.

座。令人遗憾的是，讲座只开了 3 次，孔德就因过度紧张而精神失常。孔德患病期间，妻子对他耐心照料，盼望他早日康复，孔德却并未因此而转变对妻子的态度，脾气变得越来越坏，妻子终于忍受不了他的欺凌，离开了孤僻而粗暴的孔德。

孔德不愧为一位伟大的思想家，这位力主直面经验现象的实证主义者，一向在惨淡悲凉的生活经历中企盼超越昏暗经验的希望之光。希望终于从理想转为现实，越来越多的学者成为孔德的信徒，孔德的名声与日俱增，甚至英吉利海峡对岸的一些自然科学家和社会科学家也对孔德的思想给予高度评价。约翰·斯图尔特·穆勒不仅成了孔德学术上的知音，而且在生活上集资赞助孔德。说来也巧，也就在学术上的影响不断扩大的同时，孔德一直孤寂而枯燥的生活涌入了一股爱情清泉。一位年纪不到 30 岁的离异的中产阶级妇女——克洛蒂尔德·德沃，同年已 46 岁的孔德发生了恋爱关系。尽管这始终是一种柏拉图式的精神之恋，但是这位有教养的女性却深深地改变了孔德的生活态度，甚至对孔德晚期的学术思想也产生了很大影响。不幸的是，爱情持续不到一年，克洛蒂尔德便因患肺结核而离开了人间。孔德把对恋人的情感倾注到学术研究中，他一改“只问是什么”的实证主义态度，开始高呼情感高于理性，甚至提出要建立追求人间普爱的人道教，以此来唤醒人们互亲互爱的情感。

1857 年 9 月 5 日，孔德在对克洛蒂尔德的无限缅怀中，因患癌症而离开了人间。孔德为后人留下了丰富的理论著述，其中主要代表作有：《实证哲学教程》（共六卷，1830—1842）、《实证政治体系》（共四卷，1851—1854）、《实证宗教问答》（1853）等等。无论有多少人批评孔德的实证主义理论，但是他开掘了现代学术乃至现代全部文化中的一股新潮流，这是无法否认的。并且，他不仅是社会实证论的创始人，而且也是社会学的开山鼻祖。社会学的名字，无论给它加上多少修饰语，都同孔德的名字有着千丝万缕的联系。孔德是活着的穷人、死后的富翁。长眠于拉雪兹神父公墓的孔德，获得了思想家最宝贵的财富——理解与信仰。在生前孑然一身的孔德，逝世后却有一个家庭：在他墓地的周围，埋葬着一群永远忠于他的学生。

三、实证方法

在孔德的学说中，最基本的莫过于他反复阐述的实证方法。在孔德看来，以物理学为代表的自然科学所使用的研究方法，在对自然现象的研究中发挥了巨大的作用，它不仅是人类认识自然、获取物质财富的有效手段，而且也是人类社会摆脱神学的虚幻表象和传统哲学的抽象玄思，从农业社会向工业社会进步的正确思维方式。可以说，直面经验事实，通过观察、实验来认识外界事物的方法，已被孔德推崇为不可阻挡的时代精神，孔德认为，对这种方法的坚持与贯彻将为人类赢来一个真正和谐幸福的社会。

在孔德之前，已有很多思想家对自然科学方法推崇备至：笛卡儿用数学、物理学的思维逻辑解释正确思维过程，莱布尼茨把微生物学的成果概括为哲学解释世界的“单子论”，这说明在16、17世纪自然科学方法的普遍化倾向就已存在。这种倾向受到很多人的反对，如歌德、席勒等人提出自然科学方法不具有普遍性，应当用美学的思维方式取代自然科学思维方式，李凯尔特提出实证方法只能适用于自然，而人类文化现象只能用追求价值的文化科学才能理解。尽管如此，因为自然科学方法凭借科学技术获得了巨大成就，它在人们心目中的地位不但难以动摇，反而日益巩固提高。

孔德认为，在社会科学领域排斥自然科学方法是难以成立的，因为社会是自然的一部分，虽然社会现象比自然现象复杂，但是二者都是外在于人们情感意志的客观现象，都是可以观察、实验、对比的经验事实。在孔德看来，神学和哲学虽然对社会现象做了很多解释，但是它们向人们说明的都是脱离实际的神秘表象和抽象推理，其中一个根本缺陷在于神学和哲学都未能脚踏实地去开展经验调查，在它的空洞的说教中分不清主观愿望还是客观事实。孔德坚持实证方法的一个原则是：只问是什么，不问应当是什么。其实质是在对经验事实的观察中排斥主观评价，或者说克服观察者的价值评价，仅仅从客观事实本身去把握它的客观规定性。用这种原则来研究社会现象，必须把社会现象看成外在于观察者情感、意志的感性事实，社会现象必须被认为同自然现象一样具有客观性和确实性，对社会现象只能问它有什么、有多少、怎么样，至于社会现象应当是什么、应当有多少、应当怎么样，则不必过问。孔德认为，这就是社会学作为一门科学必须坚持的基本原则，只有坚持这种从物理学移植过来的研究方法，才能得出关于社会现象的真实知识。在这个意义上，孔德曾把他创立的社会学称为“社会物理学”。

为了突出实证方法同神学方法和哲学方法的区别，孔德特别强调实证方法的相对性。孔德指出：“如果我们仔细考虑实证主义的精神与科学观念的关系，我们将会发现，实证主义哲学与神学的和形而上学的哲学不同，它具有使那些看起来绝对的思想变成相对的倾向。”① “实证一词尚未直接表示的新哲学精神的唯一特性，它包括了到处由相对代替绝对的必然倾向。”② 孔德指责神学和传统哲学的绝对主义，主要有两层含义：其一是指神学和传统哲学总是追究终极关怀和终极本质，认为它们给出的概念和结论是对世界的根本理解；其二是指神学和传统哲学都把自己对世界的玄想和思辨看成是对全部事物的一般概括，认为它们揭示出来的理论都是超越具体事物的普遍性规律。

孔德认为，社会学不去追问现象之下的终极本质和普遍规律，而是直接面对经验现象本身，因此社会学采用的方法和得出的知识都不具有绝对性，而是直接关于

① 约翰逊．社会学理论．南开大学社会学系，译．北京：国际文化出版公司，1988：99.

② 孔德．论实证精神．黄建华，译．北京：商务印书馆，1996：31.

具体社会事实的相对性知识。这种相对性知识实质上是由孔德为社会学规定的研究对象所决定的。孔德也常常把自己的理论称为哲学，但不是形而上学的哲学，而是关于可见事物的形而下的哲学，是研究经验现象本身的知识。显然，形而下的经验事实都是感性的、具体的，都是处于特定条件中运动变化的，亦即都是有条件的、相对的。既然对象本身就是相对的，并且社会学又不允许超越相对性的对象，那么社会学的方法及其建立的知识也必然是相对的了。

孔德在强调社会学方法和知识的相对性时，并未否认社会学要把握社会规律的任务，这似乎是自相矛盾的。然而，孔德能够自圆其说的是：社会学探寻或建立的规律同形而上学讲的作为事物本体的规律是不同的，即社会学所探查的社会规律在经验现象之中，是具体存在的社会事实之间的联系，而不是在经验现象之外或之下的本质之间的联系。就此而言，孔德不是真正的相对主义者。不用说中国古代的相对主义者庄子，就连现当代有相对主义倾向的海德格尔和伽达默尔等人，也都是否认社会现象有客观规律的。

孔德认为，实证方法及其所获得知识的相对性，同把握社会现象中的社会规律不是对立的。他指出："对现象的规律进行的研究必然是相对的，因为它假定思考某种持续的进步有待于观察的逐步改进，但精确的现实不能被全部揭示出来，所以科学观念的相对特征与自然规律的真实观念是不可分割的。"[①] 这里，孔德一方面肯定与自然规律相同的社会规律有稳定性和连续性，另一方面又认为社会规律只能来自对变动不居事物的不断观察中，并且因为事物的变化和观察的发展，所获得的包含着社会规律的实证知识也要发生变化。

总之，孔德为社会学确立的实证方法，以自然科学特别是物理学方法为模本，直面具体的经验事实，以观察、实验和对比为手段把握社会现象间的联系，排斥价值评价和理想要求，追求客观、确实、有实际用处的实证知识。这种被孔德认为是人类思维方式划时代变革的实证方法，尽管受到人们的很多批评，但在当代社会学中仍然占有十分重要的地位，往往是一些社会学流派把自己同其他学科尤其同哲学区别开来的根本原则。

四、社会发展三阶段

同大多数思想家一样，孔德不仅从理论逻辑上向人们阐述实证社会学的合理性，而且还从历史发展的角度向人们论证自己学说的深刻根源。孔德的社会发展三阶段学说，就是他从人类文化形态史或人类思维方式发展史的角度来为实证社会学作的历史论证。

---

① 约翰逊．社会学理论．南开大学社会学系，译．北京：国际文化出版公司，1988：99.

孔德认为，社会是进步发展的，这是不可怀疑的。社会发展进步的根据在于知识类型的变化。人们的思维方式、行为方式、社会制度和社会结构等等，都是因为知识类型的变化而发展的。有史以来，人类在不同时代占主导地位的知识类型有三种：神学的、形而上学的和实证的。孔德指出："据此基本学说，我们所有的思辨，无论是个人的或是群体的，都不可避免地先后经历三个不同的理论阶段，通常称之为神学阶段、形而上学阶段和实证阶段。"[①] 在神学阶段，人们以虚幻表象解释世界的本原或终极本质，把人们周围经验事实的变化归结为外在于人世并主宰人世的神灵的意志。孔德认为，人们由追究世界终极本质而导致对神灵的信仰，这是合乎逻辑的。因为终极本质和世外神灵都是不可感知的，当人们把万物本质概括为某种观念，而在现实中又无法证明时，就不得不将之神化。在孔德看来，人们在神学阶段的思维方式，实质上是把经验事实的规定性未加分析地抽象化和普遍化，进而建立了许多无法被检验的绝对知识。

孔德认为，神学阶段的历史最久远。他把神学阶段划分为拜物教、多神教和一神教三个时期。在这三个时期中，人们的信仰模式有所区别，并且影响了人们的社会组织形式，使之发生变化。在拜物教时期，人们认为万物有灵，提出了十分丰富的原始迷信来表达对自然神灵的崇拜，这不仅有助于激发人们的思辨式思维，而且随着对某些自然物崇拜的稳定化，人们也从流动的游牧生活方式转向定居的农业生活方式。在多神教时期，人们形成了超越自然物的信仰，对神灵的解释变得更为神秘和复杂，于是出现了专职解释神学信仰和组织神学仪式的教士，形成了维持与传播宗教传统的思辨阶级。在一神教的天主教时期，宗教教义和宗教仪式都更加复杂化，对宗教信仰的解释与传播成为神职人员的特权，这促进了宗教权力同世俗权力的分离，欧洲社会出现了王权与神权的分离与冲突，这对西方文明的发展有很重要的意义。

形而上学阶段是神学阶段和实证阶段的中间环节，这一阶段实质上是神学阶段的变相。孔德指出："事实上形而上学也像神学那样，主要试图解释存在物的深刻本质和万事万物的起源和使命，并解释所有现象的基本生产方式。但形而上学并不运用真正的超自然因素，而是越来越以实体或人格化的抽象物代之，后者真正有特色的应用常常可以用本体论的名义称之。"[②] 在形而上学阶段，人们对外界现象的解释更加抽象化了，超自然的抽象概念取代了超自然的神力，一系列诸如实体、存在、理念、绝对精神等形而上学概念，在烦琐的逻辑推理中组成无数玄秘的哲学体系或绝对知识，并被认定为认识世界和规范行为的理性基础。孔德认为，抽象的概念体系同人格化的神灵不过是形式上的变换，而其追求绝对、脱离实际的实质是相同的。

由于形而上学思维方式及其产生的绝对知识，引导或启示人们追求共同性和崇

① 孔德．论实证精神．黄建华，译．北京：商务印书馆，1996：1.

② 孔德．论实证精神．黄建华，译．北京：商务印书馆，1996：6.

尚普遍性，于是，出现了越来越多的探究本体的哲学体系和组织社会的革命理论。这促使人们不仅在对主观世界和客观世界的认识上不断趋于一致，而且在社会组织上也由早期的家庭或部落扩大到近现代的民族国家。这就意味着，绝对性知识和体系性理论的建立，同社会组织从小到大、从分散到统一的发展是一致的。

实证阶段是超越了神学和形而上学虚幻性和绝对性的阶段，是以实证科学为知识基础，直接面向经验事实的阶段。在实证阶段，“作为我们智慧或成熟标志的根本革命，主要是在于处处以单纯的规律探求、即研究被观察现象之间存在的恒定关系，来代替无法认识的本义的起因。不管是微末的或重大的效应，不管是撞击或是重力，也无论是思想或是道德，我们实际上只能了解它们形成的各种相互关系，而永远不会了解它们产生的奥秘”[①]。这是一个不再迷信绝对而走向相对的阶段，是以实证知识为根据，并且又不断从经验现象中建构新实证知识的时代。知识随着经验现象的变化而不断更新，人们不再相信那些自称发现终极真理的形而上学体系，而是脚踏实地地去捕捉变动不居的经验现象间的联系。

在孔德看来，神学阶段和形而上学阶段的社会组织形式，是采集社会、游牧社会和农业社会中的家庭、部落和民族，而实证阶段的社会组织形式则是工业社会的具有全人类性的社会秩序。这里，孔德从思维方式和知识类型的发展变化的角度，论述了社会组织形式的不断扩大。由于人类思维方式和知识类型变化的趋向是不断地扩展视野和不断地返回生活实际，人类能够在越来越广泛的层面上和越来越具体的经验现象上认识世界和组织社会，所以社会组织形式呈现了这种不断扩大化和普遍化的趋势。

从组织或控制社会的方式上，孔德把由思维方式和知识类型变化引起的社会发展的三阶段分别称为军事时期、过渡时期、工业时期。军事时期是以武力强制社会的时期，这个时期的权力是暴力，部落内部和部落之间对财富的争夺和聚敛，都是靠最简便、最有效的军事行动来实现的，而崇拜外在神秘力量的宗教神学，则是军事行动和暴力征服的合法性支持。因此，历史上许多大小军事行动，如“十字军东征”等，常常是在神的旗帜下进行的。

受形而上学观念支配的过渡时期，是一个极端肯定普遍原则的时期，哲学的原则在社会生活中变成了体现统治者意志的各种法律条文。法律是由理性原则演变成的社会规范，按照法律来控制社会，实质是让社会成员按照普遍的理性原则来抑制个性、趋向一般性。无论法学家和政治家以什么名义来称呼他们制定或实施的法律，如“自然法”“习惯法”等等，法律都是原则，它对社会行为的要求都是趋向一致的。因此，由法律控制社会就一定要求社会服从统一意志的控制，这在本质上同军事社会是没有严格区别的，只不过控制手段由军事力量变成了思想原则。

支配工业时期的是科学。以物理学为代表的实验科学，不仅为工业生产创造了大量新生产技术，提高了工业生产能力、推进了工业化进程，而且还改变了人们的

---

① 孔德．论实证精神．黄建华，译．北京：商务印书馆，1996：10.

联系方式和思想情感。迅速发展的科学技术使人类获得了征服自然的巨大力量，人们的注意力从人与人或民族与民族之间的剥削与争夺，转向对自然的开发与攫取。在征服自然的胜利进军中，人们开阔了视野，逐渐在全人类的普遍联系中看待自己的生存与发展。这意味着，随着科学和工业的发展，一种超越民族国家的人类意识开始生成。

孔德的最终结论是：实证方法是最正确的，实证知识是最真实的，而实证社会学则是最高级的，抛弃思辨，转向实证，不仅是合逻辑的，而且也是合乎历史发展趋势的。从孔德的论述可以看到，他的思想是自相矛盾的。从实证方法上，孔德要求面向经验事实，一切结论都要能够用经验事实证明。然而，他建立社会三阶段理论，靠的却是哲学概括，而不是现象观察，并且他得出的结论也难以用经验事实证明。

五、秩序与进步

当孔德为人类从军事社会过渡到工业社会而高兴时，社会分化、社会冲突和社会秩序等问题却深深地困扰着他。同圣西门等人一样，面对法国资产阶级大革命后社会分化产生各种社会矛盾，并进而引起大量社会冲突的现实，"秩序"（order）与"进步"（progress）成了孔德一生学术著述的核心问题。对于圣西门来说，最引起他注意的社会分化是贫富分化导致的阶级对立与阶级冲突，他尤其对工人和下层群众因社会分化而蒙受的苦难极为愤慨。因此，圣西门更多地从否定的角度来看待社会分化。他的理想是以按理性原则建立起来的社会主义制度去消除阶级对立和社会分化，试图把社会建成人人平等、天下大同的天堂。

孔德对社会分化的态度与圣西门不同，他首先看到的是社会分化带来的积极方面。孔德把充分的劳动分工和高度的生产专业化，看成传统社会向工业社会转型的必要条件，认为这不仅可以提高劳动效率和工业生产能力，而且还可以使有充分分工的个人在生产劳动中更清楚地意识到人们之间的社会联系，并导致人们之间难以分离的相互依赖关系，进而使复杂的社会有了稳定的秩序。在孔德看来，社会分化可以增强社会联系并形成稳定的社会秩序，是工业社会同传统社会明显区别的标志之一。

孔德在肯定社会分化的积极作用时，也看到了社会分化的不利一面。他认为劳动分化助长了个人主义，当人们过分强调个人利益和个人地位并为此而激烈竞争时，社会团结就要受到危害。不仅如此，劳动分工和生产专业化还大大增强了社会复杂程度，自主性、独立性不断增强的社会组织，如果不得到有效控制，它们会因为各自利益而相互冲突，引起社会动荡甚至社会革命，为此必须扩大和加强政府控制社会的职权与整合社会的职能，以便抵消劳动分工和生产专业化引起的社会冲突。

由于孔德是从肯定和否定两个方面来看待社会分化的，所以他既不像圣西门那样憎恶社会分化，也不像圣西门那样试图消解社会分化，而是主张用社会秩序来规范分化了的社会。在孔德那里，社会秩序是社会成员或社会组织间稳定的有序联系，并且是一种如同自然规律一样具有客观性的社会联系。作为稳定有序的客观联系，社会秩序可以把不断分化和不断复杂化的社会规范为和谐的有机整体，社会成员与社会组织将在这种等级分明的社会秩序中安分守己地去为争得自己利益而活动。

孔德实质上为人类设计了一条渐进的社会发展道路。孔德渴望社会尽快发展，许多西方学者批评孔德主张直线发展论。但是，孔德希求社会发展在稳定的社会秩序中进行，并且认为社会存在于稳定秩序中本身就是一种发展状态。发展在秩序中进行，秩序在发展中展开；秩序是发展的条件，发展是秩序的实现。孔德指出：秩序是"进步的基本条件"，"所有的进步最终都趋向于巩固秩序"①。

孔德如此强调社会秩序和社会发展的关系，甚至把秩序同社会进步与社会发展融为一体，这同他的实证主义哲学是分不开的。从实证主义的客观性原则出发，孔德把社会看成自然的一部分，社会秩序不过是同自然规律一样的社会规律。如果自然界是按其固有的自然规律运行的话，那么社会也不可能摆脱实质为社会规律的社会秩序。把社会秩序等同为社会规律，再把社会规律等同为自然规律，社会秩序由此而获得强制性。于是，同社会秩序不可分离的社会发展，不再是理性哲学所指的个性潜能自由发挥和社会生活整体性飞跃，而是压抑个性的社会统治，是维持等级分立而阻止社会革命的"自然过程"。

事实上，孔德并非在"只问是什么"地描述"自然过程"，而是站在资产阶级立场上坚定地从发展资本主义工业要求出发，应然性地提出了社会都应服从资产阶级社会统治的社会发展理想。孔德所处的时代，资产阶级虽然取得了政权，但并未使社会建立稳定秩序，大革命后的社会动荡不断冲击着资产阶级急切发展现代化工业的努力。没有稳定的社会秩序，资产阶级的经济欲望和政治理想都只能是空中楼阁。孔德正是急资产阶级之所急，强烈呼吁社会成员服从资产阶级的统治，他说："当我们能够享受被贤明的、可敬的领袖从我们行为的普遍压抑的重负中解脱出来的快乐时，去服从领导是多么快乐啊。"②

孔德深知，让那些被压迫、被剥削的工人群众去服从资产阶级统治并非易事，他一方面用社会秩序的自然客观性或不可抗拒的自然规律性，告诫社会成员不要同社会秩序对抗，要听天由命地安居乐业；另一方面求助宗教教化，号召社会成员要忍受、要宽容，不要因受激进分子的煽动而卷入社会斗争。孔德甚至明确指出：工人的活动自然比工厂主的活动更缺乏普遍性和责任性，工人没有能力也没有条件担

① 孔德．实证哲学教程．第4卷．伦敦：[出版者不详]，1896：56.

② 孔德．实证哲学教程．第4卷．伦敦：[出版者不详]，1896：439.

负对社会的统治，工人的使命是劳动与服从。在社会秩序中，工人应当首先接受教育，然后是劳动。

孔德把排斥价值判断作为实证主义基本原则，但是，当孔德要求社会成员顺从统治而维持社会秩序时，他却明显地以资产阶级的价值要求来压制无产阶级的价值要求。稳定秩序、维持现状，是任何时代统治者的价值要求，因为只有现存秩序得以稳定地维持，统治者的意志才能得以实现，统治者的利益才能得以保护；同时，反抗秩序、改变现状则是任何时代被统治者的价值要求，因为他们的意志和利益在现存秩序中受到了压抑，只有颠覆现存秩序，他们才能从被压迫状态下解放出来。就此而言，孔德被法兰克福学派指责为资产阶级的维护者，也是有一定道理的。

社会秩序和社会进步是孔德实证社会学的两大主题。他的社会静力学和社会动力学就是分别围绕这两个主题展开的。在社会静力学中，孔德论述了一般的社会关系和社会结构，指出人的情感意志和本能欲望决定了社会起源与社会性质。孔德把人的本能区分为个人本能和社会本能，个人本能表现为利己心，社会本能表现为利他心。社会生活就是在利己心和利他心的两种本能的冲突中展开的，家庭则是调和这种冲突的产物。在家庭中，每个成员都可能因自己的私利而同其他成员发生矛盾，但家庭要想维持就必须要求成员彼此互尊互爱。社会是家庭的总和，社会关系不过是家庭关系的扩大。因此，在社会中应当由政府来不断调节各阶级或各种社会组织之间的关系，进而避免冲突，使社会能够在稳定的秩序中发展进步。简言之，社会静力学就是关于社会如何维持稳定秩序的学说。

孔德的社会动力学论述了社会如何才能发展进化。社会发展三阶段理论是社会动力学的主要内容。孔德以思维方式变化和知识类型转变为根据来揭示社会进化，并且把他概括出来的历史发展阶段视为不可逾越的历史规律，这种论述方式和理论追求在内容和形式上都很难同历史哲学区别开来，因此，与其说社会动力学是社会学的一部分，还不如说是为其实证方法提供思想基础和历史基础的哲学论证。就社会动力学和社会静力学二者的关系而言，社会动力学也是为社会静力学作论证的，追求工业社会新秩序的社会静力学才是孔德的主要注意力所在。

六、人道教

孔德前期的学术思想表现出强烈的实证精神，就其主要倾向上看，是对理性哲学所推崇的价值观念的坚决否定，突出表现是要求社会研究从应然性玄思转变为实然性观察。然而，无论孔德怎样向人们称颂实证方法的科学性，他也回避不了这个事实：社会是由时刻都怀着一定情感、意愿和理想来支配自己行为的人构成的。作为一代思想家的孔德，又怎么能把这些人区别于自然物的本质方面从自己思绪中完全清洗掉呢？从孔德的前期著述中，人们能够看到情感、意愿和理想等主观因素在不断地向实证方法挑战。为了使反传统的实证方法在社会研究中获得共识，孔德在主观与客观两种因素面前，不得不压抑前者而褒扬后者。

而当实证方法在社会研究中有了一定声誉，孔德开始对社会研究作进一步的整体性思考时，人与社会的主观因素再也无法被遮盖，反而成了他的主要话题，这集中表现在他建立的人道教理论中。人道教的崇拜对象是以爱联系起来的人类，其实质是号召人们以普遍的爱来交往、联结和共存，以此来确立和维护工业社会的新秩序。人道教似乎有别于基督教、佛教和伊斯兰教，它没有把崇拜对象个别性地人格化，而是趋向普遍性地人类化。但是，人类化和人格化都是把人们的崇拜对象实体化。三大宗教把人们的行为模式和理想模式用超越于尘世的独立人格表现出来，而人道教则把孔德倡导的行为模式和理想模式归结为由泛爱联结起来的人类现世，或者说是人类现世中的泛爱。三大宗教和人道教最基本的共同点是用理想和信仰来整合社会，在人们的情感体验和终极追求等深层心理中维持社会秩序。

人道教在理论上是普遍性的，但是在孔德的宗教活动中，人道教也被赋予了人格化色彩。孔德认为，信奉人道教不仅要敬爱那些科学家和为人类进步做出贡献的人们，而且还要崇拜女性。因为女性是慈善、温柔、友爱的，女性的情感将化解人间的仇恨与纷争，女性将使新社会平和、温暖、安定。在孔德心目中，最值得崇拜的人是克洛蒂尔德·德沃。“孔德作为人道教的最高教士，跪在自己的圣坛面前（一个朱红色的豪华椅子），凝视着克洛蒂尔德·德沃留下的一缕青丝。他还建议把她的墓作为一个朝圣之地。”①

人们常常把孔德建立人道教看成是他后期学术研究的一个转变，并且认为这个转变主要是受到了克洛蒂尔德·德沃的影响。E. 贝克尔的看法与此不同，他认为孔德人道教的思想不是后期的产物，感情、爱和道德是孔德始终追求的。其实，孔德建立人道教，既不应当被看成是后期学术研究由爱情而引发的一次突然性转变，也不应当仅仅强调这是孔德早期对感情、爱和道德关注的延续，而是二者的统一。孔德从未摆脱感情和道德等主观因素的困扰，但是如果没有同克洛蒂尔德·德沃之间深沉而热烈的柏拉图式的精神恋爱，没有这位有教养的中产阶级女性的蜜意柔情，孔德不会向世人疾呼要信奉以人间泛爱为核心的人道教，也不会把同自然规律区别对立的宗教信仰看成维系社会秩序的普遍纽带，更不会出现对价值理想的追求跃居实证经验观察之上的结局。

思考题

1. 实证社会学发生的现实基础和思想来源如何？
2. 孔德提出的实证原则的基本内容有哪些？实证原则的积极意义和局限如何？
3. 如何评价孔德关于社会发展三阶段的论述？

---

① 约翰逊. 社会学理论. 南开大学社会学系，译. 北京：国际文化出版公司，1988：112.

4. 为什么孔德把秩序与进步看作社会学研究的基本任务？孔德怎样看待秩序和进步之间的关系？

5. 孔德晚年提倡人道教，同他坚持的实证原则发生矛盾，怎样理解和评价这个矛盾？

推荐阅读书目

1. 科塞. 社会思想名家. 石人，译. 上海：上海人民出版社，2007：1-36.

2. 阿隆. 社会学主要思潮. 葛智强，等译. 北京：华夏出版社，2000：47-90.

3. 瑞泽尔. 古典社会学理论. 王建民，译. 北京：世界图书出版公司，2014：103-124.

4. 孔德. 论实证精神. 黄建华，译. 北京：商务印书馆，1996.

第四章

斯宾塞的社会有机论

本章要点

本章介绍了斯宾塞论述社会有机论的时代背景、思想来源，评述了斯宾塞坚持严格客观主义和个人主义的立场、关于社会有机体分化与整合的观点、关于社会有机体进化类型的观点等。

关键概念

真正客观性；社会有机体；进化类型

在近代物理学的影响下，以孔德为代表的社会实证论得到了广泛传播；与此同时，在近代生物学的影响下，以斯宾塞（Herbert Spencer，1820—1903）为代表的社会有机论（social organism）也在欧洲和世界其他地区产生了广泛影响。人们常常把斯宾塞所代表的社会有机论归入社会实证论，这种做法不无根据。斯宾塞不仅像孔德一样主张研究社会问题的客观性和经验性，而且还像孔德一样认为社会是向着工业社会进化发展的。但是，正如斯宾塞本人一再声明的那样，他建立的社会有机论同孔德的社会实证论是有很大分歧的。仔细考察斯宾塞的学说，我们会发现社会有机论同社会实证论在社会客观性、社会有机结构、社会理想状态、社会进化方式等观点上都有明显的不同。

一、学术背景

斯宾塞学术生涯的开端仅比孔德晚了20多年，他们基本上可以算作同一时代的人，但是，由于二人生活的国度不同，他们的社会背景和学术环境有很大区别。

孔德从事学术活动时的法国，一直处于动荡不安之中，种种社会冲突和社会矛盾不仅困扰着孔德，而且也直接反映在他的学说之中。因此，人们往往在孔德的学说中发现许多前后不一、自相矛盾的变化。与此不同，斯宾塞从事学术活动时的英国，长期处于安宁、平静之中，是被誉称为宽松和谐的“维多利亚时代”。科塞在描述这个时代时写道："这是一个充满自信和自鸣得意的时代，也就是说，那个标志着工业革命的、充满着痛苦磨难的时代已经过去；变革派的动乱已经平息；新济贫法所造成的严重后果得到了克服；40 年代大饥荒的艰难情景在人们的记忆中逐渐淡漠；流行一时的激进主义也已经不再受人们欢迎。总之，这整个时代似乎表明，英国已经稳步地走上了一条不断繁荣富裕的道路。"①

在这种平稳发展的社会环境中，斯宾塞不仅能够心平气静地审视社会问题，而且还能宽和冷静地研究吸纳其他学科的学术成果。当时，在英国最有影响的学说是马尔萨斯（Thomas Robert Malthus，1766—1834）的人口理论、亚当·斯密（Adam Smith，1723—1790）的功利主义经济学、达尔文（Charles Robert Darwin，1809—1882）的生物进化论。这些学说都引起了斯宾塞的极大兴趣。经过深入加工，斯宾塞把这些学说的基本精神都融入他的社会有机论中，使自己的理论不仅吸纳了各家之说，而且还保持了系统完整、前后一贯。

社会有机论的一个基本原理，是承认社会进化的基本动力来自"适者生存"。虽然这是达尔文生物进化论的一个基本观点，但是，斯宾塞提出这个观点却比达尔文早 10 年，他的思想直接来源于马尔萨斯的人口理论。1798 年，马尔萨斯匿名发表了《人口原理》，书中指出：在没有限制的条件下，人口以几何数列增长，而生活资料以算术数列增长，所以人口增长必然导致为争夺生活资料而引起的战争和灾难。并且，只有通过战争和瘟疫以及贫穷的劳动者不得结婚等方式，即优胜劣汰，才能抑制人口增长，实现人口与生活资料的平衡。尽管斯宾塞不同意马尔萨斯的悲观结论，但是他认为，生存竞争、适者生存是不可避免的。在这种人口理论的基础上，斯宾塞形成了对社会生活和社会秩序的消极自然主义和极端个人主义。

斯宾塞的反集体的个人主义，还受到亚当·斯密的很大影响。亚当·斯密认为，追逐个人利益是人类的本性，国家要想富有强大，必须充分肯定和保护个人谋求利益的权利。为此，他提出"放任自由"地发展资本主义经济的主张。斯宾塞对亚当·斯密的这些观点十分赞成，从他阐述的对社会生活不干涉主义、反集体主义的个人自由主义中，我们可以非常清楚地看到他受到亚当·斯密的深刻影响。

通过终生好友托马斯·赫胥黎（Thomas Henry Huxley，1825—1895），斯宾塞也受到了达尔文生物进化论的影响。尽管斯宾塞关于社会有机体和社会生物进化的许多观点先于达尔文提出，并且达尔文对斯宾塞的一些观点也很推崇，但是仍然不能低估达尔文生物进化论对斯宾塞的影响。一方面，达尔文物竞天择、适者生存的自然选择论，为斯宾塞系统建构社会有机论提供了理论支持；另一方面，达尔文学说在世界赢得的普遍赞同，为斯宾塞理论的广泛传播开拓了宽阔的便利通道。

崇尚自由竞争，歌颂进化发展，既是斯宾塞学术思想的主基调，也是维多利亚时代的基本精神。斯宾塞的学术思想不仅是他个人以理论形式表达出来的对那个时代的体验和感受，也是那个时代在各阶层人们心目中普遍达成的共识，并且也是那

① 科塞．社会思想名家．石人，译．上海：上海人民出版社，2007：100.

个时代的主流和趋势。因此，斯宾塞的学术倾向是同维多利亚时代社会发展趋势协调一致的。斯宾塞的学说由此而赢得了广泛的赞同。然而，进入19世纪70年代，维多利亚中期的乐观主义被经济危机和工人革命冲散之后，斯宾塞学说的魅力逐渐消退，反个人自由主义的各种形式的集体主义获得了越来越多的拥护者。在时代已经发生转变的背景下，斯宾塞仍然恪守着原有的个人自由主义信念，不合适宜的观念渐渐被人们淡忘。

斯宾塞一生专事著述，一本又一本的著作在他的笔下源源不断地完成。就连斯宾塞患神经官能症期间，他的著述活动也未终止。斯宾塞留给后人的主要著作是《综合哲学》，其中包括《第一原理》（一卷）、《生物学原理》（二卷）、《心理学原理》（二卷）、《社会学原理》（三卷）、《伦理学原理》（二卷）。其他著作还有《社会静力学》《社会学研究》等。这些著作在19世纪传遍世界各地，尤其在美国受到了热烈欢迎。

当美国人在大洋彼岸被斯宾塞著述深深吸引并为之兴奋时，英国人却早已把它视为明日黄花，对其不屑一顾了。斯宾塞在冷漠与孤寂的环境中抑郁而凄凉地度过晚年，1903年12月8日，斯宾塞的精神默默地离开他的躯体，去找寻那个他终生颂扬的个人自由世界了。

二、寻求真正的客观性

寻求社会学研究的客观性是孔德的一贯主张，很多人也把这一点作为评价孔德实证社会学的一个基本特点。但是，在斯宾塞那里，孔德的学说不是关于社会客观性研究的学说，而是从主观性出发，实质是对社会的主观方面展开研究的学说。斯宾塞指出："孔德所倡导的目的是什么？是对人的概念的进步做出完整的回答。我的目的是什么？是对外部世界做出全面的回答；孔德认为各种思想具有必然和实在的继承关系，我却认为各种事物具有必然和实在的继承关系；孔德希望弄清自然知识的起源，我的是要弄清……自然界各种现象的构成。他研究主观，我研究客观。"①

在斯宾塞看来，若想对社会进行真正客观的研究，首先必须面对真实存在着的社会有机体，而不是面对作为社会有机体附带的思想状态。只有把个人存在、群体活动和社会组织都看成像生物有机体一样独立于人的思想的外在存在，才能真正客观地观察社会现象，客观地研究社会结构和社会进化。如果把目光盯在社会的精神层面，试图通过对思想观念变化、知识类型转换等主观现象的研究来达到对社会现象的客观性把握，那么，这必然会导致不可回避的自相矛盾。因为思想观念和知识

① 科塞．社会思想名家．石人，译．上海：上海人民出版社，2007：80.

类型的转变都是非观察性的，直面经验现象、只问是什么的实证方法把握不了这些主观现象，只有求助哲学思辨才能对它们做出某种解释，而这样做的结局是重返哲学怀抱，对社会现象做出思辨的主观性解释。

斯宾塞认为，坚持对社会展开客观性研究更重要的是排除研究者的主观成见。他指出："社会学家碰到的问题，是任何其他科学家所没有碰到过的。他必须割断同种族、国家和平民身份的联系——摆脱他所处的社会和时代带给他的利益、偏见和好恶——抛开民族、信仰或个人利益的影响，才能研究社会所经历过的和正在经历着的全部变化。"① 社会学研究同自然科学研究不同，自然现象在自然科学中是明白无误地独立于人们的情感、意志和评价而存在的，而社会现象是由人的行为来完成的，当在一定条件中开展研究活动的社会学家面对在同样条件中存在的人或人群时，因利益、处境、传统等因素的相关性，研究者的情感、意志、评价就会同被研究对象发生错综复杂的联系。因此，社会学家所建构的各种理论很难避免主观性的干扰，寻求社会科学知识的客观性是难以办到的。

在《社会学研究》一书中，斯宾塞用了大量篇幅详细地论述了社会学研究中的主观性问题。斯宾塞认为，"爱国主义的成见""阶级成见""政治成见""理论成见"等等都严重影响着社会学研究的客观性。因为这些成见，尽管有的是从某个民族或某个社会阶层出发的，但是就整个社会过程而言，它们都是从社会个别层面出发的，都是在特定限制中观察社会和理解社会的，受限于其中而得出的结论不可能达到对社会机体"全部变化"的把握。

在这里，我们可以看到斯宾塞在寻求社会客观性时遇到了一般性和个别性的矛盾。在社会科学研究中，追求客观性的理论往往要排斥个别性。个别的社会现象总是依特定条件而存在、并且表现出许多特殊性，当研究者把目光专注于个别事物时，他得出的认识一定是关于个别事物的个别属性的把握。而这些关于个别属性的认识是否掺杂了研究者个人的主观成见，只有把它放到对同类事物的考察中才能有所鉴别，这时研究对象就由个别性转入一般性。只有在同类事物的一般性上成立的知识才具有清楚的客观性，而对同类事物不成立的那些认识则既可能来自研究者的主观性，也可能来自作为研究对象本身的个别性，然而这是难以区分的。所以，追求客观性同排斥个别性、肯定一般性或普遍性通常是一致的。

一般说来，强调客观普遍性、排斥主观个别性的社会理论，往往忽视社会个别存在，而专注于对社会普遍规律的研究。斯宾塞与此不同，他在强调客观性的前提下，不但没有过高估计社会普遍规律的作用，反而高度重视对社会个别性的研究。他指出："所有的人都具有一定基本的特点，但是，人们没有充分认识到这个真理：个人聚集成的群体必然具备由这些个人特点产生的一定特点；如果组成一个群体的人与组成另一个群体的人有相似的特点，那么，这两个群体就会有相似之处。"② 很

① 科塞．社会思想名家．石人，译．上海：上海人民出版社，2007：91.

② 斯宾塞．社会学研究．张红晖，胡江波，译．北京：华夏出版社，2001：43.

多学者认为斯宾塞的理论出发点是个人主义，但是，应当指出，这种个人主义是排除或忽视个人情感、意愿等主观因素的客观个人主义，它仅仅关注人的生物学方面。在斯宾塞的理论视野中，被作为真实存在看待的个人，实质是不真实的，因为这里的人是主观意识和机体存在分离的人，是抽象的、实质是在观念中才能成立的人。

从客观的个人主义出发，斯宾塞在对社会问题的研究与回答上表现出明确的自然主义。斯宾塞不赞成像孔德那样试图以社会学理论来指导和管理社会，他主张对待由个人活动构成的社会，应当像对待自然那样顺其自然，而没有必要采用种种政府行为来干涉社会过程。他指出："文明的进程只能是它曾经是的那样，而不能是另一样的。……生活的法则就是既有的那些法则；而且除掉已经发生的一系列变化而外，不可能发生过其他变化。"① 斯宾塞崇尚个人自由，认为一个好的社会是个人按照自己的利益达成契约而形成的，如果个人不受政府束缚而像其他生物那样竞争求存，社会将在不断的优胜劣汰中而趋向进步与和谐。

同孔德相比，斯宾塞追求的客观性确实要彻底得多，因为他不仅主张克服研究者的主观性，进而还排斥研究对象的主观性，进而把这种客观性追求扩展为对社会的自然主义态度或不干涉主义态度。

三、社会有机体的分化与整合

斯宾塞认为，社会同生物有机体一样，其成长与进化是通过不断的分化（differentiation）与整合（integration）过程来完成的。在斯宾塞看来，作为一种自然的社会过程，无须谁来设计和推进，它自身就一定会不断地增长。社会有机体增长的基本形式是机体增大和功能增强。机体增大一方面通过社会成员数量的增加来实现，另一方面通过社会组织或社会结构膨胀和复杂化来完成；功能增强主要表现为社会成员和社会组织专门职能的提高。斯宾塞更注意的是后者，他首先从社会功能的增强与分化入手讨论社会有机体的增长。他认为，引起增长的原因是物竞天择。正是在社会成员之间残酷的竞争过程中，那些弱者不断被淘汰，而那些强者不仅赢得生存条件，并且在竞争中不断增强自身的功能。强者越强，竞争也就越加激烈，这反过来又迫使社会成员不断强化自己的竞争能力。

社会成员在竞争中保持优势的有效方式是其职能的专门化。只有强化某一方面的能力，社会成员才能在社会竞争中保持其他成员难以取代的优势。社会成员职能专门化的广泛展开，导致了规模不断加大的社会分化，社会组织、社会结构的异质多样性也在这种分化过程中表现得越来越丰富。这就是说，斯宾塞所说的社会有机

---

① 斯宾塞．社会静力学．张雄武，译．北京：商务印书馆，1996：224.

体的增长，不是简单的数量增加和机能膨胀，而是因竞争推动的社会成员专业分化和社会结构异质多样化过程。他指出："开始的时候，各个个体在数量和程度上都无明显不同。但是随着整体的增大，分化和再分化的次数越来越多并且更为明显。"①

斯宾塞认为社会分化不仅促进了社会成员专业职能的提高和社会结构异质性的增强，而且还促进了社会整合不断加强。在社会分化程度较低的社会，个别的社会成员或社会群体都能比较独立地发挥其功能来实现其目的。因为在分化不充分的社会里，社会成员和社会群体的功能不仅简单低下，而且基本相同并可相互替换，同时，社会成员或社会群体为自己提出的任务也基本相似，这些都为社会成员和社会群体能够相对独立地存在与发展提供了条件。然而，在分化比较充分的社会中，社会成员和社会组织因其职能的专门化而丧失了一部分功能，他们丧失的功能正是被其他人的专业化而加强了的，而一些社会成员和社会组织因专业化而加强了的功能正是其他人和组织丧失的。无论社会成员和社会组织的专业化多么强有力，他们的日常生活却不能专业化，他们必须借助其他社会成员与组织的专业职能，弥补自己弱化或失掉的功能，才能在日常生活世界中维持自己生命的存在。于是，社会有机体在其增长的过程中就面临一个不可排除的任务：社会整合。

斯宾塞在讨论社会整合时，实质上论证了社会控制的必要性，这同他的自然主义和不干涉主义原则是相违背的。不过，斯宾塞还力图从自然过程论证社会控制。在他看来，社会有机体因分化而产生的相互依赖性越来越强，由此而产生的社会脆弱性也不断增大，为了保持自身的协调运行，社会需要一个能够协调控制各部分的"管理系统"。在社会进化的初级阶段，管理系统的任务和功能主要表现为防御外来侵略，而在社会进化的较高级阶段，管理系统的任务和功能主要表现为社会内部的调节控制。这种变化与社会结构的分化与复杂化是直接相关的。

斯宾塞还从社会结构的等级性分工来谈论社会整合问题。他认为，生物有机体之所以能够协调有序地发挥自己的功能，基本原因在于机体不同器官各种功能的分工有序。社会有机体包含着与生物有机体一样的三个系统：营养系统、循环系统、神经系统。在社会有机体中，这三个系统依次分别由劳动阶级（工人阶级）、商人阶级、工业资产阶级来担任。劳动阶级通过生产来为社会有机体提供维持存在的养料；商人阶级通过商品流通担负分配机能；工业资产阶级作为神经系统不仅调节生产分配，而且也调节整个社会，使社会各个环节都能各司其职地协调运作起来。斯宾塞认为这种等级性分工如果不被干扰，那么社会各组成部分就会各安其分地整合起来，在良好的秩序中展开进化。

---

① 科塞．社会思想名家．石人，译．上海：上海人民出版社，2007：83.

四、社会有机体的进化类型

贯穿斯宾塞社会学理论的一个基本线索是对社会有机体进化的探究。可以说，近代以来的绝大部分思想家都是肯定社会进化的，尤其在达尔文生物进化论传播开来之后，人们对社会进化更加确信。斯宾塞社会进化理论的特殊性在于：强调社会进化趋势的前进性和曲折性的统一，强调社会进化形式的一般性与个别性的统一。

斯宾塞对社会进化确信无疑，他认为任何民族都要经历个体从儿童到成年一样的发展历程，并且这个成长过程必须逐个环节依次展开，各种由低级向高级进展的、甚至十分短暂的环节也不能逾越，只能渐进性地度过。这种持续量变式的进化过程，对任何民族来说都是永恒的。就此而言，斯宾塞不仅论述了社会有机体进化趋势的前进性，而且也论述了社会有机体进化形式的一般性或普遍性。这些观点主要阐述于他的早期著作中，可以在当时美国社会平稳持续发展的社会环境里找到这些观点的现实依据。

19 世纪末，即斯宾塞学术活动后期，英国社会发生了动荡变化，工人革命和各种政治组织活动动摇了斯宾塞的量变式社会进化论。此时他认识到，尽管整个人类的进化趋势不可逆转，但是在某些国家或民族的不同时期，常常会出现曲折，甚至停滞退步。他指出，一些民族或个别社会在其总体进化趋势中出现曲折的原因主要是社会环境和自然环境的特殊性及其变化。社会环境和自然环境是各民族进化的条件或场所，它不仅规定着社会进化的内容，而且还规定着社会进化的形式。当环境发生变化、尤其是向坏的方向变化时，社会进化过程就必然曲折甚至逆转，社会进化的形式也因此而复杂化。

为了把握复杂多样的社会进化形式，斯宾塞从不同角度划分了社会进化类型。从社会分工和社会结构的复杂程度来划分，社会进化类型是：简单社会→复合社会→二重和多重复合社会；从社会成员居住状况划分，社会进化类型是：游牧社会→半游牧社会→定居社会；从社会管理调控方式划分，社会进化类型是：军事社会→工业社会。斯宾塞对军事社会和工业社会两种类型作了比较充分的论述，美国社会学家斯梅尔塞（Neil Smelser）把斯宾塞的论述用一个图表做了总结概括（见表 4－1）。

总而言之，斯宾塞在攻击与服务、强制与协约、限制与自由、集中与分散、禁锢与流动等对比关系中阐述了军事社会和工业社会的不同特点和相互区别。斯宾塞所讲的军事社会是以农业经济或自然经济为基础的社会，其政治体制是封建主义专制；工业社会是以现代工业经济或市场经济为基础的社会，其政治体制是资本主义民主制。这种社会进化的类型理论对现代社会学理论有很大影响，在迪尔凯姆、帕森斯等人的社会进化或社会现代化理论中都可以发现斯宾塞这些观点的影响，甚至在托夫勒等当代社会学家的思想中也能发现对斯宾塞这些观点的继承。

表 4-1 军事社会与工业社会特征比较①

特征	军事社会	工业社会
主要功能与活动	为保卫和扩张社会而从事共同防御与攻击行动	相互提供和平的个人服务
社会协调原则	强制性合作；靠命令实施严密的组织，积极与消极的管理	自愿性合作；依据契约和公平原则实施管理；对行动进行消极管理
国家与个人的关系	个人为国家利益而存在；对自由、财产和流动的限制	国家为个人利益而存在；自由；对个人财产和流动的限制较少
国家与社会组织的关系	所有社会组织均是公共的；无私人组织	鼓励私人组织
国家结构	中央集权	权力分散
社会分层结构	阶级、职业、居住地固定；地位世袭	等级、职业、居住地的弹性和开放性；地位流动
经济活动类型	经济自给自足；贸易量少；保护主义	自给自足经济不复存在；相互依赖的和平贸易；自由贸易
社会与个人的特质	爱国主义；勇敢；权威；忠诚；服从；信奉权威；纪律	独立；尊重他人；反抗强制；个人的主动性；诚实；友善

思考题

1. 如何评价斯宾塞对孔德未能真正坚持客观性原则的批评？
2. 怎样评价斯宾塞提倡的政府对社会生活应当采取不干涉的自然主义？
3. 怎样理解斯宾塞关于社会分化的理论？
4. 怎样认识斯宾塞关于社会进化类型理论的意义与局限？

推荐阅读书目

1. 科塞. 社会思想名家. 石人，译. 上海：上海人民出版社，2007：79-114.

2. 瑞泽尔. 古典社会学理论. 王建民，译. 北京：世界图书出版公司，2014：125-144.

3. 斯宾塞. 社会学研究. 张红晖，胡江波，译. 北京：华夏出版社，2001.

① 何景熙，王建敏. 西方社会学说史纲. 成都：四川大学出版社，1995：71.

第五章

迪尔凯姆的社会团结论

本章要点

本章介绍了迪尔凯姆关于社会学研究对象、社会事实的本质特征、研究社会事实的方法原则、社会团结类型、自杀类型及宗教在社会整合中的作用等方面的思想观点，评析了迪尔凯姆为推进实证社会学发展所作的贡献，论述了迪尔凯姆关于社会团结、自杀类型和宗教作用等思想观点的理论价值和实践意义。

关键概念

社会事实；社会整合；团结类型；自杀类型

在西方社会学理论中，人们在讨论社会分化和社会冲突时，总是要同时讨论如何增强社会联系、缓解社会冲突等问题。在一般情况下，人们通常用社会整合（social integration）这个术语来概括关于这方面的论述。迪尔凯姆与众不同，他在讨论这方面问题时用的术语是社会团结（social solidarity）。这不仅仅是名词术语的选用问题，同时也反映了迪尔凯姆社会学理论的基本观点、方法原则和价值追求的独到之处。

一、学术背景

迪尔凯姆（Émile Durkheim，1858—1917），又译涂尔干或杜克海姆，生于法国埃皮纳尔的犹太人家庭。祖父和父亲都是犹太教士，家庭的宗教传统对迪尔凯姆的影响很大，这不仅表现在他对宗教问题的持久兴趣和深入探索上，而且也表现在他始终把道德问题作为一个中心问题贯穿在他一生的学术活动中。尽管他像孔德等人那样强调社会学研究的客观性和科学性，但是他的许多论述总是不断涉及宗教情感和宗教体验等问题，尤其在晚年，宗教问题成为他学术研究的主要内容。

迪尔凯姆读书期间聪明好学，成绩优异。在埃皮纳尔中学读书时，因学习出类拔萃而荣获多种表彰，后转入当时法国最好的中学——大路易斯公立中学。他立志考入法国知识精英的摇篮——巴黎高等师范学校。经过两次挫折，他终于通过严格的考试而进入这所人们仰慕的大学。

在巴黎高等师范学校，迪尔凯姆结识了许多后来在法国学术界产生了重大影响的年轻人，其中有哲学家亨利·柏格森、心理学家冯特、社会主义运动领袖让·饶勒斯等人。同这些思想活跃、富于创见的学友交流，对迪尔凯姆激发思想观点、开拓学术视野十分有益，在巴黎高等师范学校的教师中，对迪尔凯姆影响最大的要数历史学家德·古朗士（Fustelde Coulanges）和哲学家布特鲁（Emile Boutroux）。德·古朗士因写作《古代城市》而闻名，他很重视社会团结问题，认为共同知识和宗教意识是社会整合的基础，他特别强调历史研究的科学性，认为严密的科学性是史学研究的真正价值。布特鲁哲学思想的一个基本主张是：从不同层次来看待现实，不能把作为一般的、整体性的现实还原为个别的、特殊的事件。在迪尔凯姆的学术观点中，我们可以看到德·古朗士和布特鲁对他的影响是很大的。

迪尔凯姆像孔德等社会学家那样，不满意传统哲学用思辨方式解释社会生活，他立志献身于脚踏实地的学问，进而对社会进步发挥实际作用。在大学读书期间，他经常对一些内容陈旧的课程表示反感，任课教授们因此对他不满，所以尽管迪尔凯姆很有才华，但是教授们对他的评价却不高。毕业后，迪尔凯姆在巴黎地区的一些公立中学任教五年。这期间，迪尔凯姆曾告假去德国深造，主修教学法，并研究道德哲学和其他社会科学。在莱比锡，迪尔凯姆就教于实验心理学家冯特（Wilhelm Wundt，1832—1920）。冯特心理实验室里严谨求实的科学精神给迪尔凯姆留下了非常深刻的印象。这些经历更加坚定了他用科学精神和科学方法研究社会问题的信念。

1886 年，迪尔凯姆从德国返回法国，联系自己在德国所学，发表了《社会科学的最近研究》《德国道德的实证哲学》等文章，在学术界产生很大影响。不久，迪尔凯姆被聘为波尔多大学教育和社会科学教授，开设了社会学讲座。1888 年，他在法国《哲学杂志》上发表了一篇重要的学术论文《自杀与出生率》。1893 年，完成了博士论文《社会分工论》，并获得博士学位。1895 年他又发表了在社会学发展史上有重要地位的一部著作《社会学方法的准则》。这些学术成果不仅使迪尔凯姆在法国学术界的影响迅速扩大，而且也使社会学的学科性质和学科地位得到了很多人的认同。

1896 年，迪尔凯姆被聘为法国第一位社会学教授。不久，迪尔凯姆创办了法国第一本社会学杂志《社会学年鉴》。这两件事被视为社会学发展的两件大事：首先这标志着社会学已经作为一门独立的学科登上了大学的讲坛，在欧洲一门学问是否成立的标准之一是看它能否在大学讲坛站住脚，迪尔凯姆在大学开设社会学课程，并因此而成为社会学教授，正说明了这一点；其次，这还标志着社会学已在欧洲学术之林赢得了一席之地，并且有了宣传自己的场所和空间。人们在评价这些事件时，常常认为孔德虽然首次提出了建立社会学的设想，但是真正把这一设想变成现实并得到人们认可的是迪尔凯姆。

《社会学年鉴》(下文中简称《年鉴》)创办之后，很多著名学者包括德国的著名社会学家齐美尔都在《年鉴》上发表文章，这本杂志很快就成了非常引人注目的学术领地，也成为了吸引并推动一大批青年学者用科学的原则与方法研究社会问题的一个中心。尽管经常同《年鉴》保持密切联系的年轻学者们都有自己的专业爱好，但是他们都能热心地为迪尔凯姆所开创的社会学事业贡献力量，在人们的心里，围绕《年鉴》已经形成了一个由迪尔凯姆做带头人的学术团体。《年鉴》办得很顺利，它不仅刊登各种研究社会问题和社会学理论的学术论文，还分析评论德国和法国等国家发表的一些重要社会学文献。迪尔凯姆的一些重要学术论文，如被称为迪尔凯姆学派独立宣言的《个人与集体表象》、深入研究宗教问题的《关于宗教现象的定义》等重要论文，都发表在《年鉴》上。

由于第一次世界大战的爆发，《年鉴》仅仅出版了十二期就被迫停刊了。这是一件令人惋惜的事情，然而，《年鉴》对法国乃至欧洲社会学发展的影响，却没有因为它的停刊而结束。它不仅使迪尔凯姆及其他学派成员的观点与主张迅速传播开来，而且使越来越多的人了解了以追求客观性为目的的科学的社会学，它为社会学赢得了广泛赞同，开拓了社会学进一步发展的空间。在主编《年鉴》的 12 年中，迪尔凯姆的学术活动进入了高峰期，他先后出版了《论自杀》(1897)、《图腾崇拜论》(1900)、《事实判断与价值判断》(1911)、《宗教生活的基本形式》(1912) 等重要著作，他后来出版的一些著作，如《原始分类》(具体出版时间不详)、《道德教育》(1925)、《职业伦理与大众道德》(1950)、《社会主义与圣西门》(1928) 等，也都是在这个时期写作完成的。

迪尔凯姆不仅在学术研究上成就辉煌，在社会活动方面也十分活跃。迪尔凯姆的时代比孔德的时代晚了 50 多年，但仍然是一个充满动荡的时代。当迪尔凯姆刚刚步入成年时，初生的第三共和国就开始出现剧烈的社会动荡，出现了一系列社会矛盾和冲突：麦克马洪总统因实行强权政治而同教会、土地所有者和上层资产阶级形成了对立；拥护宗教的右翼分子同反宗教的左翼分子在教育体制上的冲突；充满戏剧情节、又给社会带来很大不安的布朗热事件，以及涉及泄露情报罪的、使第三共和国名声扫地的德雷福斯事件等等。

面对接踵而来的社会矛盾和社会冲突，迪尔凯姆不仅试图通过社会学理论来探讨解决这些问题的途径，而且还亲身投入到这一过程之中，满腔热忱地支持他认为是正义的和有益社会进步的一方。在德雷福斯事件高潮期间，他曾为德雷福斯积极辩护，并作为亲左翼中间派共和主义者及其代言人而获得很高威信。为了推进社会进步，他积极参与当时在法国掀起的以公众教育取代宗教教育的教育革命，他的许多关于初等教育和高等教育改革的主张，在中小学和大学里得到了赞同与实行，他的名声因此而在教育界迅速传扬。

第一次世界大战在欧洲爆发，迪尔凯姆不得不中断正处于高峰期的学术研究而投身到与战争相关的事务中。他担任了战争研究与文献出版委员会秘书，并出版了几本抨击日耳曼主义尤其是赖奇克的民族主义的小册子。正当迪尔凯姆满怀爱国主义热情参与战争事务时，他的爱子安德烈因战伤过重而牺牲，他无法从这个沉重的打击中摆脱出来。1917 年，年仅 59 岁的迪尔凯姆，怀着满腹悲哀与世长辞。

二、社会事实的性质与解释

迪尔凯姆在社会学理论上一项非常重要的工作，是十分明确地界定了社会学的研究对象。如同孔德和斯宾塞一样，迪尔凯姆也强调社会学研究的客观性，不过，后者要比前者更为彻底。斯宾塞曾指责孔德用知识类型和思想方式的变化来说明社会进步的非客观性，主张通过研究社会有机体来坚持社会学的客观性。迪尔凯姆认为，真正的客观性追求不能仅仅归结为对社会有机体组织与行为的研究，而应从社会现象的一般普遍性来把握社会学研究对象。迪尔凯姆把他规定的一般性的研究对象称为社会事实（social fact）。

社会事实的一个首要特征是不可还原性，即社会事实不能用个人的行为和情感来说明和解释，不可被还原为个人的主观意识，而应当被当作外在于主观意识的物来看待。迪尔凯姆指出："应当把社会事实视为物这个命题，是我方法论的基础。""实际上，我不是说社会事实是物质之物，而是说社会事实是与物质之物具有同等地位但表现形式不同的物。"① 更具体地说，社会事实不是以各种实体形式存在的具体的物，而是像这些实物一样，具有外在于个人思想意识的客观性，因此，可以像物理学那样把社会事实当作物来观察和思考。从客观性和外在性去面对社会事实，这是实证社会学方法论的基础。

迪尔凯姆进一步论述了社会事实的第二个基本特征：对个人的制约作用。他指出："这类事实由存在于个人之身外，但又具有使个人不能不服从的强制力的行为方式、思维方式和感觉方式构成。"② 这些具有强制力的行为方式、思维方式和感觉方式，是集体的行为规则、人们共有的思维模式或集体观念，它们在个体意识之外并制约着个体的行为。"因此，不能把它们与有机体现象混为一谈。因为有机体现象由表象和动作构成；也不能把它们与仅仅存在于个人意识之中并依靠个人意识而存在的心理现象混为一谈。这样，它们就构成为一个新种，只能用'社会的'一词来修饰它，即可名之为社会事实。"③

社会事实的第三个特征是它们的普遍性。既然社会事实外在于个人并对个人的行为和思维具有强制作用，那么它就不是个别的存在，而是一种具有普遍性作用的

---

① 迪尔凯姆．社会学方法的准则．狄玉明，译．北京：商务印书馆，1995：7.

② 迪尔凯姆．社会学方法的准则．狄玉明，译．北京：商务印书馆，1995：25.

③ 迪尔凯姆．社会学方法的准则．狄玉明，译．北京：商务印书馆，1995：25.

存在，即制度。在进一步的论述中，迪尔凯姆非常明确地把社会事实归结为制度。他说："要有社会事实存在，就必须至少有许多个人通力合作，并使这种合作产生出新的东西。由于这种综合是发生在我们每个人的自身之外的（因为这种综合是由很多意识参与而完成的），所以其结果必然是在我们之外规定和确立某些不以每个单独的个人的意志为转移的行为方式和判断方式。正如有人指出的那样，有一个词只要把它的一般含义稍微扩大，就可以确切表达这个极其特殊的存在方式，这就是'institution（制度）'一词。实际上，我们可以不曲解这个词的原意，而把一切由集体所确定的信仰和行为方式称为'institution'，这样就可以把社会学界定为关于制度及其产生与功能的科学。"①

十分清楚的是，迪尔凯姆明确地把社会事实归结为通过人们的集体行为而产生的思维方式和行为方式，并且这些思维方式和行为方式又是不以个人的意志为转移的外在的规定性或外在的物，而这种具有强制性的外在的物的实质是制度。于是，迪尔凯姆就进一步把社会学的研究对象归结为制度。可见，在迪尔凯姆为社会学奠基之初，社会学的研究对象就已经被界定为制度。可是这样一个基本界定却没有引起后来社会学家们的足够重视，对于制度的研究被结构、模式和功能等概念淹没，社会学的制度理论没有充分建立起来。相反，却是经济学在制度方面大做文章，出现了一批杰出的新老制度主义经济学家，尤其是新制度经济学成为 20 世纪后期的显学。

迪尔凯姆还用社会比率和集体表象论述了社会事实的两个类别。迪尔凯姆说社会事实有两类：社会比率（social ratio）和"集体表象"（collective representation）。社会比率是由个人行为或个别事实相互联系而构成的统计比例或计量关系。他说："某些社会思潮在不同的时间和国家，不同程度地迫使人们结婚、自杀、多生育或少生育等，这些现象显然是社会事实。……它们在统计学上是以出生率、结婚率、自杀率，即用结婚、出生、自杀的年平均总数分别除以已达结婚、生育和自杀年龄者的年平均总数所得出的数字，精确无比地表示出来的。"②

从这个十分清楚的论证中可以看出，所谓社会事实的不可还原性是在舆论和统计中经过认识过程形成的。在人们对相互联系的个别社会现象的认识中，那些个别人或个别事件的个别属性被抽象掉了，剩下的仅仅是表现一般性或普遍性的关系，如出生率、死亡率等等。迪尔凯姆认为，这些往往被人们称为概念或名称的关系，不是单纯的思想观念，而是确实的客观事实，并且是独立于个人意识与个人行为的客观事实，人们常常因为迪尔凯姆的这个观点而把他称为社会唯实论者。

迪尔凯姆不可能不清楚概念或名称同实际存在之间的区别，但是，他未能就社会生活中的实体性存在和关系性存在做出更明确的说明。实体性社会存在的客观外在性是易于理解的，而关系性社会存在却有别于实体性存在，它必须经过概念性认

① 迪尔凯姆．社会学方法的准则．狄玉明，译．北京：商务印书馆，1995：19.

② 迪尔凯姆．社会学方法的准则．狄玉明，译．北京：商务印书馆，1995：19.

识才能被把握到，并且关系性存在是实体之间的联系，它不能以实物的形式表现出来，它只能在概念思维中被概括出来，而不能在感性直观中被观察到。关系性社会存在必须依赖人们的视角和概括才能明晰。就此而言，尽管社会比率这样的社会事实不能用个人行为和个别事件解释，但是作为关系性社会存在的客观外在性不是纯粹的，它同人的主观意识有着不可否认的联系。

社会事实的另一类是公众意见、社会心理、社会规范、道德理想和思维模式等，迪尔凯姆称之为"集体表象"。这里，社会事实的观念性更为清楚，不过迪尔凯姆明确地指出它不是一般意义上存在于个人头脑中的观念，而是作为某些社会成员共有的"集体表象"，即集体观念。只有在社会成员的交往联系和群体关系中，集体表象才能形成，所以集体表象有别于传统认识论所讲的个人意识过程。迪尔凯姆也认识到不能把集体表象同个人意识简单对立起来，这些社会事实既超越个人之上，又存在于个人之中。一方面，公众意见和道德规范作为一种社会性的心理或观念，不仅是个别人的情感意志所左右不了的，而且作为一种独立的力量制约着个别人的行为；另一方面，这些集体表象又必须被个人内化到自己的思想意识中，才能发挥制约和规范个人行为的实际作用。

孔德和斯宾塞都论述过社会学的研究对象，但是孔德所说的经验现象，斯宾塞所说的社会有机体，这两个概念都未能把社会学的研究对象同其他学科的研究对象明确地区别开。因为政治学、法学等学科也研究这些经验现象或社会有机体，社会学从何种角度研究社会现象或社会问题，并未得到清楚的界定。社会学的研究对象如果不能同其他学科区别开来，它作为一个独立学科存在的起码根据就不存在了。迪尔凯姆的贡献在于，他把被界定为制度的社会事实作为社会学研究对象，并对它作了明确的限定和说明，把社会学同其他社会科学区分开来，为社会学找到了自己的立足点。

迪尔凯姆还进一步提出了社会事实的解释原则问题。迪尔凯姆提出这些问题的时期，正是生命哲学家狄尔泰和解释学社会学家韦伯的学术活动高峰时期。狄尔泰和韦伯都强调从人们的文化传统和心理体验出发来理解社会现象，这无疑是同迪尔凯姆的观点尖锐对立的，他不得不针锋相对地论述自己关于社会事实的研究原则或解释原则。

迪尔凯姆提出了解释社会事实的两个基本的方法论原则。第一个原则也是最根本的原则，即社会事实只能根据别的社会事实来解释。例如，要说明某一时期某个民族的生育率问题，不能把它还原为对个别人的生育活动，而应当用这个民族过去的生育率或其他民族的生育率来解释。这个原则实质上强调了研究社会事实应当坚持客观性和普遍性。在迪尔凯姆看来，斯宾塞比较坚定地强调了社会学研究的客观性原则，但是他把社会现象还原为个体现象，实质上是把以普遍性社会事实为研究对象的社会学降低了层次，使社会学还原为个体行为与个人心理的研究，简单化了社会学的研究内容。当然，这个原则同狄尔泰和韦伯等人的对立更明显。韦伯认为社会现象是由具有主观意识的个人行为构成的，所以社会学不能不研究个人的行为及其主观意识。迪尔凯姆指出："某个社会事实的决定性原因应该从先于它的社会事实去探求，而不是到个人意识的状态中去探求。"[①] 实质上，迪尔凯姆是在尖锐地批判韦伯关于社会学研究对象的观点。

第二个原则是：社会事实的功能与它的起源是两个相互独立的问题。这个原则同第一个原则是直接相关的，迪尔凯姆虽然始终强调社会事实同个人活动的区别，但是他怎能不清楚一般性的社会事实一定要通过个人行为才能产生，因此解释社会事实如果要从它的发生或起源来解释，就难免把社会学研究的层次降低到个人行为层面上，社会事实的不可还原的原则将化为泡影。他指出："当我们着手对一个社会现象进行解释时，我们必须分别地探求产生这种现象的充分的原因和它所完成的功能。"[②] 例如，结婚是个人行为，但是结婚率却是社会事实，结婚率的高低或变化情况，会对社会生活发生某种影响，这属于社会事实的功能问题，用个人的婚姻行为是无法解释的。

在这两个原则基础上，迪尔凯姆提出了"受控比较"方法，按照这种方法，如果两组社会事实能在各种条件中表现出广泛的相关性，一种社会事实的变化可以引起另一种社会事实的变化，那么它们之间就可能具有因果关系。例如，自从工业化在西方社会开展以来，生育率同社会发展程度呈现反比关系，这就意味着在特定的条件限制下，即在西方工业化社会中，社会发展程度是生育率变化的原因之一。迪尔凯姆还认为，社会事实的受控比较，要根据社会现象的复杂程度，考虑到更多的相关因素，尤其在两类相关社会事实之间缺乏逻辑联系时更应如此。他指出，在自杀率和教育之间的逻辑关系不是很清楚时，就要考虑到对这两类社会事实都有影响的另一个变量，即宗教传统的衰落。

迪尔凯姆提出的这些原则与方法，对后来的社会学研究影响很大。以帕森斯为代表的结构功能主义、巴克莱等人的社会系统理论，都在很大程度上受到了迪尔凯姆的影响。西方学者常常把迪尔凯姆称为古典功能主义者，还有人把他称为社会学主义者。所谓社会学主义，即强调社会学研究应当关注社会层面的问题，要在社会行动、社会组织的各种社会比率关系中开展社会学研究，而不是去研究个人的心理活动和个人的社会行为。

三、机械团结与有机团结

社会事实是复杂的，当迪尔凯姆把社会事实作为社会学的研究对象时，他发现社会学或社会学家不可能一下子把全部社会事实都纳入自己的理论视野，总是要集

① 迪尔凯姆．社会学方法的准则．狄玉明，译．北京：商务印书馆，1995：10.

② 迪尔凯姆．社会学方法的准则．狄玉明，译．北京：商务印书馆，1995：95.

中注意力去研究那些在现实生活中最重要的社会事实。在迪尔凯姆面前，最重要的社会事实是社会团结问题。关于社会团结或社会整合的形式、途径与障碍的研究，成为他的社会学理论的主要内容。

社会团结问题实质上也就是社会整合问题，迪尔凯姆用社会团结这个概念来称谓社会整合，突出了他的理论研究的客观性原则。当人们用社会整合概念来说明和解释社会交互作用、联系形式和整体维持时，不是在单纯提出描述性的判断，而是在一定程度上或从一定角度出发提出了价值判断，即提出理想性的、应然性的判断。而社会团结这个概念突出了社会结构整体联系的客观性。也就是说，在迪尔凯姆看来，社会联系的增强与减弱，是一个按自身规律变化的外在过程，而不是社会个别成员的主观意愿能够改变的。因此，他试图从一个更客观的立场对人们所指的社会整合问题展开研究。其实，任何强调社会学研究绝对客观性的主张都是难以成立的，对迪尔凯姆的社会团结理论来说也是如此。当迪尔凯姆把社会团结问题，而不是其他社会事实，作为社会理论的主要研究课题时，这本身就是一种主观选择，其中包含了社会团结是当时所有社会事实中最重要方面的价值判断。但是，他没有意识到他的主观选择和价值评价。

社会团结的基本含义是指人与人、人与群体以及群体与群体之间的联结关系。这种联结关系既可以建立在共有情感体验、共有道德情操和共同理想信念之上，也可以建立在因为生活需求、功能依赖而形成的相互依存关系之上。迪尔凯姆认为，这种以情感、道德、信念和需求与依赖为基础的社会联结关系，比卢梭和斯宾塞等人阐述的契约关系更为基本，并且，自在的感性层面的社会团结是自觉的理性层面的契约关系的基础。

迪尔凯姆认为，作为社会其他关系的基础，社会团结要随着社会发展而改变自己的形式。他指出，到现在为止，社会经历了两种最基本的团结形式：机械团结（mechanical solidarity）和有机团结（organic solidarity）。机械团结以社会成员共有的宗教取向作为社会整合或群体联系的纽带，它的根本特征是社会成员在情感、意愿和信仰上的高度同质性，它存在于分工不够发达的传统社会，实质是农业社会的产物。有机团结是在现代工业社会中形成的社会团结，它以社会高度分化、社会成员充分分工为基础。在有机团结中，维系社会成员的纽带是因为社会分工和社会专业化而造成的他们不可超越的相互依赖关系，这种关系表现在经济、政治和文化各个方面，尤其以物质利益为根本内容的经济关系是最基本的方面。

靠宗教情感和宗教体验来维系的社会团结，之所以被称为是机械的，根本理由在于：在这种团结中，社会成员以压抑个人情感、个人意愿和个人选择为代价来趋向一个共同的价值要求，宗教团体是它的典型形式。尽管宗教不是通过物质强制来使社会规范整合的，但是它以各种神秘的形式要求信徒在宗教体验中压抑个性，融入整体，这是一种更严厉、更残酷、更深入的强制性。

迪尔凯姆认为，正是因为对待个性的区别，才导致了机械团结抑制社会活力，而有机团结则提升社会活力。他说：机械团结同有机团结相比，“前一种团结是建立在个人相似性的基础上的，而后一种团结是以个人的相互差异为基础。前一种团结之所以能够存在，是因为集体人格完全吸纳了个人人格；后一种团结之所以能够存在，是因为每个人都拥有自己的行动范围，都能够自臻其境，都有自己的人格。这样，集体意识就为部分个人意识留出了地盘，使它无法规定的特殊职能得到了确立。这种自由发展的空间越广，团结所产生的凝聚力就越强。一方面，劳动越加分化，个人就越贴近社会；另一方面，个人的活动越加专门化，它就越会成为个人"[①]。

虽然迪尔凯姆一向强调社会事实不可被还原为个人行为，但他十分清楚，社会发展的活力来源于真实活动着的个人。只有广大社会成员保持个性，社会才会出现差异性和多样性，社会成员之间才会产生竞争，社会群体或社会组织乃至全社会才会在矛盾关系中获得前进的动力。靠宗教情感或宗教意识形成的社会团结，虽然会产生比较明确甚至有可能是强烈的"集体意识"，人们被统一的目标、统一的意志、统一的规范整合在一起，但是其中的联系是抽象的，它体现的是上帝或封建君主的个人意志，全体社会成员都被个人意志支配着，人们不必选择，只有听命、臣服，所以，没有生机、没有活力，整个社会如同一个物理实体，只有外力才能推动其发生位移。

有机团结是对机械团结的否定与超越，其中维系社会成员的纽带正是机械团结中被泯灭的个性。在高度分化的工业社会，社会成员的社会活动不断专业化，这不仅表现为社会成员某种专门能力的增强，而且也表现为社会成员专业之外其他能力的弱化。强化的专业能力可以满足个人和其他社会成员的某种需求，提高个人在社会生活中的适应能力和竞争能力；而个人的某种能力被弱化后，与此相关的生活需求迫使个人去依赖具有这方面专业能力的其他社会成员。

当个人的专业能力发展到较高程度，个人的专业能力与个人的专业外生活能力就可能成为一种反比关系。尽管在某些个人那里短期内表现得不那么明显，但是就现代社会发展的总趋势来看就十分清楚了。社会分化和专业化，导致社会成员的相互依赖关系不断增强，社会联系越来越紧密、越来越深刻。任何一个专业化的、不断增强自己某方面专业能力的人，也在不断地弱化自己其他方面的生活能力，但是每个人的生活需求都不会因为它在某方面专业能力的增强而减少，而不能靠自己能力满足的需求就只好依赖别人的能力来实现。因此，专业化程度或社会分工程度越高的社会，人与人之间的功能依赖关系越强，社会由个体之间的高度且不可分裂的功能依赖关系被整合为一个有机整体，社会由此而获得了有机团结。

有机团结是异质多样性的团结，是以肯定个性为前提的功能性团结。正是根据个体专业活动、专业能力、专业作用的差异性同个体需求的完整性、多样性的矛盾关系，迪尔凯姆把有机团结称为具有活力并且能在动态中保持相对稳定的高级的社会团结。按照迪尔凯姆的观点，服装、队列、步伐甚至目光都十分整齐的士兵方

---

① 涂尔干．社会分工论．渠东，译．北京：三联书店，2000：91．

队，看上去非常整齐划一，似乎是一种紧密、稳固的群体关系，但是士兵方队的群体关系是机械的团结类型，把他们整合在方队之中的是外在于他们的命令，是他们必须服从而又不是出自他们生活需求的给定的目标，一旦命令中止、目标取消，方队就自然解散，士兵的整齐划一就会变得杂乱无章。相反，在看上去南来北往、熙熙攘攘的集贸市场中，人们的服饰和行为千姿百态，这里没有统一的目的和统一的意志，一切都根据每个人的需求在选择和交流中。正是在这个松散、变动、极力实现个人选择的场景中，却内在地包含着有机团结。不仅销售者同购买者之间发生着直接而频繁的推销与采购的关系，而且销售者之间、购买者之间也都因商品的数量与质量、购买力的强弱以及他们之间的竞争等等关系紧密地联系在一起。

在论述机械团结和有机团结的对立和区分时，迪尔凯姆强调了机械团结是以超越个体的价值理想和宗教意识为纽带的，而有机团结是以社会成员现实的相互依赖关系，特别是因分工而造成的社会结构关系和经济利益关系为纽带的。概言之，机械团结和有机团结的联系纽带具有观念性和现实性的区分。但是，当迪尔凯姆进一步揭示有机团结的内在联系时，也论述了有机团结联系纽带的观念性方面。他认为，尽管有机团结中的联系纽带是直接现实的，但是它也不可能同人的思想意识完全分开。有机社会中的群体能够整合维系的一个重要因素是其中的集体意识，迪尔凯姆称之为“集体良心”。集体意识是由社会成员在保持个性的同时，在交往中因共同利益、共同需求的共同价值评价等而形成的共有思想观念。虽然集体意识主要是作为感性层面上的社会心理而存在的，具有一定的模糊性和不确定性，但是它却是各种明确的契约关系、法律关系和社会秩序得以被认可和确立的基础，是现代社会中社会群体维持团结关系的基础性因素。

迪尔凯姆认为，有机团结中的集体意识同机械团结中的宗教意识有本质上的区别。传统的宗教意识也是一种集体意识，但是它以某种被神化的个别意识来压抑广大社会成员的个人意识，实质是被抽象化和普遍化的个别意识。有机团结中的集体意识是以肯定社会成员个人意志、个人情感、个人选择为前提的，它是多种多样个人意识相互作用而产生的，是包含着个性的共性。有机团结中集体意识的突出特点是它的模糊性或抽象性。在机械团结中，宗教意识或某些家族观念、部落意识，对个体行为都有十分具体的规定，个性在其制约下失去了舒展自己的空间。在有机团结中，集体意识同个体行为保持了一定的距离，它不再是对个人行为的直接、具体的规定，而是允许、甚至保护个人的个性和选择。

在揭示有机团结中的集体意识同机械团结中的集体意识区别的基础上，迪尔凯姆论述了两种团结中的法律在性质上的区别。由于感性层面的集体意识是理性层面的规范与制度的基础，那么当集体意识发生变化之后，各种社会规范和社会制度也要随着发生变化，作为最严格的规范和制度，法律尤其如此。在机械团结中，强制性控制人们行为的法律是约束性法律。维护社会的高度同质性是约束性法律的本质特征。按约束性法律来控制社会，惩罚社会成员的根据不一定是对社会危害的程度与后果，而往往是否定个性的个人意志。有机团结中的法律是复原性法律，它同约束性法律的根本区别在于：它的宗旨不在于对个体行为的限制，而在于从维护社会的有机联系出发，保护社会成员的利益和权利，当发生法律纠纷时，制裁或惩罚的目的是恢复被侵害方面的权利，使原有的社会有机联系正常维持下去。

迪尔凯姆认为，社会从机械团结向有机团结的转变，是社会发展的一种基本模式。引起这种转变的根本原因是社会分工。从迪尔凯姆关于机械团结向有机团结转变过程的论述中可以看出，他论述的实质在于揭示传统社会向现代社会、农业社会向工业社会的发展模式。这里，迪尔凯姆从社会整合方式或社会团结类型的特殊视野，概括了人类社会进化、变迁的一般模式，尽管他认识到不同民族的社会变迁与发展历程有许多特殊性，但是他还是力图用这种模式来解释社会现代化过程。迪尔凯姆对社会现代化过程的概括，比孔德和斯宾塞更注重社会的联系方式和社会的结构功能，这种研究方式或功能性分析，后来在帕森斯那里得到了继承和发挥。

四、社会团结的威胁与维持

社会从机械团结转向有机团结是一般的进化过程，但是这不是一条没有阻碍的平坦大路，其中各种矛盾和冲突不断发生，必须使这些矛盾不断被解决、冲突不断被调和，稳定的有机团结才能得以实现和维持。迪尔凯姆研究了许多有碍社会团结尤其是妨碍有机团结的因素，他关于自杀问题的研究是这类研究中的典型范式。

在迪尔凯姆看来，机械团结向有机团结的转变实质上是一次深刻的社会转型过程，在这一过程中，不仅那些明文规定的法律条文发生了变化，而且人们的心理结构也承受了剧烈的振荡。当人们从平静、自在、封闭的机械社会步入冲突、竞争、开放的有机社会时，原有的生活方式、交往方式和思想方式都会变得陈旧与乏力，必须以新的行为方式和心理结构进入一种新的境界，才能获得自主、自由的生存能力和发展空间。然而，对于大多数社会成员来说，行为方式和心理结构的变化常常滞后于社会现实过程的变化。许多人在没有充分心理准备的情况下面对耳目一新的现实，难免要同变化了的或正在变化的现实发生一种紧张关系。如果社会成员能在一定条件下理解和认同变化了的现实，那么他将形成一种新的适应能力，以新的姿态作为社会新成员而进入社会进化与社会发展过程之中。否则，他将对变化了的世界感到陌生，甚至格格不入，在厌恶、迷惘与失望等情绪的支配下，发生种种越轨行为（deviate behavior）和失范行为（anomalous behavior）。

自杀作为一种极端的越轨和失范行为，其性质与发生频率的变化，同社会从机械社会转为有机社会有很重要的关系。在机械社会，过分强烈的社会整合，极端地否定了个体的地位和价值，自杀一般是利他性自杀（altruistic suicide），即牺牲个人而维护社会和群体的共同原则或共同利益。机械社会的整合能力越强，利他性自杀的频率越高。对于农业社会或封建专制下的集体和国家来说，利他性自杀是高尚的，往往给予高度的肯定。而从社会发展的角度来看，利他性自杀既是社会成员自主、自重意识尚未形成的表现，也是社会对个体压抑过分强烈、强力的集体意识诋毁或淹没了个体价值的表现。

在从机械社会向有机社会转化的过程中，随着社会压抑个体的力度减弱和个体自我意识的觉醒，利他性自杀的频率越来越低，然而，另一种性质的自杀——利己性自杀（egoistic suicide）的频率却逐渐地升高。利己性自杀是在对个体地位和价值过分强调，但它们在社会现实中又难以兑现的条件下发生的，或者说，利己性自杀是受个人主义支配而片面追求个人利益和价值的极端表现。利他性自杀是社会整合力度过强的结果，而利己性自杀则是社会整合力度趋弱的结果，并且利己性自杀的频率与社会整合力度的弱化成正比关系。虽然利己性自杀是利他性自杀的对立面，二者在对待自我或对待个人生存与发展的价值评价原则方面有本质的不同，但是迪尔凯姆并未因此否定前者而肯定后者。在他看来，无论是利他性自杀还是利己性自杀，都是社会整合不适度、社会团结关系不正常的表现。

迪尔凯姆还讨论了第三种自杀类型，即失范性自杀（anomalous suicide）。无论社会发展到何种程度，人们的社会生活总是受到道德、纪律和法律等社会规范的制约。当个人欲望和个人利益在各种社会规范明确约束下得到一定程度的满足和实现时，社会失范现象就会在较低的程度内发生。在社会处于动荡和转型时期，很多原有的道德、纪律甚至是法律条文，都在人们的新价值观念面前遭到了怀疑，它们规范人们行为的效力日趋淡化，而此时新的规范系统又迟迟建立不起来。于是，人们的行为如何变化，按什么模式来规范和设计，都变得越加模糊，这就是所谓的社会失范。迪尔凯姆认为，失范性自杀主要产生于社会动荡和社会转型时期。当人们在动荡不安中失去某些原有道德观念或价值原则的支持，很多意想之外的事情不断地在现实中发生，并且个人在原有观念系统中形成的选择受挫时，失范性自杀就会较多出现。失范性自杀与利己性自杀有两点相似之处：其一，都是因个人地位和利益受到损害而致，其思想根源是个人主义；其二，都是在社会整合力度趋于弱化的条件下发生的频率较高。因此，可以说失范性自杀和利己性自杀有同利他性自杀对立的相同基点。

从迪尔凯姆关于自杀的三种类型的论述中可以发现，他始终在机械社会向有机社会的进化过程中，在个人地位、利益同社会整合力度强弱的矛盾关系中，展开自杀问题的研究。进一步说，研究自杀现象不过是研究社会整合和社会团结问题的一种具体层面，根本目的是要揭示怎样才能获得一种稳定而健康的社会团结。迪尔凯姆看到社会团结的形成与维持是一个充满矛盾的过程，是一个需要合理调整、规范的过程，否则，像自杀这种以极端形式冲击社会团结的现象就无法杜绝。显然，这里又同他早期所强调的客观性、外在性原则发生了冲突。

如何消解社会整合中的矛盾，尤其是社会转型时期危及社会团结的各种因素，成了迪尔凯姆晚年学术研究的主要内容。在1912年出版的《宗教生活的基本形式》中，迪尔凯姆的学术兴奋点和某些基本观点都发生了变化。在这部著作中，社会团结问题不再被看作外在性的纯客观事实，而是被看作可以由个人创造并可以内化到个人心理结构中的事情。他用大量篇幅严密而细致地分析了原始宗教特别是澳大利亚的一些早期宗教仪式和宗教意识。他得出的基本结论是：宗教现象并不像某些理性主义者所宣称的那样，它不是简单的无知与迷信，而是群体生活的必然产物，是社会整合不可缺失的形式和不可替代的力量。

在迪尔凯姆看来，任何一种群体生活都一定要形成超个体的共有经验和共同体验，当群体成员在相互刺激中对这些共有经验和共同体验产生强烈共鸣时，宗教意识或宗教观念就产生了。他在考察原始图腾仪式时写道："一旦他们聚集在一起，一种热情就通过他们的集体形成了，并且极快地在他们中间传播而达到一种非常浓烈的程度。所要表达的每种情操都在所有人心中毫无抵触地找到了一个位置，并且所有人的心对外在的影响都是开放的。每个人对其他人都做出反应，其他人也与他发生共鸣。随着互动的增长，从最初的冲动发展看，一种情感的迸发在互动的进展中也增长着……。释放出的激情是这样的激烈，以至于没有什么东西能够抑制它们。……于是，在这种生气勃勃的社会环境中，从这种生气勃勃本身，宗教观念似乎就产生了。"①

由于宗教意识被看作群体生活的必然产物，那么不仅原始社会中的群体生活能够产生宗教，而且现代社会中的群体生活也能够产生宗教。虽然迪尔凯姆已经清楚地意识到，那些原始的或传统的宗教观念和宗教仪式，在现代生活中已经遇到了排斥与冲击，但是他认为无论是原始社会还是传统社会里的人们形成各种宗教意识的基础——群体经验和群体体验，都在每时每刻不断地发生着，它们都将以新内容和新形式产生新宗教意识。他指出："如果我们现在设想未来的节日和仪式的内容觉得有点困难的话，这是因为我们正在经历一个道德平庸和转变的阶段。过去使我们父辈充满热情的伟大的东西不能再激起我们同样的热情了……。总有一天，我们的社会将会重新看到创造性兴奋的时刻。在这个过程中，新的思想会出现，在一个时期中能给人类以指导作用的新准则也会被发现。而当这样的时刻一旦要过去时，人们将本能地感觉到在思想上经常需要重温这种时光，也就是说，感觉到需要通过定期再现他们成果的庆祝方式来保持他们活生生的记忆。"② 在这里，迪尔凯姆所说的"创造性兴奋""本能地感觉"，再现成果的"庆祝方式"等心理过程和活动仪式，就是在描述现代人的宗教意识和宗教仪式。

宗教在迪尔凯姆的视野里被提升到更高、更现实的地位来认识：宗教不仅是社会的产物，而且本身就是社会，并且是对社会生活其他方面发生重要作用的社会基本活动形式。哈里·阿尔伯特（Harry Alpert）对迪尔凯姆的这些观点十分重视，他把迪尔凯姆关于宗教在社会中的地位和作用的论述作了进一步概括，认为在迪尔凯姆那里，宗教的社会性及社会作用主要被归结为四个方面：第一，惩戒性，宗教

① 约翰逊．社会学理论．南开大学社会学系，译．北京：国际文化出版公司，1988：247.
② 约翰逊．社会学理论．南开大学社会学系，译．北京：国际文化出版公司，1988：249－250.

通过各种仪式强迫人们接受某些行为规范，特别是要求人们信奉禁欲主义，让信徒在忍受和克制中适应社会；第二，凝聚性，宗教以各种活动来引起人们的共同感受和共同体验，使大家形成强烈的群体意识，围绕某种共同的价值追求而保持整体关系；第三，激发性，各种宗教典礼能够使群体成员形成激动和兴奋的情绪，宗教理想和宗教原则于其中被坚持和传续；第四，振作性，宗教说教可以唤起特有的直接而又神秘、热烈而又郑重的宗教氛围，社会成员于其中可以产生情感的激荡和心灵的震撼。

迪尔凯姆认为宗教具有许多社会作用，但是他最重视的是宗教在社会生活中的整合作用，这与他把社会团结作为社会学研究主题是一致的。当很多西方学者因面对传统宗教意识在现代生活中失去魅力，传统价值观念衰落瓦解引起社会神经衰弱而感到困惑与悲观时，迪尔凯姆在宗教的再生中找到了希望。宗教被看成以群体共同体验为基础、可以在不同历史条件下更新内容和变换形式的社会活动基本形式，宗教由此而获得永久性的合法性。宗教在新的群体经验中，将产生其他文化形式或社会活动形式所取代不了的团结社会成员、稳定社会秩序的整合功能。尽管迪尔凯姆晚年对宗教的研究和论述具有较强的理想主义色彩，但是他关于宗教将以现代形式在现代生活中持续发挥社会整合作用的论述，是很值得重视的。在 21 世纪，无论在西方还是在东方，宗教现象并没有因为科学与生产的发展而消退，相反，在科技革命波涛不断涌起的同时，宗教浪潮却更加热烈地涌入了现代社会生活。

《思考题》

1. 迪尔凯姆怎样界定社会事实？社会事实的本质特征有哪些？
2. 为什么迪尔凯姆主张社会学研究要坚持反还原论的原则？
3. 机械团结同有机团结的本质区别有哪些？为什么有机团结形成的社会整合稳定而有活力？
4. 迪尔凯姆怎样论述自杀的不同类型？他关于自杀研究的方法论意义是什么？
5. 迪尔凯姆为什么认为社会整合的力度应当适度？

《推荐阅读书目》

1. 科塞．社会思想名家．石人，译．上海：上海人民出版社，2007：1－36.
2. 阿隆．社会学主要思潮．葛智强，等译．北京：华夏出版社，2000：213－272.
3. 瑞泽尔．古典社会学理论．王建民，译．北京：世界图书出版公司，2014：177－208.
4. 迪尔凯姆．社会学方法的准则．狄玉明，译．北京：商务印书馆，1995.
5. 涂尔干．社会分工论．渠东，译．北京：三联书店，2000.

第六章

马克思的社会实践论

本章要点

本章对马克思社会学思想理论的形成背景与历史演化，从实践出发的基本立场，以实践为基础的社会结构理论，社会结构矛盾运动的学说，社会实践的异化与批判等方面展开了深入的阐述。

关键概念

实践立场；社会结构；矛盾分析；异化批判

在西方社会学理论中，马克思的社会学理论占有十分重要的地位，这不仅因为马克思的学说有不同于其他学说的立足点或出发点，建立了独特的概念框架和完整的理论体系，而且还因为马克思的学说对其他流派产生了重大影响，在马克思之后出现的各种社会学理论，很少有不同马克思的社会学理论发生这样或那样联系的。不用说卢卡奇、赫勒、马尔库塞和哈贝马斯等西方马克思主义者在马克思的社会学理论中吸取了丰富思想来源，就连在冷战期间发展起来的、以帕森斯为代表的结构功能主义，以米尔斯、达伦多夫和科塞为代表的冲突理论，都同马克思的社会学理论有着十分密切的关系。可以说，不了解马克思的社会学理论，就无法完整地理解西方社会学理论。

一、学术背景

马克思（Karl Marx，1818—1883）生于普鲁士莱茵省的特里尔城。父母都是犹太人。父亲亨利希是一位有成就的律师，后来晋升为特里尔城的首席律师。马克思同父亲的关系一直很密切，在父亲的引导下，他了解了 18 世纪法国启蒙主义，并在中学毕业后到波恩大学学习法律。1836 年，马克思转入柏林大学，这个变化对于青年马克思的成长具有十分重要的意义。

在柏林大学期间，马克思的法学老师萨维尼（Friedrich Carl von Savigny,

1779—1861）和甘斯（Eduard Gans，1797—1839）对他都有较大影响。萨维尼是法学历史学派的创始人，甘斯的学术专长在历史哲学的理论批评方面，马克思从这两位老师那里受到的影响是不同的。然而，对马克思的成长有决定意义的不是两位老师，而是当时在柏林大学十分活跃的青年黑格尔派（Young Hegelians）。

马克思来到柏林大学时，黑格尔已经去世，但是黑格尔的哲学思想仍然在那里占有统治地位。黑格尔逝世后，黑格尔学派分裂为老年黑格尔派（Old Hegelians）和青年黑格尔派。老年黑格尔派是保守的右派，他们固守黑格尔哲学的唯心主义体系，抛弃了具有批判性的辩证法，并用基督教神学的观点来解释黑格尔哲学。青年黑格尔派是激进的左派，他们注重黑格尔哲学中的辩证法，主张通过开展意识形态批判、特别是批判封建专制的思想支柱——宗教，在德国实行资产阶级革命。马克思同青年黑格尔派的关系十分密切，在布鲁诺·鲍威尔（Bruno Bauer，1809—1882）和埃德加·鲍威尔（Edgar Bauer，1820—1886）兄弟、马克斯·施蒂纳（Max Stirner，1806—1856）等青年黑格尔派代表人物的影响下，马克思加入了青年黑格尔派，并成为其中一个很活跃的成员。

受青年黑格尔派的影响，马克思对法学的兴趣越来越淡，而对哲学的兴趣却越来越浓。他不仅以极大的热情去研究黑格尔的哲学思想，接受黑格尔的理想主义精神、理性主义信念和批判的辩证法，而且像青年黑格尔派其他成员那样积极关注现实，用黑格尔哲学的理想要求、理性原则和辩证方法去批判宗教神学和封建专制及其意识形态，并且到一些高层次的学术沙龙和简陋的酒吧去参加激烈的学术争论，借以表达学术观点、抨击时弊。

在大学读书期间，青年马克思已经显露出卓越的学术才华，他也立志将来成为一名大学哲学教授，以便进行更深入的学术研究。然而事与愿违，答应帮助马克思在大学谋取职位又是他经济资助人的布鲁诺，因为批判宗教神学而被校方解雇，马克思当大学教授的理想也随之破灭。1841 年，马克思向耶拿大学递交了博士论文《德谟克利特的自然哲学和伊壁鸠鲁的自然哲学的差别》，并获得博士学位。然后，在社会主义者摩西·黑斯的建议下，马克思为一家激进的资产阶级报纸《莱茵报》撰稿。在很短的时间内，马克思为该报撰写了许多出色的文章，十个月后，马克思成为该报的主编。

在《莱茵报》期间，马克思通过社会调查了解社会现实，撰写报纸评论对反动政府进行了深刻揭露，开始从唯心主义转向唯物主义，从革命民主主义转向共产主义。这期间比较重要的事情是他发表了一系列关于同情下层劳动群众的评论。为了了解社会底层的情况，马克思回到家乡莱茵省，调查了摩塞尔河沿岸农民的贫困问题。于 1842 年 12 月在《莱茵报》连续发表了三篇关于摩塞尔农民悲惨处境的通讯，对政府置农民悲惨困苦于不顾的行为提出尖锐批评，引起了政府的不满。尤为严重的是，马克思无情地指责俄国政府是欧洲最反动的政治堡垒，这篇文章恰巧被俄国沙皇尼古拉一世读到，他向普鲁士大使提出了抗议。这回彻底惹恼了普鲁士政府，《莱茵报》随即被查封。

1843 年，《莱茵报》被封后，马克思同燕妮·威斯特华伦结婚并迁居巴黎。在巴黎期间，马克思开始同德国和法国的秘密工人团体建立联系，并经常参加工人、手工业者的集会，开展政治经济学、空想社会主义和有关历史问题的研究。他阅读了蒲鲁东、路易·布朗、卡贝、傅立叶和圣西门等人的著作，还研究了亚当·斯密、李嘉图和西斯蒙第等人的政治经济学理论。同时，马克思还同一些激进的社会革命者发生了直接联系，比较著名的人物有：俄国的革命者米哈伊尔·巴枯宁、德国的激进派诗人海因里希·海涅、革命鼓动家威廉·魏特林、黑格尔左派作家阿诺德·卢格、法国小资产阶级经济学家、社会学家和无政府主义创始人蒲鲁东等等。

1844 年初，马克思在卢格的建议下创办了《德法年鉴》，发表了《〈黑格尔法哲学批判〉导言》《论犹太人问题》等著名文章。第一次指出无产阶级是唯一能消灭剥削制度的阶级，工人运动必须与科学的世界观相结合，主张对现存的一切进行无情的批判，指出"哲学把无产阶级当做自己的**物质**武器，同样地，无产阶级也把哲学当做自己的**精神**武器"[①]。人类解放是人的最根本的解放，而人类解放必须依靠无产阶级这个物质力量，批判的武器不能代替武器的批判，物质的力量只能靠物质力量来摧毁。马克思的这些思想表明，他已经坚定地站在无产阶级立场上，并且彻底转向了共产主义。不过，马克思的这些思想还具有浓厚的理想主义色彩，很多观点还是通过逻辑推论得出的。

1844 年 8 月底，马克思和恩格斯（Friedrich Engels，1820—1895）在巴黎会见。这是对两位无产阶级革命导师都具有决定意义的事件，从此，他们并肩为无产阶级解放事业战斗终生。恩格斯出身于工业资产阶级家庭，父亲是一位纺织厂主。恩格斯曾在父亲的商行里当过经理，对资本主义工业企业的情况特别是工人阶级的生活状况有比较清楚的了解，并且这种家庭环境和生活经历，使恩格斯不仅熟知资本主义经济生活，而且还形成了善于从物质利益或经济因素出发来缜密地分析现实的思维方式，这点对马克思产生了很大影响。马克思后来克服理想主义而注重实际，长期潜心研究资本主义经济问题，撰写巨著《资本论》，同恩格斯对他的影响是分不开的。

马克思同恩格斯首先系统地研究了如何阐述无产阶级的新世界观，他们合作的第一个成果是《神圣家族》，在这部著作中批判了青年黑格尔派主要代表人物布鲁诺·鲍威尔等人的唯心主义哲学，阐明了存在决定思维的唯物主义观点，并用唯物主义观点解释历史，把历史看成是群众实践的历史，认为粗糙的物质生产是历史的发源地，承担物质生产劳动的人民群众是历史的创造者。这些观点表明，马克思和恩格斯在《神圣家族》中已经为建立新世界观奠定了基础。

1844 年，马克思撰写的另一个十分重要的文献是《1844 年经济学哲学手稿》。这是一部直到 1932 年才全文公开问世的手稿，其中包含了马克思十分丰富的哲学、经济学和社会学思想。马克思从无产阶级立场出发，系统考察了资本主义社会中工

① 马克思恩格斯全集：第 1 卷．北京：人民出版社，1956：467.

人、资本家和土地所有者三大阶级的生存条件以及他们的相互关系，他借鉴德国古典哲学中的异化概念，用它来揭示私有制下社会制度对劳动者的压迫和剥削，提出了异化劳动概念，进而论述了私有财产的本质、起源和发展规律，论证了资本主义必然灭亡和社会主义必然胜利的规律。

1845 年，马克思因从事社会革命活动，被法国政府驱逐出境，迁居比利时首都布鲁塞尔。在这里，马克思写出了著名的《关于费尔巴哈的提纲》，这个被恩格斯称为“包含着新世界观的天才萌芽的第一个文献”[①]，明确而充分地论述了新世界观的基本观点，即从实践出发去认识与回答一切问题。实践观点不仅是马克思区别于旧唯物主义和唯心主义的新哲学观点，也是马克思区别实证主义和人本主义的新社会学观点。正是从实践观点出发，马克思提出了一系列具有独到创见的新社会学理论。

《关于费尔巴哈的提纲》写作不久，恩格斯来到布鲁塞尔，同马克思合写了《德意志意识形态》，进一步批判了青年黑格尔派，在实践观点的基础上深入阐述了历史唯物主义观点和一系列社会学理论。关于生产和交往是推动历史向前发展两个基本方面的观点，关于物质生活条件是历史发展的第一个前提的观点，关于阶级斗争和无产阶级夺取政权的观点，都是在这部著作中提出来的。

1846 年，马克思同恩格斯一起在布鲁塞尔建立了共产主义通讯委员会，1847 年创立了德意志工人协会，批判了蒲鲁东主义、魏特林平均共产主义和“真正的”社会主义。1847 年 12 月—1848 年 1 月，马克思参加了共产主义者同盟第二次代表大会的领导工作，并受大会委托，同恩格斯起草了同盟的纲领《共产党宣言》，总结了无产阶级斗争的历史经验，系统、完整地阐述了无产阶级革命和无产阶级专政的理论。

在欧洲 1848—1849 年革命期间，马克思和恩格斯回到德国，同人民群众一起参加了革命斗争。革命失败后，马克思于 1849 年 5 月被逐出普鲁士，先到巴黎，后来在伦敦定居。在伦敦期间，马克思的大部分时间从事资本主义政治经济问题研究，1859 年发表了《政治经济学批判》，为详尽论证剩余价值理论奠定了基础，1867 年出版了《资本论》第一卷。这部著作阐述了马克思政治经济学理论的基石——剩余价值理论，揭示了资本主义社会的内部矛盾和经济运动规律，论证了社会主义取代资本主义的必然性。

19 世纪 70 年代到 80 年代初，马克思继续以主要精力撰写《资本论》第二、三卷，同时关心国际共产主义运动的发展。这一时期他写了《法兰西内战》《哥达纲领批判》等著作，支持了无产阶级革命，同机会主义做了坚决斗争。由于长期在艰苦而贫困的环境中紧张工作，马克思的健康受到了严重损害，1883 年 3 月 14 日午后，马克思坐在自己的安乐椅上与世长辞。

马克思的一生是为无产阶级和劳动群众摆脱贫穷、寻求幸福和自由孜孜不倦勤

① 马克思恩格斯文集：第四卷．北京：人民出版社，2009：266.

奋探索的一生，是为人类彻底解放事业不屈不挠艰苦奋斗的一生。他的思想理论渗透到各个学科和各种学术流派之中，他的战斗历程在人类争取自由与解放的道路上留下了不可磨灭的深深印迹。

二、实践的观点

马克思在《关于费尔巴哈的提纲》中明确提出的实践观点，是他全部理论的出发点，也是他的社会学理论的出发点，而且还是他理解和解释社会的基本原则和基本方法。马克思说："从前的一切唯物主义——包括费尔巴哈的唯物主义——的主要缺点是：对事物、现实、感性，只是从**客体**的或者**直观**的形式去理解，而不是把它当作**人的感性活动**，当作**实践**去理解，不是从主观方面去理解。"① 又说："社会生活在本质上是**实践**的。凡是把理论导致神秘主义方面去的神秘东西，都能在人的实践中以及对这个实践的理解中得到合理的解决。"②

马克思所说的实践（praxis）概念具有丰富的含义，概括地说，是指在现存的物质条件和社会具体关系中人们所进行的、受特定情感意志和理想信念所支配的感性的物质活动，其中最基本的活动形式是物质生产活动，以及处理社会关系或社会矛盾的社会活动（如阶级斗争）和科学实验等活动。从马克思关于实践的大量论述中可以看出，实践具有如下几个基本特征：

第一，实践是现实的感性活动，不同于心理的或观念的活动，实践都是人们亲身经历的可以发挥某种物质力量、产生某种物质作用的可以被感知的活动，是直接在生活实际中发生的活动，因此具有直接现实性。

第二，实践具有总体性。实践就其本质而言是区别于观念活动的感性活动或物质活动，但是，实践中包含着人们的情感意志、理想选择等主观因素，是在主观意识指导下通过人的物质活动作用于客观对象的过程。因此，实践是主观和客观的统一过程。既不能单纯从主观方面来理解实践，也不能单纯从客观方面来理解实践，它是理想与现实、精神与物质的统一过程。

第三，实践具有历史性。实践都是在特定条件下开展的现实活动，经济、政治和文化等各方面的条件都对实践过程发生种种限制，而这些条件是一个动态变化的过程。于是，不仅实践本身在不断变化，而且限制它的各种条件也在发生变化，这就决定了实践的内容及其形式都要不断地展开为新的历史过程。

第四，实践具有创造性。实践是人类基本的生命形式，受意志、理想和信念等主观因素支配。实践不满足于当下事实，总是要求现存按照人们的理想要求而改变

① 马克思恩格斯全集：第3卷．北京：人民出版社，1960：3.
② 马克思恩格斯全集：第3卷．北京：人民出版社，1960：5.

既存形式。正是通过实践，人们不仅改变了客观世界，也改变了主观世界，实践由此而发挥了巨大的创造能量。

实践的总体性、历史性和创造性，决定了它还具有矛盾性的特点。理想与现实、精神与物质、局限与发展、创造与束缚，各种矛盾关系都在实践过程中错综复杂地表现着，也正是这些内在于实践中的矛盾关系，使实践获得了永不止息的活力。

这里所陈述的实践的这些特点，是从马克思所理解的实践概念中分析出来的。在不同学术流派那里，实践概念的内涵是有区别的：康德在《实践理性批判》中讲的实践是道德践履，局限于伦理关系，就其实质而言是理性的精神过程，而不是马克思所说的感性的物质活动；黑格尔在《历史哲学》和《法哲学原理》等著作中论述的实践概念，更被明确地限制为精神活动。因此，马克思的实践概念是观察世界、理解现实生活的特定视角，从这个特定视角看到的现实的实践过程也就呈现出在其他视角中所看不到的特点，而这些特点被理论概括出来后，就成了理解和解释社会现实的新原则和新方法。

实践是感性的物质活动，这就决定了从实践观点看待社会现象，必须首先考虑人们的物质生活过程，包括人们的物质利益需求和可以满足这些需求的物质生活条件，而其中最基本或最重要的是物质生产活动。这是马克思区别于实证主义和人本主义的最基本原则。实证主义社会学的立足点是纯客观化的社会现象，实质是抽取掉人的主观性的自然化的社会过程；人本主义忽视甚至否认社会现象的客观性和物质性，仅仅从人们的主观意愿和理想信念的角度来解释社会生活，实质上抓住的仅仅是精神过程。只有从现实的实践过程出发，并且把最根本的立足点放到物质生产实践上，才不仅抓住了人们最基本的需求、欲望和意志，而且也看到了最基本的、最普遍的物质活动。

实践是包含着多种因素在内的总体过程，这决定了从实践观点出发，必须在经济、政治和文化、物质和精神、现实和理想的多重视野里研究社会问题。在马克思关于社会问题的论述中，社会各种层面、各种因素都被考虑在内，物质生产活动、经济关系和经济制度、社会心理、意识形态和各种政治设置，都是马克思社会学理论充分论述的内容。这点又使马克思社会学理论同其他社会学理论有明显区别。孔德、斯宾塞和迪尔凯姆等人的实证社会学，忽视社会生活的物质方面，很少论及社会的经济现象；韦伯及20世纪的交换理论和结构功能主义，在一定程度上重视了物质生产和经济因素，这主要是受到了马克思的影响，但重视的程度仍然不够。

实践是在特定历史条件下展开并随这些条件的变化而变化的历史过程，这决定了从实践观点出发，必须在动态变化中、在具体的历史条件中看待各种社会问题。本着这个原则，马克思一向坚持把各种社会问题都放到特定的历史条件中去考察，用发展变化的眼光看待动态变化的社会过程。马克思虽然揭示了某些社会规律和社会结构，但是这些规律与结构是认识和解释社会现象的方法和原则，不是被看成不变的绝对性，而是在具体条件中变化的相对性。马克思的历史原则亦是辩证法的基本原则，对19世纪后叶及20世纪的社会学有很大影响，尤其是法兰克福学派的社会批判理论以及各种后现代社会学理论，都十分重视社会问题的历史性和相对性。

实践的矛盾性和创造性，决定了从实践观点出发，还应坚持矛盾分析方法和批判性、参与性原则。矛盾分析方法同批判性、参与性原则是内在统一的，因为批判性原则是以承认价值理想为前提的，正是根据超越现实的价值理想来衡量现实，才能发现现实的种种不合理问题，才能指出现实应当被按照何种方式加以改变。同时，也正是因为坚持用价值理想来要求现实、改变现实，才能看到现实中大量有待于被分析和揭露的现象，这也形成了社会学理论同现实之间的张力。社会学不仅仅是客观描述现实，更重要的是改变现实，按照人们的理想要求创造新现实。正是在这个意义上，马克思指出："哲学家们只是用不同的方式**解释**世界，而问题在于**改变**世界。"①

同实证主义社会学和人本主义社会学的出发点做比较可以看出，马克思的实践观点具有鲜明的特点，从实践观点出发，马克思建构了具有独特地位的社会学理论。马克思以实践观点为基础的社会学理论，在西方社会学界受到高度重视，尤其20世纪初以来，几乎没有哪个社会学流派未从马克思那里吸收某些理论观点，也没有哪个社会学家不把马克思看成社会学领域最有影响的社会学家。然而，马克思的社会学理论在一些建立了社会主义政权的国家里却长期得不到重视。在社会主义国家里，人们熟悉历史唯物主义，知道马克思关于社会问题的大量论述是唯物史观的丰富内容，却很少有人谈及这些论述同社会学的关系。

俄国共产党早期领导人之一、马克思主义理论家布哈林，曾经把马克思的历史唯物主义理论称为"马克思主义的社会学"。他认为："社会科学中，有两门重要的科学，它们考察的并不是社会生活的某个领域，而是整个错综复杂的社会生活；换句话说，它们不是考察某一类现象（或是经济方面的，或是法方面的，或是宗教方面的，如此等等），而是研究社会生活全部，考察所有多类社会现象。这样的科学，一门是历史学，另一门是社会学。"②"历史唯物主义理论处于怎样的地位呢？它不是政治经济学，也不是历史学。它是关于社会及其发展一般规律的学说，也就是社会学。"③

布哈林的观点引起列宁、卢卡奇、葛兰西等著名共产党领袖或马克思主义理论家的重视。但在一段时期里，布哈林的观点被视为对历史唯物主义的篡改。后来，在斯大林肃反期间，布哈林被宣判为卖国投敌而处以死刑，他的观点也随之长期湮没无闻。直到社会主义改革运动普遍展开后，人们才回忆起他的观点。应当说，布哈林分析并论述了马克思理论中的社会学内容，这对于继承和发展马克思的社会学理论具有重要的理论意义和实践意义。

---

① 马克思恩格斯全集：第3卷．北京：人民出版社，1960：6.

② 布哈林．历史唯物主义理论．北京：人民出版社，1983：6.

③ 布哈林．历史唯物主义理论．北京：人民出版社，1983：7.

马克思阐述了有独到立场和丰富内容的社会学理论，这是一个不可否认的事实；马克思的社会学理论在社会学说史中占有重要地位并产生了重大影响，这更是一个不可否认的事实。如果仅仅用历史唯物主义或唯物史观这两个哲学范畴来概括马克思的社会理论，这不仅限制了研究马克思社会理论的视野，把大量关于社会现象的社会学论述排除在马克思理论研究之外，而且还阻碍甚至破坏了社会主义国家社会学理论的发展，割断了社会主义国家在社会学领域同其他国家对话交流的途径。尤其重要的是，一些社会主义国家对唯物史观或历史唯物主义的解释停留在传统形而上学的层面，重视的是那些高度概括的、作为经验事实本体的本质、规律，亦即体系完整、逻辑严密的范畴系统，而直接发生着的大量的丰富的社会事实，仅仅是建构抽象概念体系的材料。因此，用唯物史观或历史唯物主义来排斥社会学，是一些社会主义国家意识形态理论同社会实际有较大距离的原因之一。

布哈林指出马克思的学说中有社会学理论，这无疑是正确的，但是他把马克思的社会学理论等同为历史唯物主义，这又是机械的。社会学理论中最基础的范畴与原理同哲学没有清楚的界限，甚至往往是重合的，对于历史唯物主义和马克思社会学来说尤其如此。但是，哲学和社会学毕竟是两个具有各自特点的学科，当它们进一步展开自己的理论视野，提出更深入的问题时，它们之间的区别就会清晰可见。因此，应当在马克思社会学同历史唯物主义的区别与联系中进一步研究马克思关于社会学理论的论述。

三、社会实践的展开结构

马克思认为社会生活在本质上是实践的，这一方面指出人们的社会活动都不过是实践的表现形式，另一方面指出社会生活的基础、来源和发展动力都来自实践。从实践的展开形式看，除了纯粹的精神、意识过程以外，人们的一切社会活动都是实践的不同表现形式。人们一般认为马克思论述的实践有三种基本形式：改造自然界的物质生产活动，处理和调整社会关系的活动，科学实验和精神生产活动。

物质生产活动被看成人类社会存在与发展的基础，是决定其他一切活动的最基本的活动。马克思和恩格斯指出："全部人类历史的第一个前提无疑是有生命的个人的存在。因此，第一个需要确认的事实就是这些个人的肉体组织以及由此产生的个人对其他自然的关系。"① 由人们的肉体组织需要决定，"人们开始**生产**自己的生活资料"，"因此第一个历史活动就是生产满足这些需要的资料，即生产物质生活本身"②。只有通过物质生产获取物质生活资料，才能维持和延续人们的生存，其他方

① 马克思恩格斯选集：第1卷.3版.北京：人民出版社，2012：146.

② 马克思恩格斯选集：第1卷.3版.北京：人民出版社，2012：147，158.

面的社会和文化活动才能进行。

处理和调整社会关系的活动，是在社会内部处理人与人之间关系的实践活动。马克思认为，人是社会关系的总和，人只有在社会交往中才能开展各种形式的实践活动，物质生产活动也是如此。为了有利于生产在一个稳定的社会秩序中进行，有利于经济往来和文化活动在一个良好的社会关系中发展，人们必须经常处理不断发生的社会矛盾，必须及时调整不利于各种实践活动顺利进行的社会关系。在阶级社会中，处理社会关系的活动主要表现为阶级斗争。

科学实验是近代从物质生产实践中分化和发展起来的一种相对独立的实践活动。科学实验作为一种探索性、尝试性和学习性的活动，其直接目的是认识世界，其根本目的是推动物质生产向前发展。科学实验都是在一定科学理论的指导下进行的，科学知识和理论水平在科学实验中起着关键作用。但是，科学实验又都是依靠特有的物质条件和实验手段才能开展的，因此，它同单纯的理论思维又有区别。

精神生产也被马克思看作实践的基本形式之一，它是指人们为社会创造精神产品并以一定的对象化的形式提供给社会的活动，主要包括科学、艺术、文化教育和意识形态等方面的探索性和创造性活动。精神生产不同于纯粹的思想意识过程，除了思想意识活动以外，还要借助大脑以外的其他物质活动，活动的结果表现为供社会享用的各种科学文化产品。是否借助物质手段和有无精神产品，是区别于纯粹精神活动的两个基本标志。

在马克思的著述中，无论是关于哪种形式的实践活动的论述，都强调了实践是有意识、有目的、能够产生某种结果的创造性的物质活动。正是对实践活动各种内在因素的综合考察，才使实践概念获得了具体的现实性。韦伯、帕森斯等人论述的“社会行动”（social action）概念同马克思的实践概念相似，也是指人们的各种社会活动。但是，谁也没有像马克思这样从实践的观点对社会活动做了如此具体而充分的整体性把握，并以此为基础阐述了概括全部社会生活的宏观社会结构理论。

马克思从生产实践出发考察和概括社会的宏观结构。他指出：“人们在自己生活的社会生产中发生一定的、必然的、不以他们的意志为转移的关系，即同他们的物质生产力的一定发展阶段相适合的生产关系。这些生产关系的总和构成社会的经济结构，即有法律的和政治的上层建筑竖立其上并有一定的社会意识形式与之相适应的现实基础。物质生活的生产方式制约着整个社会生活、政治生活和精神生活的过程。不是人们的意识决定人们的存在，相反，是人们的社会存在决定人们的意识。”① 这段话是人们比较熟悉的，是马克思在《〈政治经济学批判〉序言》中阐述的关于社会结构的基本思想，其中不仅论述了社会各种构成要素或基本层面的相互关系，也指出了整个社会结构形成与存在的基础。

从马克思的论述中可以清楚看出，他所说的社会结构是指社会的基本构成部分及其相互间的关系，包括经济结构、政治结构和文化结构三个基本组成部分。概括

① 马克思恩格斯选集：第2卷．3版．北京：人民出版社，2012：2.

说来，马克思论述的社会结构具有三个特点：第一，物质生产活动是整个社会结构形成与发展的基础和根本动力，不仅最基本的、决定着整个社会生活的经济结构是人们在物质生产活动中结成的生产关系，而且政治结构和文化结构也都受物质生产活动的制约；第二，社会结构是动态变化的过程，因为生产关系即经济结构、政治结构和文化结构都是同生产力相适应的，而生产力又都是在一定发展阶段上并一定要向前发展的，所以，生产力的不断发展决定了整个社会结构一定要运动变化；第三，社会结构不是纯客观的结构，是人们通过自己的社会实践（最基本的是生产实践）创造出来的，社会结构的存在与运行不是一个“无主体的过程”，它体现并展开人的本性，而人的本性则展开为各种社会关系，人的社会关系总和是社会结构的根本内容。

马克思对社会经济结构做出了十分丰富的论述，其中生产力和生产关系是理解马克思社会经济结构理论的两个基本概念。生产力是人类征服和改造自然、获取物质生活资料的物质力量，其构成要素包括劳动者、生产工具和劳动对象。现实的生产力是劳动者运用生产工具改造劳动对象的动态过程，而这一过程的实质是人与自然的矛盾关系或人与自然的物质变换、能量变换和信息变换。生产力作为人与自然的相互作用过程，一定是人的社会过程，是人结成群体或在种种复杂的社会联系中开展的，因此，现实的生产力一定是在特定的社会关系中存在与发展的，即一定要形成与生产力作为同一过程的生产关系。

马克思认为，生产关系是由生产（直接生产过程）、分配、交换和消费四个环节构成的。在马克思看来，这四个环节是相互作用、内在统一的。人们在直接生产中所结成的关系，如对生产资料的获得与丧失、对生产过程的控制与服从等因素，决定了产品的分配关系、交换关系和消费关系；反过来，产品的分配关系、交换关系和消费关系也影响着人们在直接生产过程中的关系。

在生产、分配、交换和消费四个环节里发生的各种关系中，最根本的关系是生产资料所有制，即生产资料归谁所有。斯大林强调了所有制在生产关系中的地位，他把生产关系的具体内容表述为：“（一）生产资料的所有制形式；（二）由此产生的各种不同社会集团在生产中的地位以及他们的相互关系，或如马克思所说的，‘互相交换其活动’；（三）完全以它们为转移的产品分配形式。”[①] 斯大林的表述同马克思是一致的，区别不过在于，马克思注重的是生产与再生产的运动过程，斯大林注重的则是以所有制区别不同社会集团亦即不同阶级在生产中的地位。

马克思对生产关系做过多种划分，如公有制的和私有制的，原始社会的、奴隶社会的、封建社会的、资本主义社会的和社会主义社会的等等。他认为，不同历史阶段只有一种生产关系占统治地位，但同时存在着其他处于被统治地位的生产关系。社会经济结构是各种生产关系的总和；或者说，这些关系的总和，就是“从社

---

① 斯大林．苏联社会主义经济问题．北京：人民出版社，1961：58.

会经济结构方面来看的社会”①。可见，社会经济结构这个概念同历史唯物主义教科书中讲的经济基础概念有所区别。经济基础是指在诸多生产关系中占统治地位的生产关系，而不是多种生产关系的总和。

社会政治结构建立在社会经济结构之上，包括政治法律设施、政治法律制度及其相互联系，如政党、政权机构、军队、警察、法庭、监狱和各种法律、制度等等。马克思又将政治结构称为政治的上层建筑。政治结构以经济结构为基础，其中反映了不同社会集团、不同阶级的经济地位和经济利益。在政治结构中，国家政权是社会各阶级斗争的核心，各阶级为争夺政权而展开的斗争或夺取政权后掌握政权和行使政权，都是通过政党来实现的。所以，马克思在领导无产阶级革命时非常强调无产阶级政党的作用。

政治结构具有强制性的功能，不仅军队、警察、法庭、监狱、国家政权等机构和设施表现为一种强制性的力量，而且政治制度和法律规范也具有强制性作用。政治结构的强制性功能既表现在对经济结构的反作用上，也表现在对文化结构的制约作用上。不过，无论政治结构的强制性功能达到何种程度，它都必须以经济结构为基础。

社会文化结构有广义和狭义之分：广义的文化结构指思想意识活动的全部内容，既包括社会心理层面的内容，如民俗、风情、时尚和习惯等等，也包括政治法律思想、宗教、伦理、哲学、文学艺术和科学等社会意识形式；狭义的文化结构指与经济结构和政治结构相对应的社会意识形态，仅指上层建筑中观念形态部分。马克思因讨论的问题不同，有时在广义上论述文化结构问题，有时也在狭义上论述文化结构问题。当马克思讨论社会结构问题时，一般在狭义上论述文化结构问题。他的丰富的意识形态理论，就是从狭义方面对文化结构的深刻论述。

马克思认为，文化现象虽然内容复杂、形式万千，常常使人迷惑不解，但是它的根源却在于社会实践。正是人们的社会实践展开了经济结构和政治结构，才引起人们的理论思考，形成了如此复杂的社会意识形态。因此，凡是在思想理论方面被神秘化的东西，都应当而且也能够在社会实践中找到它的答案，并且最根本的是能够在物质生产和经济活动中找到它的最深刻根源。

虽然马克思理论著述的主要内容在经济结构方面，但是他对文化结构的研究也十分广泛。马克思对宗教、道德、哲学、文学、艺术、美学等各种文化形式都有很深刻的研究。在他看来，在社会文化结构中，各种文化形态虽然都根源于社会的物质生活，但都是从不同侧面反映现实生活的，具有不同的内容和表现形式。这种情况决定了丰富多彩的文化形式或意识形态相互关联、相互渗透、相互制约。因此，必须在社会文化结构的整体联系中，同时也在文化结构与经济结构和政治结构的关系中，才能把握到各种文化形式的本质。在文化结构同经济结构和政治结构的关系中，马克思认为政治结构对文化结构有直接的制约作用，经济结构的根源作用要通

---

① 马克思恩格斯全集：第25卷．北京：人民出版社，1971：925.

过政治结构而对文化结构发生作用。

在阶级社会中，经济结构和政治结构都是被某种阶级控制着，掌握着生产资料和国家政权的统治阶级也一定要控制文化结构。这是因为，文化结构对经济结构尤其是政治结构有巨大的反作用，它既能维护和促进经济结构和政治结构，也能破坏和阻碍经济结构和政治结构。因此，马克思认为，统治阶级总是"调节着自己时代的思想的生产和分配"，"占统治地位的思想不过是占统治地位的物质关系在观念上的表现，不过是以思想的形式表现出来的占统治地位的物质关系；因而，这就是那些使某一个阶级成为统治阶级的关系在观念上的表现，因而这也就是这个阶级的统治的思想"①。

为了领导无产阶级同资产阶级的统治进行斗争，马克思不仅对资产阶级控制的文化结构进行了尖锐的批判，而且也对封建贵族支持的宗教神学进行了无情的揭露。批判性和否定性是马克思文化结构理论或意识形态理论的突出特点。马克思之所以坚持不断地开展意识形态批判，与他对思想文化相对独立性的认识有关。在他看来，虽然思想文化受经济结构和政治结构的制约，但是思想文化产生后有其自己发展变化的相对独立性，不仅各种文化形式都有自己的思想继承性，都是在特定的文化传统中发展演化的，而且各种文化形式对经济生活和政治生活都有反作用。尤其是统治阶级控制的意识形态，决不会因为经济和政治的发展变化而自动退出历史舞台，统治者将顽固地利用他们对意识形态控制的优势或权力，在思想文化中制造种种虚假观念和错误理论，来维护和加强他们对劳动群众的控制。因此，必须坚持不懈地开展文化结构里的意识形态批判。

马克思从实践观点出发阐述的社会结构理论，同社会实践一直保持着密切的联系，马克思无意构造完整的社会结构理论体系，但是由于他面向整体性的社会实践过程，社会生活的各个方面都不可避免地进入他的理论视野。正是怀着解放无产阶级、解放全人类的理想和强烈的参与现实的精神，马克思阐述了具有强烈批判性并且比较系统的社会结构理论。

四、社会结构的矛盾运动

实践是人们现实的社会活动，从实践出发来分析社会结构，看到的一定是动态变化的过程。因此，同结构主义对社会结构的理论抽象不同，马克思不仅揭示了社会结构的构成要素和展开层面，而且还论述了社会结构的运动变化，包括社会结构运动的动力、过程和趋向等等方面。

马克思认为，物质生产力是社会结构运动变化的根本动力。因为整个社会结构

① 马克思恩格斯选集：第1卷．3版．北京：人民出版社，2012：178－179.

实质上是人类实践活动的展开形式，社会结构要以人类的生命存在为前提，而人类的生命存在又必须以满足人们的物质生活需要为前提，所以，征服自然、获取物质生活资料的生产力就具有了最根本的意义。马克思指出："人们为了能够'创造历史'，必须能够生活。但是为了生活，首先就需要衣、食、住以及其他东西。因此第一个历史活动就是生产满足这些需要的资料，即生产物质生活本身。同时这也是人们仅仅为了生活就必须每日每时都要进行的（现在也和几千年前一样）一种历史活动，即一切历史的一种基本条件。"①

马克思一贯认为，生产力一定要处于不断的发展变化中，"随着新生产力的获得，人们改变自己的生产方式，随着生产方式即保证自己生活的方式的改变，人们也就会改变自己的一切社会关系。……生产力的增长、社会关系的破坏、思想的产生都是不断变动的"②。生产力变化的原因一方面在于人们的物质生活资料需求必须不断地得到满足，并且人们的物质生活需求不断地增长，这又推动着人们努力提高生产效率，而生产效率的提高关键在于改进生产工具。生产工具是生产力发展水平的标志，"手工磨产生的是封建主为首的社会，蒸汽磨产生的是工业资本家为首的社会"③。可见，生产工具的发展变化不仅提高了生产效率，而且还改变了生产关系乃至整个社会结构的性质。

虽然生产力是在人类有意识有目的地征服自然的生产实践中形成的，但是当马克思从社会发展根本动力来考察生产力时，主要强调生产力是客观的物质力量。由此马克思认为，承认生产力在社会发展中的根本动力作用，就从根本上否定了从主观意识方面强调社会发展变化的唯心主义观点。马克思的这个观点被认为是历史唯物主义的根本观点，西方一些学者认为马克思的这个观点具有机械决定论倾向。马克思确实明确地强调了生产力的决定作用，他指出："人们能否自由选择某一社会形式呢？决不能。在人们的生产力发展的一定状况下，就会有一定的交换［Commerce］和消费形式。在生产、交换和消费发展的一定阶段上，就会有相应的社会制度形式、相应的家庭、等级或阶级组织"④。但是，仅仅据此就断定马克思有机械决定论倾向，理由尚不够充分。因为马克思在肯定生产力的客观物质性时，又论述了人或劳动者在生产力中的能动作用，同时还强调了生产力的发生和运动都是在人的交往关系中展开的。

在《德意志意识形态》中，交往被马克思看作同生产具有同等重要地位的社会发展动力之一。当时，马克思所说的交往主要指商品贸易等经济活动，有时也指借助语言开展的人际交流。后来，马克思的交往概念被发展为生产关系概念。生产关系是人们在生产活动中结成的人与人之间的关系，生产关系和生产力是生产过程中

① 马克思恩格斯全集：第3卷．北京：人民出版社，1960：31-32.

② 马克思恩格斯全集：第4卷．北京：人民出版社，1960：144.

③ 马克思恩格斯全集：第4卷．北京：人民出版社，1960：144.

④ 马克思恩格斯选集：第4卷．3版．北京：人民出版社，2012：408.

同时存在的两个方面。人们常称生产力和生产关系是内容和形式的关系，生产力决定生产关系，生产关系反作用于生产力，生产力不断发展，发展到一定程度，原有的生产关系就无法适应生产力的发展，对生产力产生束缚作用。特别是当生产工具发生质的变化、生产力水平大幅度提高时，生产关系再不发生相应的变化，生产力就会受到破坏，代表先进生产力的先进阶级就会发动推翻现有生产关系的社会革命。

马克思用来概括生产力和生产关系矛盾关系的概念是生产方式。在马克思看来，“各种经济时代的区别，不在于生产什么，而在于怎样生产，用什么劳动资料生产。劳动资料不仅是人类劳动力发展的测量器，而且是劳动借以进行的社会关系的指示器”①。用什么样的劳动资料即用什么样的生产工具生产，决定了生产力的性质与水平，并进而决定了生产关系的变化。因此，作为生产力和生产关系统一体的生产方式，变化的关键来自生产工具的变化。而生产方式的变化，即怎样生产，是划分经济时代、社会发展阶段和社会形态的标准。进一步说，以生产工具为标志的不同性质和水平的生产力和生产关系的矛盾统一——生产方式是社会发展的决定力量。

马克思关于生产方式决定社会运动发展的观点，主要包含以下几方面的内容：首先，生产方式是全部社会生活的基础，是最重要的物质生活条件；其次，生产方式决定了社会的性质和面貌，即判别社会性质和展开形式，应当到生产实践中去找，看这个社会是以什么样的生产工具、以什么方式来生产的；生产方式的变革和发展推动了社会形态的发展变化，人类社会的历史实质上是生产方式的演化史。

社会形态是马克思用来论述社会结构不同类型的概念，它标志着“具有独特的特征的社会”，列宁把马克思的社会形态概念解释为经济结构和上层建筑的统一体，他指出，马克思在《资本论》里“完全用生产关系来**说明**该社会形态的构成和发展，但又随时随地探究与这种生产关系相适应的上层建筑，使骨骼有血有肉”②。后来，人们又进一步把社会形态界定为经济基础和上层建筑的统一。

经济基础同经济结构有所区别。经济结构包括某一社会中存在的各种生产关系，是各种性质的生产关系的总和，而经济基础仅指某一社会中占统治地位的生产关系，处于被统治地位的生产关系则不在经济基础范畴之内。上层建筑是指建立在特定经济基础之上的政治、法律制度和设施，以及政治法律思想、宗教、伦理、文学、艺术和哲学等社会意识形态。从外延上看，上层建筑似乎是政治结构和文化结构之和。其实，这里还是有一定区别的。如果把经济结构理解为各种生产关系的总和，那么与经济结构相应的政治结构就不应仅指某一社会中占统治地位的政治因素，处于被统治地位的政治因素也应当被包括在政治结构范畴之中；与经济结构相应的文化结构也不应仅指某一社会中占统治地位的意识形态，还应包括那些被视为

① 马克思恩格斯文集：第五卷．北京：人民出版社，2009：210.

② 列宁选集：第1卷．3版修订版．北京：人民出版社，2012：9.

异端的反意识形态因素。反之，如果从经济基础来看待上层建筑，因为经济基础是占统治地位的生产关系的总和，建立于其上的政治制度、政治设施和意识形态，就一定是该社会中占统治地位的政治和文化因素。

于是，用社会形态概念来把握社会结构发展不同类型的特点就显而易见了，即从社会形态概念来考察社会结构类型，是从占统治地位的经济、政治和文化因素来划分社会结构类型的，它注重的是处于支配地位的各种社会因素的矛盾统一关系。这种把握社会结构类型的方法是合理的，任何一个社会的本质特征和展开状态，确实只能通过占统治地位的社会因素才能认识清楚。

经济基础同上层建筑是辩证统一的关系。一方面，经济基础决定了上层建筑的产生、性质和发展；另一方面，上层建筑可以反作用于经济基础，它适应经济基础时有促进作用，不适应经济基础时有阻碍作用。马克思认为，当新生产关系占统治地位，成为某种社会形态的经济基础时，与之相应并建立于其上的上层建筑同经济基础是基本相适应的关系；而当生产关系有了发展，上层建筑不能同步变化时，就会对经济基础有阻碍作用。从马克思的论述中可以看出，上层建筑的实质是精神因素，它同作为现实的经济基础相比，既有超前的可能，也有落后的可能。没有超越现实的新意识形态对现实生活进行批判性指导，新生产关系或新经济基础是不可能建立起来的；但是由于意识形态的相对独立性，某种意识形态一经形成，尤其是当它成为某种具有完整系统性的理论体系时，就会渐渐落后于现实的发展，故步自封，最终成为阻碍社会发展的因素。但是，由于生产力在永远不停地发展，一定要推动生产关系乃至经济基础发生变化，束缚经济基础发展的旧上层建筑将被社会革命推翻，进而建立新生产关系或新经济基础，同时也形成新上层建筑。于是，经济基础同上层建筑的矛盾关系又在新的层面上开始新的运动。

马克思用生产方式和社会形态两个概念概括了社会生活的三种层面、两种基本矛盾关系。这三种层面是生产力、生产关系（占统治地位的生产关系是经济基础）、上层建筑。这三种层面实质也是三种矛盾关系：生产力展开的是人与自然的关系，生产关系或经济基础展开的是人与人之间的物质利益关系，而上层建筑展开的则是人与人之间的精神关系。毛泽东把马克思关于生产方式和社会形态所展开的矛盾关系称为社会基本矛盾。

生产力和生产关系的矛盾、经济基础和上层建筑的矛盾，是推动社会向前发展的基本动力。马克思及其后继者们都认为，这两对矛盾作为社会发展基本动力共同推动社会向前发展，但是两对矛盾在社会发展中的地位是不同的。生产力和生产关系的矛盾关系同经济基础和上层建筑的矛盾关系相比是更为基本的，社会的发展变化归根结底应当到生产实践中去找，到生产实践中展开的人与人的物质利益关系中去找。

认为物质生产中包含着社会发展的根本动力，不仅体现了马克思的唯物主义观点，更重要的是体现了马克思的群众史观。因为，物质生产是以劳动群众为主体的实践过程，正是群众通过自己的物质力量，从征服自然的过程中获得了物质生活资料，维持了人类的生命存在与延续。并且，掌握着机器的工人是先进生产力的代表，是革命阶级。当旧的上层建筑束缚经济基础并限制生产力发展时，工人阶级就必然通过阶级斗争来实现上层建筑和经济基础领域里的社会革命，使社会获得向前发展的直接动力。

总之，马克思通过揭示社会结构的各种矛盾关系论述了社会发展变化的动力，人类社会有史以来正是在生产力、生产力与生产关系的矛盾、经济基础与上层建筑的矛盾，以及阶级斗争的推动下不断向前发展的。原始社会、奴隶社会、封建社会、资本主义社会和社会主义社会，是在这些动力的推动下演化出的人类社会的五种形态。

五、社会实践的异化与批判

虽然马克思把社会实践、尤其是生产实践看作人类的生命形式，整个社会结构不过是社会实践的展开形式和矛盾关系，要想真正认识和理解人类社会的存在与发展，必须从社会实践出发，但是，马克思认为，在各种条件限制下的社会实践，往往是以扭曲的形式存在的。从社会实践出发认识和解释社会现象，不是从它的既存的直接形式出发，而是从它的本质规定性出发；不是把当下发生的实践过程都看作真实存在而去进行客观性描述，而是要揭露虚假、批判谬误，在否定现存弊病中追求社会的健康发展。

在《1844 年经济学哲学手稿》中，马克思充满理想主义色彩地称生产劳动为人类的生命本质。他指出，有意识地改造世界的生产劳动是人同动物的根本区别，人在生产劳动中把自己的聪明才智和意志选择对象化到自然中，自然获得了人化，人的生命本质和创造能力在生产劳动中得到了实现。因此，生产劳动应当是人类的生命需要，人们在生产劳动中得到的应当是愉快和幸福。然而，事实却与此相反，工人在生产劳动中获得的不是自己生命价值的实现，而是生命价值的丧失。生产劳动不仅不能给工人带来愉快和幸福，反而成为吞噬工人生命的过程。工人在生产劳动中付出的越多，得到的越少；工人创造的产品越丰富，他们的生活越贫穷。生产劳动已同劳动群众的愿望和意志格格不入，它不再是人类生命本质的体现，而是生命活动的异化。

异化（alienation）是马克思从德国古典哲学那里引用来的概念，指事物在其发展过程中，它的活动结果作为从母体中分化出去的异己力量，成为制约、压迫和损害母体的对立物，尤其指人的活动结果同人生命活动的对立与冲突。马克思用“异化劳动”（alienated labor）概念来概括资本主义私有制条件下工人的生产劳动状况。马克思认为，资本主义私有制使生产劳动变成了工人阶级和劳动群众生命本质的对立物，人们在生产劳动中折磨、摧残自己，生产劳动已经彻底变成统治、压迫和剥削劳动群众的异己力量，其具体表现在四个方面：

首先，工人同自己的劳动产品相异化。“工人把自己的生命投入对象；但现在这个生命已不属于他而属于对象了。因此，这个活动越多，工人就越丧失对象。凡是成为他的劳动产品的东西，就不再是他本身的东西。因此，这个产品越多，他本身的东西就越少。”[①] 这不仅仅是因为劳动者把自己的智力与体力对象化到产品中去了，而且是因为这些产品在本质上是对劳动者价值的贬损，所以“工人生产得越多，他能够消费的越少；他创造价值越多，他自己越没有价值、越低贱；工人的产品越完美，工人自己越畸形；工人创造的对象越文明，工人自己越野蛮；劳动越有力量，工人越无力；劳动越机巧，工人越愚钝，越成为自然界的奴隶”[②]。

其次，工人与他的劳动活动相异化。工人在资本主义私有制条件下的劳动，是不断丧失自身的过程。工人对生产劳动非常厌恶，他们在资本家的强制下生产，只要“肉体的强制或其他强制一停止，人们就会象逃避鼠疫那样逃避劳动”[③]。工人在劳动活动之外，才能感受到一些愉快。劳动完全成为人们维持自己生命存在而不得不利用的手段，并且，工人对这个手段利用得越多，生命遭受的摧残越大，生命结束得越快。

再次，工人同自己的类本质相异化。马克思指出：“通过实践创造对象世界，即改造无机界，证明了人是有意识的类存在物，也就是这样一种存在物，它把类看作自己的本质，或者说把自身看作类存在物”，“正是在改造对象世界中，人才真正地证明自己是类存在物”[④]。马克思把以群体形式开展生产劳动称为人的“类本质”，认为有意识地改造世界的生产劳动是人同动物的根本区别。正是在生产劳动中，人才能把自己的目的、计划和理想转化为现实，才能证明自己同动物的本质区别。但是，在资本主义私有制条件下，生产劳动的这种类本质已经丧失，因为工人在生产劳动中不仅不能实现自己的本质力量，反而成为完全被制约和奴役的对象。

最后，人同人的关系发生异化。马克思对人的类本质的论述，包含了对人与人的交往关系或群体关系的肯定，因为人不是单个存在物，而是社会关系的总和。人只有在同他人的社会联系中才能开展生产劳动。如果生产劳动是人的类本质，那么人们的社会联系同人的存在与发展是一致的，人应当在社会联系或交往关系中获得快乐与幸福。事实上，因为异化劳动，不仅人们在生产过程中结成的相互关系被扭曲了，完全成为被控制的、为了生产产品的物的关系，人的情感交流和意愿沟通都被限制和排斥了，而且建立在生产劳动基础上的其他社会关系也成为压迫工人、令工人十分憎恨的人际关系。特别是工人同资本家的关系，因为异化劳动而变成尖锐的、不可调和的阶级敌对关系，阶级对立、阶级冲突成为资本主义私有制社会中的

---

① 马克思恩格斯全集：第 42 卷．北京：人民出版社，1972：91.

② 马克思恩格斯全集：第 42 卷．北京：人民出版社，1972：92－93.

③ 马克思恩格斯全集：第 42 卷．北京：人民出版社，1972：94.

④ 马克思恩格斯全集：第 42 卷．北京：人民出版社，1972：96.

基本社会关系。

马克思对异化劳动的这些分析，是从生产劳动作为人的生命本质这种理想要求出发对资本主义条件下物质生产实践的批判。从《莱茵报》时期开始，马克思对他所面对的生活实践一向持批判态度，正是因为用应然性的价值理想来衡量现实，马克思才能判断出现实的虚假谬误，才能坚定不移地提出开展阶级斗争，通过夺取政权建立无产阶级专政，推翻资本主义私有制，实现共产主义，彻底克服异化劳动的主张。

生产实践的对象化是其本质特点，但是对象化不一定导致异化。尤其是，马克思认为异化劳动是特定历史条件下的产物，更明确地说，异化劳动根源于资本主义私有制。推翻资本主义私有制，是马克思领导无产阶级开展同资产阶级斗争的直接目标。在后来写作的《哲学的贫困》《德意志意识形态》《共产党宣言》以及《资本论》等著作中，阶级斗争都是马克思论述的主要内容之一。开展武装斗争、实行暴力革命，被马克思看作阶级斗争的有效形式之一。

阶级斗争学说是马克思社会学理论的重要内容。在马克思之前，英法社会主义者、法国历史学派等对阶级和阶级斗争问题都有过丰富的论述。马克思的阶级斗争学说以生产实践为基础，批判地继承了这些阶级斗争学说，概括了当时无产阶级同资产阶级的斗争。马克思在谈到他的阶级斗争学说时指出："无论是发现现代社会中有阶级存在或发现各阶级间的斗争，都不是我的功劳。……我所加上的新内容就是证明了下列几点：(1) **阶级的存在**仅仅同**生产发展的一定历史阶段**相联系；(2) 阶级斗争必然导致**无产阶级专政**；(3) 这个专政不过是达到**消灭一切阶级**和进入**无阶级社会**的过渡……"① 这里，马克思清楚地阐述了他的阶级斗争理论同别人的阶级斗争理论的根本区别，揭示了阶级的产生、阶级斗争的实质，认为要理解阶级斗争，必须将其同生产实践的发展联系起来，开展阶级斗争必然要导致无产阶级专政，而实现无产阶级专政的根本目的是消灭阶级、进入无阶级社会。

马克思和恩格斯都非常重视阶级斗争在社会发展中的作用，他们指出："我们一贯强调阶级斗争，认为它是历史的直接动力，特别是一贯强调资产阶级和无产阶级之间的阶级斗争，认为它是现代社会变革的巨大杠杆；所以我们决不能和那些想把这个阶级斗争从运动中勾销的人们一道走"②。马克思论述过多种形式的阶级斗争，人们一般把马克思关注的阶级斗争划分为三种基本形式：经济斗争、政治斗争和思想斗争。其中经济斗争是阶级斗争的初级形式，以争取经济利益为直接目标，思想斗争主要表现为意识形态领域里的斗争。政治斗争是阶级斗争的主要形式，以夺取政权为直接目标。政治斗争的最高形式是改变政权性质和社会形态的社会革命。马克思把社会革命称为"历史的火车头"，认为由进步阶级特别是无产阶级发动的社会革命，将从政治、经济和文化各个层面引起社会的变革。

---

① 马克思恩格斯选集：第4卷.3版.北京：人民出版社，2012：425-426.

② 马克思恩格斯选集：第3卷.3版.北京：人民出版社，2012：739.

关于思想斗争，马克思认为，虽然无产阶级是先进阶级，但是它必须用革命理论武装起来才能成为名副其实的先进阶级。否则，无产阶级只能作为一个自在的阶级存在，也只能开展以直接经济利益为目标的经济斗争，在政治和思想文化上的被统治地位将无法改变，并且它们根本的经济利益也无法取得。只有建立无产阶级的革命学说，教育工人群众懂得一定程度的革命理论，才能使他们清楚地意识到自己的阶级地位和历史使命，形成明确的阶级意识和较高的阶级觉悟，由自在阶级转变为自为阶级，在自觉的阶级斗争和社会革命中解放自己、最终解放全人类。

思考题

1. 怎样理解马克思主义社会学在基本立场和方法原则上同实证社会学、解释社会学的区别?

2. 如何理解与评价以实践观点为基础开展社会学研究的方法论意义?

3. 怎样理解历史唯物主义同马克思主义社会学的关系?

4. 马克思怎样论述社会结构? 同实证社会学和解释社会学关于社会结构的理论有何异同?

5. 马克思怎样论述社会结构的矛盾运动?

6. 马克思怎样阐述异化劳动? 异化劳动理论的基本观点有哪些?

推荐阅读书目

1. 马克思. 1844年经济学哲学手稿. 北京：人民出版社，2000.

2. 关于费尔巴哈提纲//马克思恩格斯文集：第1卷. 北京：人民出版社，2009.

3. 德意志意识形态//马克思恩格斯文集：第1卷. 北京：人民出版社，2009.

4. 共产党宣言//马克思恩格斯文集：第2卷. 北京：人民出版社，2009.

5.《政治经济学批判》序言//马克思恩格斯文集：第2卷. 北京：人民出版社，2009.

6. 家庭、私有制和国家的起源//马克思恩格斯文集：第4卷. 北京：人民出版社，2009.

7. 路德维希·费尔巴哈和德国古典哲学的终结//马克思恩格斯文集：第4卷. 北京：人民出版社，2009.

8. 刘少杰，等. 经典马克思主义社会学理论史. 北京：中国人民大学出版社，2020.

第七章
齐美尔的社会形式论

本章要点

本章介绍了齐美尔社会形式论的思想来源和时代背景，评析了齐美尔关于社会互动形式、互动矛盾和互动规模以及社会群体在现代社会的发展等方面的理论观点，论述了研究社会互动形式的理论意义与实践意义。

关键概念

社会形式；社会互动；互动矛盾；互动规模；文化悲剧

社会学的研究对象问题，自社会学问世后就一直困扰着社会学家。当迪尔凯姆提出以社会事实作为社会学研究对象，并对社会事实作了一些明确限定后，这个问题似乎有了初步答案。然而，仔细推敲迪尔凯姆的限定，人们仍然能够发现许多疑问需要进一步澄清。例如，以外在性的社会现象为研究对象并非仅社会学所为，政治学、经济学等学科的研究对象，同迪尔凯姆限定的社会事实并无明显的区别。与迪尔凯姆同时代的德国社会学家齐美尔，对社会学研究对象作了更深入更丰富的研究，并在此基础上阐述了西方社会学理论中独树一帜的社会形式论，人们常常称之为形式社会学。

一、学术背景

格奥尔格·齐美尔（Georg Simmel，1858—1918）出生于德国一位犹太富商家庭。虽然齐美尔幼年丧父，但是丰厚的遗产使他仍然能够过着富裕的生活。中学毕业后，齐美尔到柏林大学学习历史和哲学。当时，柏林大学有一批声名显赫的学者，如历史学家蒙森、德罗伊森，哲学家赖尔和哈姆斯等。优越的学术环境使齐美尔在上学期间受到良好的熏陶，他不仅广泛地吸收了文史哲各方面知识，而且在一些问题上已有一定程度的研究，并形成了自己的独立见解。1881 年，齐美尔撰写了博士论文《根据康德的自然单子论谈物质的性质》，并获得了博士学位。

凡是提到齐美尔人，无不称赞他是一位才华横溢的学者。从柏林大学毕业后，齐美尔长期在那里任教。开课不久，他的教学就受到热烈欢迎。学生们对齐美尔在课堂上的讲演十分佩服，很多在学术界已有一定地位的学者对他的教学也给予高度评价。人们认为齐美尔在讲台上简直就如同一个技艺高超的演员，滔滔不绝的语言、清晰明澈的思想和具有强烈感染力的神态，不仅能够牢牢地抓住听众的注意力，而且能够把人们的思绪引入他变换迅速的思维过程，穿过层层迷障而抵达问题的根本。

令人遗憾的是，这样一位能力超群的教师，长期在柏林大学担任的仅仅是无薪教师，虽然后来获得了一个“特别教授”的头衔，但这纯粹是一个没有收入的荣誉称号。韦伯等人曾为齐美尔在柏林大学获得正式职位而做过努力，但是未能如愿。一些学者在分析这件事情时认为，齐美尔长期被排斥在正式学术圈子外，与他的学术研究涉猎过宽，阐述的理论观点缺乏系统性有关。也有人认为，齐美尔是一位犹太人，这在反犹太主义盛行时期的德国无疑是很不利的。然而，齐美尔却从未顾及这些，他的学术观点常常因为富于批判性和创新性而引起那些循规蹈矩的大学学术权威的反感。为了排斥这位富有挑战性的学者，维护摇摇欲坠的陈旧理论，那些身居高位的权威对齐美尔作出了许多轻蔑的评价，有人说，一个上学期讲授康德哲学，下学期却发表什么气味社会学、食品社会学或时装社会学的人，我们怎么能给他安排工作呢？

尽管齐美尔在职业上受到了长期挫折，但是他在学术界的影响却越来越大。人们都承认，他和滕尼斯（Ferdinand Tönnies，1855—1936）一起创立了德国社会学，并且是他开始了西方社会学由宏观层面向微观层面的转化。虽然齐美尔在哲学理论上有较浓的兴趣，他的一些著述也保持着一定的抽象程度，但是他对妇女、医疗、犯罪等许多比较具体的现实问题也十分关注。齐美尔开设的课程内容丰富，涉及社会学、历史学、哲学、心理学、政治学、经济学多个领域，不仅广大青年学生在他那里接受了充实而生动的知识，而且像韦伯、卢卡奇、布洛赫、舍勒、曼海姆、阿多尔诺、霍克海默等一大批社会学家和哲学家，也在齐美尔精彩非凡的讲演中获益匪浅。科塞在评价齐美尔的学术影响时指出：“可以毫不夸张地说，从 19 世纪 90 年代到第一次世界大战及战后，没有一个德国的知识分子能够逃脱齐美尔的修辞和辩证技巧的强有力的影响。”[①]

齐美尔的学术与教学活动如此活跃，同他所处的时代背景是分不开的。齐美尔学术与教学活动的高峰期，正是“铁血宰相”俾斯麦当权时期。在强权专制下，统一的德意志帝国在 1870 年对法战争取得胜利后迅速发展起来。在经济上，数以千计的新兴企业雨后春笋般地建立起来，德国的工业产值很快超过了法国和英国，在较短的时间内德国变成了经济实力仅次于美国的高度工业化国家，城市化的进程突

① 科塞．社会思想名家．石人，译．上海：上海人民出版社，2007：176.

飞猛进，到19世纪末，德国城市人口从19世纪初占全国人口的五分之一增加到五分之四，柏林、汉堡、科隆、慕尼黑、莱比锡和法兰克福等城市的规模有了惊人的发展。

不过，经济的发展并没有使德国政治出现与之相称的进步，俾斯麦的极权专制使德国政治陷于反动、落后的局面，在经济上取得辉煌成就的资产阶级怯于俾斯麦的阴险专横，不敢像法国资产阶级那样公开向容克地主或封建贵族争取民主权利，军队、外交、行政权力等仍被封建势力把持着。富有创造性传统的德国知识界适应了经济发展的新形势，在这一时期表现得十分活跃，在哲学、史学、文学艺术等领域出现了一大批在世界上有重大影响的思想家，他们以各种形式表达着资产阶级在政治领域不敢直言的民主和自由的要求。

这种发展迅速而又矛盾重重的德国现实，也反映在齐美尔的学术思想中。蒸蒸日上的德国经济和德国工业，是齐美尔始终以激进的态度抨击时弊、张扬进步的现实基础，他对德国以及人类的前程充满了信心，闪烁不息的思想火花实质上是刚刚获得较强经济实力的德国资产阶级的精神表现。不过，齐美尔充满乐观主义的学术思想是在对各种矛盾关系的分析梳理中阐述的，他关于统治与服从、冲突与凝聚等辩证关系的深刻论述，正是对德国现实的真实概括。

齐美尔著述甚丰，他生前曾发表200多篇文章，其中有三分之一为学术论文，在社会学、哲学、伦理学和文艺批评等方面的著作有20余部，其中影响较大的有：《社会分化》（1890）、《历史哲学问题》（1892）、《伦理学科学导论》（1893）、《货币哲学》（1900）、《社会学：关于社会交往形式的研究》（1908）等等。在齐美尔发表的这些著作中，我们可以发现斯宾塞、康德、柏格森和尼采等人对他有较大影响。

在《社会分化》和《伦理学科学导论》中，齐美尔阐述了社会分化引起社会有机体进化的理论，这实质上是继承或肯定了斯宾塞的社会有机进化论。齐美尔不仅像斯宾塞那样，认为人类社会是从原始群体生活逐渐进化到以个体自主发展为特征的现代社会，而且像斯宾塞那样用许多生物学术语，如遗传、蜕化等，来解释一些社会问题。不过，像对待其他人的学术观点一样，齐美尔对斯宾塞的观点也表现出批判精神。他不同意斯宾塞单纯用生存竞争观点来解释个人之间、种族之间的冲突或战争的做法，认为人类社会的复杂问题同生物界的现象不能在同一个层次上解释。

康德对齐美尔的影响是深刻的，他的形式社会学（formal sociology）主要来源于康德的启发。康德是对近代科学、伦理学、美学何以成立进行全面反省的划时代哲学家，他在《纯粹理性批判》中提出的问题是科学知识何以可能，他用人们头脑中的范畴形式同感性经验的结合回答了这个问题。效法康德，齐美尔要回答社会学知识何以可能，他把社会生活的互动形式作为社会学的研究对象，以此来解决社会学研究的对象及学科地位问题。当然，齐美尔没有简单照搬康德的学说，因为他深知自然科学的问题同社会科学的问题是有本质区别的，康德说明自然科学何以成立的理论不能完全适用于社会学，齐美尔在康德那里主要继承的是关于形式或范畴的理论研究方法。

在晚年，齐美尔的注意力转向生命哲学，这明显受到尼采和柏格森的影响。尼采（Friedrich Wilhelm Nietzsche，1844—1900）把意志和本能冲动看成生命的本质，认为人的生命是意志和本能不断超越自身、超越他人和环境的创造性过程；柏格森（Henri Bergson，1859—1941）也把生命解释为求生存、求创造的意志和本能冲动，认为生命是一个连绵不断、运动不息、不可分割、不断创新的过程，犹如一条神秘的河流澎湃不止地奔腾向前。在尼采和柏格森的影响下，齐美尔晚年经常歌颂不断更新创造的生命力，认为充满活力的生命力支撑和演化着各种社会形式，尤其在他晚年写的一部著作《生命观》中，他沉浸在对生命创造能力的想象和赞美中，他以诗一般的语言歌颂生命，认为生命终将冲破形式的堤岸，创造出"更多的生命和比生命更为重要的东西"。

齐美尔的著述如同他长期生活于其中的柏林市中心的繁华场景，人们在这里可以看到纷至沓来又接踵而去的人群，各种服饰、各种面孔的人们，为着不同的目的，发生着变幻莫测的交往与冲突，千姿百态的社会景观，不断让人耳目一新的生活内容和社会问题，经济学、政治学、哲学、史学和文学艺术等文化形式和语言符号，错综交织、缤纷辉映。齐美尔视野广阔、见地深邃，但他的思想却未能形成一个完整系统的思想体系，他既没创立一个学派，也未留下直接的学术继承人，他在逝世前不久的一篇日记中写道："我知道我死后将不会留下学术的继承人，情况只能是这样。我的遗产如果能够变成观念的话，将会被分赠给很多继承人。每个继承人都将把他们所得的那份按照自己的天性予以使用，而使用之后，人们将忘掉遗产是从何而来的。"① 齐美尔的思想是理论拓荒者的福地，是思想探险家的殿堂。

二、社会互动形式

齐美尔的社会学理论开始于对社会本质的探讨。孔德、迪尔凯姆等人认为社会是独立于个体之外的客观过程，韦伯等人则认为社会的实质是个人行为。齐美尔认为，既不能把社会理解为独立于个体的单纯客观过程，也不能把社会归结为个人行为，社会是由人们相互间的互动过程实现的，它不仅包含着真实具体的个人行为，也表现为具有同样真实具体性的社会互动形式，是两个方面的统一，也可将其称为内容与形式的统一。

作为内容的各种社会互动（social interaction）或社会交往，可以被不同学科从不同视角纳入自己的理论范畴，但是社会互动的形式却是社会学专有的研究对象。齐美尔的这个观点受益于康德又异于康德。在《纯粹理性批判》中，康德批判了欧

---

① 科塞．社会思想名家．石人，译．上海：上海人民出版社，2007：175.

洲传统哲学中的经验论和唯理论。经验论认为，人的认识尤其是科学知识，是对客观事物的反映，真实而正确的科学观念一定起源于直接感知外界的感性经验；唯理论认为，人的正确认识起源于先天固有的理性观念，数学、物理学等科学知识不过是由某些理性观念演绎而成的。康德认为经验论和唯理论都是片面的，它们各执一端，仅仅抓住了正确认识形成的一个方面。在康德看来，正确认识特别是各种科学知识，实质是由一系列"先天综合判断"构成的。当外界事物刺激人的感觉产生一些杂乱无章的现象时，人的头脑中先天固有的感性形式——时间和空间便跃出来整理这些感性现象，然后呈现于人的思维之中，这时便形成了感性认识。在此基础上，头脑中先天固有的知性范畴，如原因和结果、肯定和否定、必然和偶然等等，被激发出来整理感性现象，形成了"先天综合判断"，其实质就是知性范畴同感性经验的综合，或者说科学认识是感性经验同理性形式的双向建构过程。

齐美尔接受了康德关于科学知识的形成要依赖于理性形式的观点，认为不仅自然科学知识是这样，社会学知识也应如此。但是，康德所说的理性形式或知性范畴是人们头脑中先天固有的，被齐美尔作为社会学研究对象的社会形式却不是头脑先天固有的知性范畴，而是人们在社会交往过程中形成的互动模式，是社会现实的表现形式，因此它具有现实性和实践性。齐美尔认为，并不像历史学派和某些人文主义者所言，社会是由一系列一旦逝去就不再重复的、无规律、无普遍性的偶发事件构成的，只能在游移不定中用人们的主观评价和心理体验去阐释和理解社会过程似是而非的意义，一般性或普遍性的社会知识是不可能的。在齐美尔看来，就社会生活的具体内容而言，确实充满了偶然性和不可重复性。但是，当把内容相异的大量社会事件或社会现象联系起来进行抽象概括时，人们会发现不同内容的社会事件往往有着共同的结构关系和表现形式。相邻两国之间的军事斗争，夫妻在家庭中的生活纠纷，两种社会现象似乎没有什么共同之处，但是如果要进行一定程度的抽象概括，就会发现程度、性质相差甚远的两种社会现象却有着共同的表现形式：控制与冲突。

齐美尔认为，把社会互动形式概括出来十分必要，因为只有把具有一般性的互动形式同具体互动内容分离开，才能清楚而真实地把握社会事件的基本特征，才能构建作为一门学科而存在的社会学。他写道："不管引起人们进行各种结交的利益多么不同，这些利益实现的形式却可以是相同的。另一方面，内容相同的利益也可以采取完全不同的结交形式。经济上的利益可以体现在生产者的竞争和有计划的组织中，即体现在与其他群体的隔离对立或与其他群体的联合中。宗教的生活内容虽然仍然相同，但就其形式而言，有时不需要协调一致，有时却需要社区的集中形式。两性关系所依赖的利益要通过几乎是无数的家庭形式才能获得满足。"① 可见，把社会活动形式作为社会学研究对象不仅是必要的，而且还因为它的复杂性和丰富性，会给社会的研究展开广阔的空间。

---

① 约翰逊．社会学理论．南开大学社会学系，译．北京：国际文化出版公司，1988：323.

齐美尔曾提出要建立关于社会形式的社会几何学，即一种首先把社会生活形式化，然后再来研究社会问题的社会学。在他看来，几何学把事物的形式概括出来，进行抽象的图形研究，由此而获得了巨大成功，沿着这条思路，社会学也能在千变万化的社会生活中抽象出一般性的形式，达到对社会生活的成功把握。他列举了一些社会互动形式来说明他的意图："统治与服从，竞争，劳动分工，党派的形成，代表制，与排外倾向相联系的内部团结，以及其他无数类似的特征……"，这些形式可以在"国家、宗教社区、阴谋集团、经济联合体、艺术院校以及家庭"中有所表现。[①] 尽管这些形式所包含的特殊内容是偶然易变的，但是这些形式本身却具有相对稳定性，对它们进行系统研究，把握其中的基本关系后，就可以用这些形式或范畴来理解和把握特殊社会事件的一般性。

从齐美尔的论述可以看出，尽管他未能提出关于社会形式的系统理论，但是他的实质意图不过是极力寻求解释复杂多变的社会生活的一般理论模式。当然，齐美尔对社会互动形式的抽象程度不是很高的，同德国古典哲学的形而上学范畴相比，很多被齐美尔认为具有普遍性的社会形式概念，同经验事实并未形成多大距离，或许这正是齐美尔注重社会微观层面研究的表现之一。

D. N. 莱文对齐美尔的社会形式理论做了比较详尽的研究，他把齐美尔讨论过的形式划分为：社会过程、社会类型和发展模式三个层面。社会过程中的形式，是指那些直接发生的社会活动的形式，例如分工、孤立、冲突、竞争、联合、抗衡、交谈等等；社会类型中的形式，是指划分社会成员的角色模式和阶层地位的形式，例如中间人、仲裁人、上等人、下等人、中等人、富人、妇女、穷人、贵族等等；发展模式层面的形式，是指社会进化发展中展现出来的某些形式，例如社会分化、社会变迁、社会组织的转变等等。从莱文对齐美尔社会形式概念的这种划分可以看出，齐美尔也有系统地说明社会各种互动形式的意图，并且他的社会形式表现出了一定的层次性。

三、社会互动矛盾

齐美尔在论述各种社会互动形式时，不是停留在对互动形式的简单描述上，而是努力揭示了各种社会互动形式中的矛盾关系。实际上，当他揭示出社会生活中的矛盾关系时，也就概括出了社会的互动形式，在现实生活中，诸如竞争、分工、交往等社会互动形式，本身就包含着非常复杂的矛盾关系，只有对社会互动形式的内在矛盾做出明确的透析，才能对社会互动形式有比较具体的正确认识，否则只能停留在社会互动形式的表面，在罗列一个又一个的空洞形式中走向形式主义。齐美尔

① 约翰逊．社会学理论．南开大学社会学系，译．北京：国际文化出版公司，1988：323．

运用自如地坚持了德国古典哲学的矛盾分析传统，在分析梳理各种社会形式的复杂矛盾关系中，阐述了丰富的社会辩证法思想。

可以说，有多少社会互动形式就有多少矛盾关系，当齐美尔面对这些纷繁复杂的矛盾关系时，他重点论述了统治与服从、冲突与凝聚这两对社会互动形式中的矛盾关系。从他的论述可以看出，这两对社会互动形式中的矛盾是被作为社会生活的基本矛盾来看待的，也就是说，它们被认为是社会互动或社会交往中发生最普遍并且起着制约其他矛盾关系作用的矛盾。

关于统治与服从，齐美尔首先根据服从个人、服从多数人、服从一般原则三个标准对之进行划分。服从个人是指领袖或英雄以个人形式对社会成员进行统治，领导者依靠自己的权力、魅力来赢得社会成员的认同，然后采取各种手段使自己的意志变成社会成员的一致行动，统治与服从的矛盾因此而得到了协调。齐美尔认为，服从个人最大的弊端是容易产生领导者和服从者之间的对立，并且服从者往往因为对领导者的共同不满而一致地同领导者对立，相反，服从者一致赞同领导者的情况却很难发生。然而，如果服从者之间的异质程度较高，这将由于服从者之间产生某些分歧而缓解服从者同领导者的紧张。另外，假如领导者能够及时发现他同服从者之间的紧张，主动提供一种领导者同服从者之间的共同物，二者之间的分裂对立也可缓解，例如，共同的宗教信仰和抵御外来侵略都可以起到这种作用。

齐美尔还对服从个人这种形式作了进一步划分。一种划分是等式服从和等级式服从的划分。当统治者消除了服从者之间在权力和等级上的差别，在他的统治下服从者彼此是平等的时候，等式服从就实现了。等式服从适用于专制统治，掌握绝对权力的统治者可以利用服从者的同等性而使他们之中的任何一个人失去发动成功反抗的能力。等级式服从是服从者内部建立了中间等级，这种服从或统治模式有利于缓冲统治者和最低层服从者之间的紧张对立，它既可以是统治者有意建立起来的，又可能是服从者在一定程度上抵消了统治力度，获得了分化自己的条件而确立的。另一种划分是区别服从者对群体内部某个成员的服从和对群体外部某个成员的服从。这两种情况各有利弊。齐美尔认为，究竟选择哪种服从，往往同群体成员的整体社会地位有关。群体的社会地位越低，统治者出现在群体以外的可能性越大；相反，群体的社会地位越高，成员们越有可能在群体内部认同一个统治者。

服从多数人的模式被齐美尔认为是比较客观的，因为多数人组成的统治，可以在一定程度上克服个人的偏见，能够使服从者获得比较公正、不太严厉的统治。但是，多数人的统治也有不利的一方面。在多数人统治中，统治者的个人意志常常融入群体意志，或以群体意志的面目出现，在一定程度上弱化了个人在统治权力行使中的介入性，往往会出现统治者逃避个人责任，不能根据个别情况对统治做出适当调控，结果产生对服从者更无情的控制的情况。齐美尔还从不同统治者的内部矛盾、级别不同的统治者之间的冲突等方面来讨论多数人统治的复杂性。

齐美尔对第三种服从模式——对思想原则的服从的讨论带有较浓的形而上学的色彩。服从思想原则，如服从法律，一般被认为比服从个人或某个统治集团要好些，因为原则和法律都明显是一般性和普遍性的，它是对个人意志和集体独裁的直接否定，它的贯彻将保证在原则和法律面前人人平等。齐美尔认为，不能仅仅用法律原则的强制性来维护这种服从模式，而且还要强调思想原则的超验性。进一步说，仅仅通过法律形式实现思想原则的统治是简单而有限的，必须把它们升华为人们某种价值理想，作为超越现实的道德原则和精神标尺，才能使社会成员——无论是统治者还是服从者——都自觉自愿地信奉这些思想原则，协调的统治与服从才能平稳地维持下去。

关于冲突和凝聚，齐美尔也发表了许多独到见解。人们一般把冲突同凝聚对立起来，认为冲突是对凝聚的破坏。齐美尔认为这种看法过于肤浅，冲突不仅不是对凝聚的破坏，反而是凝聚不可缺失的因素。直接破坏凝聚、消解统一的是未被人们重视的不介入——不发生任何形式的互动。无论靠何种凝聚力形成的社会统一，总是包含着不同程度的冲突。只有统一在一起的各方，相互之间始终存在明显或潜在的差异对立、紧张和排斥等关系，才说明各方面在统一中保持着个性，即个人或个别群体的特殊地位、特殊利益、特殊品格被坚持和维护着，在这种情况下，社会统一才是有具体内容和生命活力的。如果没有统一各方之间的紧张和排斥关系，个性就会被泯灭，统一体中的某一方就会以其绝对优势或以统一体的名义吞没其他方面，这时统一体就失去了内在差异和具有丰富内容的内在联系，活力也就随着统一体的抽象而丧失殆尽。

齐美尔这里实质上是继承和发挥了黑格尔和马克思的辩证统一思想。在黑格尔和马克思看来，事物的统一都是包含差异性的统一，其中既有对立面的斗争性（冲突），也有对立面的同一性（凝聚）。同一性既是对立面联结的纽带，也为对立面提供了斗争的场所，规定了统一体发展的方向；斗争性作为相互区别、相互排斥、相互否定的因素，不断在产生紧张中坚持对立面的个性。正是对立面的斗争性和同一性共同维持着统一体，共同推动着事物向前发展。由此可见，齐美尔对冲突和凝聚的解释，不过是对这些辩证法思想的发挥和具体运用。

齐美尔用这种矛盾分析的方法，进一步分析了冲突的不同形式及其社会效果，冲突引起群体内部和群体外部关系的变化，消除冲突、缓解冲突的不同形式和社会机制等等，在其精微细致的分析中，常常闪烁着使人受到深刻启示的智慧之光。齐美尔把辩证法推及社会学研究，给社会学家提出了一个十分重要的问题：究竟怎样看待辩证法同社会学的关系？在孔德和斯宾塞等人那里，辩证法是被否定的，他们认为必须以实证方法取代黑格尔的辩证法，只有这样才能保证社会学能直面社会现象，得出确实结论。

其实，辩证法并不一定同社会学实证研究完全对立。在黑格尔包罗万象的哲学体系中，辩证法保持最普遍的理论视界，黑格尔以极其抽象的概念系统来表达它。但是，无论辩证法理论被抽象到何种程度，它作为认识事物的矛盾分析方法，都可以去直面经验事实，做出抵达事物本质的解释，这一点在黑格尔的《小逻辑》中是随处可见的。

当马克思走出无所不包的形而上学大厦，面对活生生的社会实践时，辩证法的本体论特点和逻辑学色彩逐步淡化，而辩证法作为认识和理解事物的矛盾分析方法则得到了充分发挥。如果说马克思在《德意志意识形态》《〈政治经济学批判〉序言》等著作中关于社会结构、社会发展的丰富论述是理论社会学的重要内容（这是西方社会学家公认的），那么马克思的社会学首先是对社会坚持辩证批判和矛盾分析的理论。马克思关于社会结构、社会冲突、社会变迁等方面的深刻论述，至今仍然对西方和东方社会学都具有不可忽视的影响，他的成功与辩证法在社会研究中的运用是分不开的。

孔德和斯宾塞强调实证研究的绝对客观性，这显然同辩证法尖锐对立，因为无论在黑格尔还是在马克思那里，辩证法都是一种按照某种价值准则而对现实展开理解、评价和批判的方法，它得出的结论是价值评价和事实认识的统一，辩证法否认纯粹外在于人的客观性，这一点实证主义者接受不了，其实孔德和斯宾塞也未达到纯粹的客观性。辩证法尤其是马克思的辩证法，还有同实证方法可以沟通、相容的层面。实证方法强调面向经验事实，辩证法也不是必定远离经验事实。辩证法作为一种普遍性的思维方法，既可以指导人们去思考那些宏观的、具有高度概括性的理论问题，也可以从一般深入个别，直接去理解那些具体的社会现象，齐美尔对大量经验事实的成功的辩证分析，就是一个有说服力的明证。因此，不应当把社会学研究同辩证法简单对立起来，而应像马克思和齐美尔那样，寻找把辩证法运用于社会学研究的更有效的方式和更广阔的途径。

四、社会互动规模

社会互动规模问题，主要是从参与互动人数的多少影响互动形式的角度提出的。齐美尔的基本观点是：参与社会互动的人数发生变化时，社会互动形式也会随之发生有规律的、可以预测的变化。因此，研究社会互动的规模就变得很有实际意义。

齐美尔很深入地分析了二人群体和三人群体因人数不同而在互动形式上的区别。在他看来，二人群体虽然结构简单，但是二人之间的互动关系却不一定简单。首先，二人群体联系的密切程度要高于三人群体，例如夫妻关系，二人群体的存在依赖于双方的认可与维持，任何一方都有能力使这个群体解散，因此，维持二人群体的存在要比维持其他群体付出更大的努力，双方都要在需要、意愿、情感、品性以及风格习惯等方面充分理解和体谅对方；其次，二人群体的亲密性导致了排他性，双方确信不能再有另一方享有同样的互动形式，二人群体互动中的许多表达方式是不能被加于第三者的，尤其在情感沟通方面，双方对对方要求得更为严格，排他性既可以稳定二人群体的关系，又可以使这种关系变得封闭和脆弱；最后，二人群体的冲突往往容易发生并表现得比较强烈，这也是由二人群体的亲密性引起的。有些在局外人看来无足轻重的小事，也有可能在二人群体中引起激烈冲突，但是激烈的冲突却维系着深沉的情感关系。

虽然三人群体仅仅比二人群体增加了一个成员，但是互动形式却发生了许多实质性的变化。三人群体的突出特征是群体获得了支配个体的能力。在二人群体中，群体不具有独立性，成员只能以个人的身份制约对方；由于三人群体可以出现少数服从多数的情况，当少数同多数发生对立时，他仅作为个人存在，而多数仍然能保持群体的资格，于是多数便能够以群体的地位制约那位作为少数的个人。齐美尔认为这种变化很有意义，它使三人群体获得了社会生活的丰富内容，自由和制约、自治和他治、个人和群体、少数和多数等复杂社会关系在三人群体内都可以发生，三人群体由此成为最基本的完整的社会单位。

齐美尔充分论述了第三者在三人群体中的角色关系。第三者作为三人群体的成员之一，可以扮演的角色主要是中间人、仲裁人、渔利者、分裂者和征服者。齐美尔引用日常生活中的实例来说明第三者角色转换所发生的种种情况，从其丰富的描述中可以看出，他试图揭示这个一般性的道理：群体内的互动形式因角色转化而引起质的变化。进一步的推论是，在分析群体的互动规模时，不仅要注意群体数量的变化，而且还要注意与数量变化相关的质的变化。可见，黑格尔辩证法中的量变和质变辩证统一的思想在这里也得到了发挥。

齐美尔还论述了三人群体以上更大规模的社会群体的互动形式。在他看来，当群体扩大到一定规模时，内部就要产生分化。在一个较大的群体内，一般可以形成数个亚群体，这些亚群体可以有自己的观点和谈话主题，同整体发生一定程度的分离性。为了消除较大规模群体的离心性，需要发展一种把群体凝聚起来的整合机制，在现代社会中这种整合机制主要表现为法律和科层制的建立。

现代法律和科层制在广泛的层面上把社会组织起来，群体规模在高度组织化的社会里越来越大，群体的整合能力也越来越强。与此同时，群体中的个体经受着越来越严重的压抑。在一些控制严密的群体里，群体已不像二人群体那样紧密地依赖个体的意愿和选择而存在，个人的行为直接影响着群体，群体是个体实现自己、展开自己的形式和场所。个人在其面前感到渺小而无为的庞大群体，已经成为同个人的意志、品格和理想格格不入的异化物。群体越制度化、分层化，它同个体之间的距离就越远，而对个体的控制力也越强。

面对社会规模的扩大，群体生活的制度化、科层化和组织化，尼采、海德格尔等哲学家发出悲凉的呼唤：人性在贬损！家园在丧失！世界在异化！快救救这些可怜的人吧！然而，齐美尔却在悲凉中体验到了温暖，在异化中看到了希望。他认为，现代社会群体规模扩大和组织化的同时，还发生着另一种情况，即社会群体的多样化和多重化。群体制度化和组织化压抑了个性，缩小了个性舒展的空间，而群体的多样化和多重化却丰富了个性、拓展了个性实现和发挥的空间。齐美尔在对群体发展的历史考察中说明了这个道理。

像斯宾塞、迪尔凯姆等经典社会学家那样，齐美尔也认为社会经历了从同质性因素构成的简单体系向异质性因素构成的大型的复杂体系发展的过程，社会群体在扩大规模的同时发生的多样化和多重化是这一过程的直接表现。在原始社会，人们仅能参与被限制在狭小地理范围内的家庭、民族或部落等少数群体，原始人把自己的精力全部倾注到这些非常有限的基本群体之中，个体在这些群体里受到共同意愿和共同习惯的严格支配，既难以同群体的期待相背离，也难以从群体中分化出来，个性的实现和个体自由的获取都无从谈起。

到了中世纪，社会群体不仅规模扩大了，而且种类、数量也有了一定程度的增加。这意味着社会机体有了一定程度的增长和分化，个性应当获得比原始社会较大的发展空间。然而，社会群体的增长与分化同个体自我意识的分化不是同步的。当个人还未形成可以扮演多重社会角色的自我意识时，他始终以抽象同一的个人视角理解生活、介入社会，无论个人参与多少群体活动，都不可能为个性的实现获得更大空间。因为一个人只以同一种心境、同一种视角来看待世界，在介入生活时，世界多样性和生活的复杂性都会在他的思想境界中被抽象同一化，因此，有了一定程度的增长和分化的社会在人们的思想中仍然是简单同质的。这就是说，个性自由应以社会分化和自我意识分化的统一为前提。

到了现代社会，在城市化的社会生活中，不仅社会实现了充分分化，社会群体发生了空前的多样化和多重化，而且个人的自我意识也在不断复杂化的生活中日趋分化。市场经济的发展和社会交往的多元化，一方面使个人在竞争与交互作用中树立了自立、自为的自主人格，另一方面使个人在复杂多变的群体生活中形成了多重角色意识。这时，个人参加多重社会群体，不仅能在群体中保持自己的独立人格，而且也不再用抽象的心境把多元化的世界简单同一化。个人确认了自己和社会的异质多样性，社会群体的多样化和多重化真正成为个性获得自由的条件。

在现代社会特别是现代城市社会，社会群体和社会组织的多样化和多重化发展得越来越迅速，个人可以有选择地介入各种社会群体中，每个群体都有使个性在某一方面获得实现和发展的可能性，个人参与社会群体越多，个性发挥和实现的可能性就越大。社会群体的多样化和多重化是客观条件，自我意识的自觉分化是主观条件，二者的统一使个人不再被严格限制在某一社会圈子里，个人成为可以在不同社会群体中发挥多种才能、实现多种需求，有不断延伸的发展空间的多重角色复合体。

在大多数流派和学者对社会群体规模增大，社会组织化程度空前提高持否定态度时，齐美尔能与众不同地从中看到希望，并在分析各种复杂关系时做出内容具体的肯定，这是难能可贵的。这里还是一种充满辩证法精神的批判，没有这种联系和发展的思想方式，齐美尔这些独到之见是难以形成的。

五、文化悲剧的困惑

一个坚持用矛盾分析方法理解世界的人，在他的脑海里一定存在许多让他无限困惑的矛盾。齐美尔在社会群体多样化和多重化中看到了人类自由的希望，然而，他在反思与社会群体多样化和多重化同一过程的西方文化时，却表达了一种关于文化创造和文化发展的悲剧意识，这同他对社会生活多重组织化所抱的乐观态度形成了鲜明对比。这不是形式逻辑上的自相矛盾，而是现实生活中的矛盾在齐美尔头脑中的反映。

齐美尔反思的文化主要指文学、艺术、宗教、哲学、法律、道德以及科学等意识形式。对人类文化发展中所发生的种种矛盾展开反思批判，是形式社会学的基本内容之一。当齐美尔研究统治与服从、冲突与凝聚、二人群体与三人群体等矛盾关系时，主要面对的是作为现实社会活动的形式，而当他论述文化形式时，虽然没有离开人们的社会生活，但这里的形式主要是凝结人们情感体验、信仰追求和各种思想理论的精神层面的意识形式，是现实生活的最高形式。

在《论文化的概念和悲剧》《现代文化中的冲突》等文章中，齐美尔的论述要比其他著作中的论述带有较多的思辨性，或者说有比较浓的哲学味道。这首先是因为被论述的对象具有离现实生活较远的特点。因此，不能因为这些论述具有一定的形而上学色彩，就把它们从社会学理论中剔除掉。在19世纪末到20世纪初，几乎所有学科都对文化做了比较深入的反思，初兴而又充满活力的社会学也投入到了文化反思或文化批判的潮流中。在由哲学解释学、文化哲学、历史主义、新康德主义、现象学和存在主义等汇集的文化批判思潮中，社会学的批判是离现实生活最贴近的。齐美尔的文化批判就有这样鲜明的特点，他始终在活生生的日常生活中揭示文化的矛盾冲突，给人们许多高于生活又植根于生活的启示。

文化作为意识形式是由各种概念体系构成的，但是这些概念体系是人们以现实生活为基础主动创造出来的。齐美尔把现实生活和文化的创造力视为一种动态的有活力的能量，其中包含着百折不挠、无法遏制的创造冲动，无论它是新奇感、求知欲，还是竞争和表现意识，都是蕴含于人们生命深层的创造本能。正是这些深刻而有力的创造本能推动着人类创造出万紫千红、光辉灿烂的文化。创造文化是现实的动态过程，而文化一旦被创造出来就成为具有相对稳定形态的思想形式。尽管文化形式可以在文化创造活动的作用下不断发展，但是它的变化、特别是作为各种文化形式基底的那些概念，同变动不息的生活相比，带有较大的滞后性。

创造文化的冲动和现实过程永不终止，而被创造出来的文化又有相对稳定性，创造冲动和创造过程只有不断突破既成文化的这种稳定性，才能实现自己的能量和价值。于是，文化创造和文化形式之间发生了持久的冲突。在齐美尔看来造成文化活动与文化形式冲突的不可避免的原因主要在于：既成文化形式既是文化活动超越、创新的对象，又是文化活动得以开展的不可逾越的条件。任何一种文化创造，都必须在已有的文化传统中进行，从文化发展的连续性上看，文化创造无论取得多么大的成就，都不过是原有文化传统的继续。文化创造必须继承原有文化形式中的基本概念，接续原有文化形式的基本线索，回答原有文化形式的基本问题。文化创造不过是给原有文化形式和原有文化传统增添了一些新内容。

齐美尔认为，引起文化创造同文化形式不断冲突的更为重要的原因是：文化创造以文化创造者内化已有文化形式为前提。因为文化创造是继承中的发展，连续中的创新，所以创造者必须把已有的文化观念内化为自己的思想观念，才能展开继承性、连续性的创造活动。然而，文化悲剧就在这里诞生。无论在什么时代，教师们都极力主张学生应尽可能地接受文化遗产，认为只有站在坚实而丰厚的知识基础上，才能创造出更加灿烂的文化。如果仅仅停留在这种认识水平上，那么这是一个缺乏反省的常识。其实，学习和接受已有文化知识还有其负面效应。复杂的文化观念和庞大的文化系统，有可能成为抑制文化创造者思想灵感的沉重负担。尤其在现代高等教育中，无数富有想象力的青年经过一番系统专业训练后，变成一批又一批循规蹈矩的专业人才，模仿、记忆、重复原有知识的能力压抑了想象、批判、创新思想的能力。继承文化传统的本意是创造文化，可是事与愿违，继承越多，创造力越弱。

尽管很多人已经认识到原有文化对文化创造的限制，但是继承原有文化的过程是不可阻止的。齐美尔认为，这不仅因为文化传统是文化创造的必要条件，而且还因为文化传统对文化继承者有永恒的魅力。文化是启示，文化是教化，文化的灵光会随着文化传统的悠久而放出更夺目的新辉。一旦人们真正步入文化传统的殿堂，他们将流连忘返，“衣带渐宽终不悔，为伊消得人憔悴”便是对这种境界的描写与赞赏。

文化形式和文化传统源于文化创造，反过来又作为文化创造的对立物限制着文化创造，用辩证法术语说这是文化的异化。齐美尔把文化异化看成不可避免的社会过程，在文化体系不断膨胀、文化形式不断分化的现代社会，文化异化更为严重。现代文化创造越是专业化，某专业中的文化创造者对其他专业往往越知之甚微，甚至无知。一个庞大的文化世界，或者说文化殿堂，对于从某个狭窄专业领域走出的现代人来说，它的广阔与宏伟，是多么令人感到疏远和困惑。齐美尔就处于彷徨和迟疑之中，虽然他有时又重燃激情，相信人类将从对传统的屈从下解脱出来，但他最终仍陷入绵绵无尽的忧思之中。他预言：异化的文化牢笼将禁锢创造的冲动，人类的心灵将在客观文化世界的压抑下不断萎缩并感到悲凉。

齐美尔还研究了社会互动中的经济形式问题，主要表现于他对货币在社会互动中的作用和意义的论述。齐美尔在《货币哲学》中关于货币的社会学论述，未能引起人们较多注意，但是，这里有许多引人思考的论述值得人们研究。科塞指出：“虽然这本巨著确实含有某些重要哲学观点，但它的主要贡献仍然是在文化社会学方面和对于广泛的、与社会有关的那些经济问题的分析。”① 齐美尔论述了货币交换引起社会互动形式的变化，货币在社会理性化过程中的作用，货币交换对人们社会活动量化思考的引导，货币与社会分化，货币与社会价值观念变革，货币如何为礼俗社会转向法理社会铺平了道路。齐美尔的这些论述对经济社会学或金融社会学的研究都有很重要的启发。

思考题

1. 怎样理解从社会互动形式开展社会学研究的意义？
2. 齐美尔关于社会互动形式做出了哪些理论概括？
3. 如何理解社会互动形式与社会互动矛盾、社会互动规模的关系？
4. 如何评价齐美尔在文化问题上的悲观主义观点？

推荐阅读书目

1. 科塞. 社会思想名家. 石人，译. 上海：上海人民出版社，2007：155－190.
2. 瑞泽尔. 古典社会学理论. 王建民，译. 北京：世界图书出版公司，2014：251－278.
3. 齐美尔. 社会是如何可能的. 林荣远，编译. 桂林：广西师范大学出版社，2002.

① 科塞. 社会思想名家. 石人，译. 上海：上海人民出版社，2007：170.

第八章 韦伯的社会理解论

本章要点

本章介绍了韦伯解释社会学理论的思想来源和基本立场，阐述了韦伯关于社会学的研究对象，社会行动的主观意愿，工具理性行动、价值理性行动等社会行动的理想类型，传统权威、感召权威和合法权威等权威类型，科层制、新教伦理与资本主义精神等方面的思想理论，评析了韦伯社会学理论的特点、地位与贡献。

关键概念

社会行动；工具理性；价值理性；权威类型；科层制；双向亲和

在分化中发展不仅是西方社会从传统走向现代的基本途径，也是西方文化创新提升的基本方式。像其他文化形式一样，西方社会学的成长也通过这种方式来实现，并且它以较短的时间，至多半个世纪的历程，实现了其他学科需要几个世纪才能完成的分化。斯宾塞以极端的个人主义和客观主义反对孔德，是实证主义内部的分化；齐美尔把社会学视野转向微观层面，是古典社会学理论视野的分化，也是社会学同形而上学的进一步分化。然而，这些分化对于西方社会学发展的意义同韦伯在20世纪初掀起的社会学分化相比，略逊一筹。不了解孔德、迪尔凯姆的社会学，就无法懂得西方社会学以科学主义原则建立自身的初衷；而不了解韦伯的社会学，就无法懂得西方社会学从人本主义立场展开的更为丰富的内容。

一、学术背景

马克斯·韦伯（Max Weber，1864—1920）出生于德国爱尔福特市，父亲是一位地方行政官员，先在爱尔福特市担任议员，后来又担任普鲁士国民议会议员和德意志帝国国会议员。母亲是一位有较高文化教养和较强政治责任感的加尔文教信徒。韦伯的祖父和外祖父都是新教教徒，都曾在天主教的迫害下成为流亡者，但后来又都成为企业家。这种家庭传统可能是韦伯后来深入研究新教伦理和资本主义精神相关性的深层原因之一。

不过，家庭的宗教传统，尤其是母亲热烈信仰加尔文教的熏陶，都未能使韦伯成为一个虔诚的教徒。在韦伯的亲戚中，真正给他带来很大影响的是他的姨母和姨父。韦伯的姨母和母亲一样信奉新教，但是她能把被母亲深蕴于思想中的政治责任感付诸社会实践，对现实生活表现出一种积极的参与精神；姨父赫尔曼·鲍姆加通是一位历史学家，在平等、友好的交往关系中，他给予了韦伯深刻的影响。通过鲍姆加通一家人热情、温暖的生活，韦伯体验到，人生并不应像父亲那样为了权势而牺牲原则和良心。可能与同鲍姆加通一家人的友谊有关，韦伯越来越赞佩母亲的为人和宗教价值观，同时他对父亲的处世方式和蛮横态度逐渐产生反感，由此他开始疏远父亲而亲近母亲。

体弱多病但才思敏捷的韦伯于 18 岁那年考入海德堡大学。学习三个学期法律后，韦伯到斯特拉斯堡服兵役。后来他又转入柏林大学继续学业，并在 1889 年以博士论文《中世纪商业团体的历史》通过答辩并获博士学位。1891 年，韦伯又写了博士后论文《罗马农业史》（Roman Agrarian History and its Significance for Public and Private Law），获得了在柏林大学授课的资格。

1893 年，韦伯同他的姑表妹玛丽安妮·施尼特格尔结婚。在此之前，韦伯曾同姨表妹埃米即鲍姆加通的女儿订立婚约。埃米的身体和精神都很脆弱，韦伯同她之间的关系一直很紧张，这使韦伯心中产生了无尽的烦恼。在勉强维持了六年后，韦伯下决心解除了同埃米的婚约。玛丽安妮·施尼特格尔是弗赖堡大学的经济学教授，在他们的婚姻关系中，韦伯将她当作学术上的合作者和道德上的伴侣，他们的生活看似和谐美满，其实他们并非完整的婚姻关系。

1895 年，韦伯发表了就职演说《论民族国家和经济政策》，其中洋溢着强烈的民族主义色彩并有丰富的学术思想，受到了学术界和政治界的广泛关注，他的名望也与日俱增。1896 年，韦伯被聘为海德堡大学经济学教授，同时还兼任弗赖堡大学的经济学教授。这期间，韦伯的学术活动十分活跃，他不仅发表了许多有关经济学、政治学和社会学的学术论文，还热情地同各界学者开展广泛的交往，并且还在基督教团体中参与一些政治活动，韦伯逐渐成为德国学术界和政治界一位很有影响力的青年学者。

令人遗憾的是，他刚刚开始的前途广阔的学术生涯却被一场家庭冲突中止了。1897 年 7 月，韦伯的父亲到海德堡看望他。韦伯对父亲冷酷地虐待母亲十分气愤，他激烈地指责父亲的专横粗野，并把上了年纪的父亲赶出了他的住所。一个月后，父亲离开了人世。这件事给韦伯的精神带来巨大打击，深深的内疚使他患上了严重的神经衰弱，他不得不停止所有教学和学术活动。

五年以后，韦伯的精神又渐渐地恢复正常状态。1903 年，韦伯开始同维尔纳·桑巴特（Werner Sombart）和埃德加·雅费合作编辑德国主要学术刊物《社会科学与社会政策文件》（*Archiv für Sozialwissenschaft und Sozialpolitik*）。在编辑工作中，韦伯同学术界的朋友们恢复了联系，在逐渐增加的学术往来中，他的影响在学术界又重新扩散开。1904年，韦伯应邀到美国讲学，然后在美国旅行了3个月，对美国的发达资本主义制度、价值观念、宗教伦理在市场经济中的作用等方面有了很多了解。他于1905年发表的《新教伦理与资本主义精神》，被认为同在美国的这段经历有关。

从美国返回之后，韦伯的著述活动进入高峰期。《用作文化科学逻辑性的批判性研究》(1906)、《新教各派与资本主义精神》(1906)、《俄国资产阶级民主的形势》(1906)、《古代社会的农业生产关系》(1909)、《论广义社会学的某些范畴》(1911—1913)、《〈世界宗教的经济伦理〉的导言》(1915)、《儒教与道教》(1915)、《印度教和佛教》(1916)、《古代犹太教》(1917)、《论社会和经济学中价值哲学中立性的意义》(1918)、《宗教社会学论文集》(1920)、《城市社会学研究》(1920)——这些著述像泉水一样从韦伯的思想中涌出，曾经衰弱了五年的大脑竟然创造出如此丰富的精神产品，简直是一个奇迹。另外，著名的《经济与社会》《音乐理性及社会的基础》《经济通史》《国家社会学》等著作也是在这期间写作的。面对如此大量的、仅仅在17年内完成的具有深刻创见的学术巨著，人们无不为之惊叹。

韦伯能够取得这么大的学术成就，除了得益于他的聪明才智和勤奋工作以外，还得益于高扬新世纪文化精神的学者们所创造的文化氛围。在韦伯学术活动的高峰期，他周围聚集了一批在人类文化史上留下了不朽篇章的著名思想家。齐美尔、桑巴特、拉斯克、文德尔班、李凯尔特、雅斯贝尔斯、卢卡奇、布洛赫等名扬世界的社会学家、哲学家、文学家和历史学家，都是韦伯家里的常客。他们在韦伯家里交流学术思想、评点时局，许多振聋发聩的思想观点在这里相互激发而产生，这里简直成了一个影响了新世纪的学术中心。

韦伯的学术视野十分宽泛，涉及经济、政治和文化各个领域。由于他向人们展示的学术领域太广泛了，探讨韦伯的思想来源将是一件非常困难的事情。择其要者而述之，对韦伯思想产生较大影响的有以康德、黑格尔为代表的德国古典哲学，以文德尔班、李凯尔特为代表的新康德主义弗赖堡学派，以狄尔泰为代表的历史主义解释学，以尼采为代表的人本主义和马克思的历史唯物主义等。韦伯的合理性概念、社会学的理解方法、以个人行动为根本的社会学研究立场等等，可以在这些学派中直接找到来源。韦伯的思想同马克思的历史唯物主义，特别是在关于历史发展和西方现代化进程的理解上，是直接对立的。不过，正是在对立中才有灵感的迸发，才能碰撞出新思想。韦伯本人也充分肯定马克思对他的影响，他曾经指出："判断一个当代学者，首先是当代哲学家，是否诚实，只要看他对待尼采和马克思的态度就够了，凡是不承认没有这两个人所作的贡献就没有他们自己大部分成就的人，都在自欺欺人。我们在其中从事学术活动的领域，在很大程度上是由马克思和尼采创造的。"①

① 科塞．社会思想名家．石人，译．上海：上海人民出版社，2007：219.

韦伯不仅在学术研究上有执着不懈的追求，而且在社会活动尤其是政治活动中也有广泛而热情的参与。第一次世界大战之前，韦伯积极参加各种社会活动，通过同工业生产及产业工人接触，他对工业中的社会问题和经济问题进行了大量经验性研究。第一次世界大战爆发后，韦伯怀着热烈的民族主义信仰自愿去服兵役。战争期间，韦伯努力写作，发表许多关于战争的文章，试图以此来影响德国的战争组织者或领导者。然而，韦伯的良苦用心未被接受。当韦伯以更尖锐的语言批评德国政府并提出改变德国政治体制的建议时，他险些招致政府的迫害。

在韦伯临终前几年，他的政治活动愈加繁多，他参与新德国民主党的创建，出任凡尔赛和会德国代表团的顾问，参加德国新宪法的起草工作，指导知识分子坚持民主、坚持理性、反对社会中的左倾与右倾。然而，韦伯没有更多的时间去参加其他社会活动了。1920 年 6 月 14 日，韦伯患肺病，发高烧，因诊断和治疗不及时而离开了人世。

二、社会行动的理解方式

像迪尔凯姆等人一样，社会学的研究对象、学科性质和方法论原则，是韦伯在社会学理论上首先提出的问题，然而，韦伯关于这些问题的回答却同迪尔凯姆等人完全不同。在他看来，孔德、斯宾塞和迪尔凯姆等人追求的纯客观的社会学研究对象是不成立的，在社会生活领域没有脱离个人行动的社会现象，而个人行动都是带有主观意义的，因此，所有社会现象一定包含着个人的主观意义。据此而论，以社会作为研究领域的社会学，就不可能面对纯客观的社会事实，就不可能不去研究带有主观意义的个人行动。韦伯指出："社会学是一门试图深入理解社会行动以便对其过程及影响做出因果解释的科学。当并且仅当行动着的个人使其行动从属于某种主观意义时，行动就包含了人的所有行为……由于行动着的个人使它带有某种主观意义，因此行动就是社会的行动……它考虑到其他人的行为，从而在行为的过程中被确立了方向。"① 从韦伯的这段论述可以看出，他把社会行动作为社会学的研究对象，而他所指的社会行动实质是个人行动。

韦伯把社会行动归结为个人行动的根据在于：社会行动一定是人的活动，真实的人是那些有着各种主观意愿的活生生的个人。虽然无限丰富且变动不居的主观意愿把个人行动导向不同目标和不同领域，但也正是这些千变万化的主观意愿使人的行动具有了社会意义，主观意愿是人的需求、人的意志、人的理想、人的追求，这些都不是孤立发生的，它们只有在个人与个人、个人与群体的社会联系中才能发生和实现。所以，主观意愿不仅使个人具有了区别于他人的个性，而且更重要的是使

① 约翰逊．社会学理论．南开大学社会学系，译．北京：国际文化出版公司，1988：266.

个人具有了社会性。

这里十分清楚的是，韦伯关于社会学研究对象的理解同迪尔凯姆等人的实证社会学是尖锐对立的。迪尔凯姆认为社会学以客观的、不可被还原为个人行动的社会事实为对象，而韦伯不仅认为这是不可能的，而且还明确提出以具有主观意愿的个人行动为对象。迪尔凯姆的立场被称为"社会唯实论"，其实质是把那些诸如阶层、阶级、团体、组织、民族、社会和社会比率等概念所反映的社会现象看作实际存在；韦伯的立场被称为"社会唯名论"，其实质是说，这些被迪尔凯姆看作反映社会实际存在的概念并非实际存在，而是表达人们思想观念的名词，真正实在的是受主观意愿支配而真实行动着的人。

社会唯实论和社会唯名论两个概念源于欧洲中世纪经院哲学。中世纪经院哲学中曾发生关于共相与个别的唯实论与唯名论之争，安瑟尔谟、托马斯·阿奎那等人认为，共相、一般和普遍是先于个别事物而存在的实体，是实际存在的，个别事物不过是共相的表现，这就是所谓的唯实论；罗瑟林、罗吉尔·培根、邓斯·司各脱等人则反对唯实论观点，他们认为个别的可感知的事物是实际存在的，共相、一般、普遍等概念不过是一些名称，不具有实在性，这些观点被称为唯名论。迪尔凯姆同韦伯的分歧在实质上同经院哲学的分歧相同，阶层、阶级、团体、组织、民族、社会和社会比率等反映社会现象的概念，相当于经院哲学家所谓的各种表达事物共性的概念，迪尔凯姆认为这些概念是实际存在的，所以他的立场被称为社会唯实论，而韦伯则认为这些概念是名词，不是实在，所以他的立场被称为社会唯名论。

韦伯把具有主观意愿的个人作为社会学的研究对象，表现出强烈的人本主义色彩。20 世纪初正是人本主义思潮不断掀起波澜的时期，尼采重估一切价值的呼唤引起越来越多的学者与学派的共鸣。克尔凯郭尔和海德格尔的存在主义，以詹姆斯、杜威为代表的实用主义，以席勒为代表的人本主义，以狄尔泰为代表的解释学等等，都纷纷把理论矛头指向科学主义和实证主义，他们从人特别是个人的情感、意志和体验出发，强调人的选择、人的追求和人的自主行动，认为人生的意义在于人自身的创造与超越，纯粹的客观事实和客观规律，不仅是不可被把握的，而且根本就不存在，一切都在人特别是在个人的体验与选择之中。必须把理论的视野和追求移向人，移向那些真实生活着的具体的个人。

韦伯把个人行动和个人的主观意愿作为社会学的研究对象，虽然表现出冷静的理论分析精神，不像海德格尔等人本主义者在提出关怀人生、回归自我时表现出强烈的激情，但是他反对科学主义和实证主义否定主观性的立场，反对不去分析人们价值原则的单纯客观主义态度，这也表现了一定程度的人本主义倾向。就此而言，一些学者把西方社会学人本主义思潮的源头追溯到韦伯那里是有一定根据的。但是，我们也应当看到，韦伯经常站在科学的立场上强调社会学研究的客观性和价值中立原则，在这一点上，韦伯的观点同实证主义立场又有某些相同之处。

不同的研究对象必然要求有不同的研究方式。韦伯认为，研究个人行动或社会行动的方式应当同研究外在自然事物的方式有根本区别。以观察、实验、描述为基本内容的科学认知方式不适用于社会学研究，研究社会行动的方式是理解（understanding），具体来说就是通过体验和同情来把握社会行动的意义。体验强调的是感受经历和经验；同情强调的是把对方当作与自己一样的主体去思考与评价，其鲜明特点是情感在思维对象和思维过程中的投入。韦伯说："解释性的社会学认为，个人及其行动是基本的单位，是社会的'原子'——如果允许使用一次这个有争议的比喻的话。据此说法，个人也是有意义的行为的上限和唯一载体……总的说来，对于社会学'国家'、'团体'、'封建主义'等概念标志着一定类型的人类相互作用。因此，使这些概念成为'可理解的'行动是社会学的任务，也就是说，使这些概念毫无例外地变成参与的个人的行动。"①

韦伯把个人行动作为社会学研究对象，并不意味着社会学不去研究由个人行动相互联系而构成的那些社会现象，其根本意义在于强调社会学研究的可还原性，这同迪尔凯姆又发生了明显对立。在韦伯看来，国家、团体、封建主义这些超越个人行动的社会现象，实质也是由个人行动联系起来构成的，要想理解这些现象，只有把它们还原为个人行动，或者说从个人行动出发，才能在对个人主观意识的透析中真正把握它们的真实意义，否则，脱离个人的社会行动，被迪尔凯姆称为不可还原的社会事实就是不可理解的。

不过，应当引起注意的是，韦伯说的个人行动不是孤立的个人行为，而是进入社会关系之中，通过人们在主观意愿上同别人的行为发生联系的社会行动，尽管社会行动离不开个人行动，但是不具有社会意义的个人行动不在社会学的研究视野之内。韦伯说："'社会的'行为应该是这样一种行为，根据行为者或行为者们的行为的意向，它关联着别人的举止，并且在行为的过程中以此为取向。"② 这就是说，无论是个人的行为还是一群人的行为，只有他的行为在主观意愿上同别人的行为发生关联时，才是社会行为。

韦伯特别强调行动的社会性是指人与人之间在主观意向上的直接联系，他说："并非任何方式的行为——包括外在的行为——都是这里的确定意义上的'社会的'行为。如果它仅仅以期待客观物体的效用为取向，那么外在的行为就不是社会行为了。内心的态度也只有当它是以别人的举止为取向时，才是社会行为。"③ 这里韦伯再次试图划清同迪尔凯姆的界限，迪尔凯姆以外在性界定社会事实，但韦伯认为，社会事实的本质不在于它的外在性，而在于它的内在性——主观性，只有当人在其内心中以别人的行为作为自己行为的取向时，人与人之间的社会联系才真正发生，社会行动或社会现象也才会出现。如果人不以别人的行为作为自己的取向，亦即不把自己的行动目的同别人的行动联系起来，即便是受到某种外在规定性的制约，或

① 约翰逊．社会学理论．南开大学社会学系，译．北京：国际文化出版公司，1988：268.

② 韦伯．经济与社会：上卷．林荣远，译．北京：商务印书馆，1997：40.

③ 韦伯．经济与社会：上卷．林荣远，译．北京：商务印书馆，1997：54.

者指向外在的客观物，它也不是社会行动。

韦伯同迪尔凯姆关于社会行动或社会事实的争论，是社会学研究的根本性问题，这个问题至今也没有形成明确共识。如果像迪尔凯姆那样注重从外在性上来界定社会事实，那么社会学的研究对象将集中于社会生活的客观性特别是社会制度上；如果像韦伯那样注重从内在性界定社会行动，且把社会行动作为社会学研究对象，那么社会学研究对象将集中于人们的主观性特别是人们有明确意向且相互联系的社会选择行为上。应当说，这两种情况都已经清楚地呈现在迪尔凯姆和韦伯的社会学文献中了。

事实上，韦伯和迪尔凯姆的贡献都是非常重要的，社会学的研究对象应当是在社会制度制约下的社会选择行为，也就是说，韦伯说的突出主观意向的社会选择行为，迪尔凯姆说的突出客观性的社会制度，都应当是社会学不可放弃的研究对象，并且应当被紧密统一在社会学视野中、同时作为社会学的研究对象。不难理解，既没有与人的行为无关的制度，也没有不受社会制度制约的人的行为，正是在社会制度制约下的人的选择行为展开了社会生活、创造了社会事实。韦伯和迪尔凯姆在社会学的视野里分别强调了同一个事物的两个方面，为后人把二者重新统一起来研究做了开拓性的准备。

韦伯把自己的社会学称为"解释的"（hermeneutic）社会学，许多西方学者也以解释社会学（hermeneutic sociology）称谓他的社会学理论。解释学在西方文化中源远流长，人们可以在中世纪教士对圣经的解释活动中找到解释学的早期形式。不过，解释学成为一种学术流派和认识活动的新方式，在文学、史学和哲学等文化形式中产生广泛影响，还是从德罗伊森（J. G. Droysen，1808—1884）和狄尔泰（Wilhelm Dilthey，1833—1911）开始的。德罗伊森是德国反实证主义的史学家，他认为兰克（Leopold von Ranke，1795—1886）主张的实证主义史学是没有前途的，历史是人类自觉的创造过程，不应像兰克那样把历史作为纯客观过程看待，仅仅用观察、搜集、考证、编采等方法来研究历史，而应当在承认历史是由人类自觉创造的前提下，积极而主动地去理解历史过程中人类的创造活动，在变幻多端、无限复杂的历史活动中理解意义、追求价值。

狄尔泰在解释学发展中的贡献比德罗伊森更重要。德罗伊森主要是在史学领域强调学术研究的主观性、评价性和参与性；狄尔泰把德罗伊森的历史理解论的理论视野普遍化到整个人类生活世界，他要创立一种关于"精神科学"的一般方法论，也就是说，要确立关于人类社会生活的、有别于自然科学关于自然世界的理解原则或理解方式。英国研究狄尔泰的专家里克曼（H. P. Rickman）把狄尔泰的历史理解论概括为四个方面：（1）"'理解'是日常生活的一个普遍过程。"① 理解作为以追求意义为目的的意识过程伴随着人的终生，人时刻都在理解自我、他人与环境的意义，生命不息、理解不止，理解是生命的本质。（2）"'理解'作为关于人的最基本

① 里克曼．狄尔泰．殷晓蓉，吴晓明，译．北京：中国社会科学出版社，1989：141.

知识的源泉乃是重要的。”[①] 最基本的知识是关于人生过程和人生意义的知识，这些知识仅靠纯客观性的自然科学认识是得不到的，只有通过充满着主观性、评价性的理解活动才能实现。(3) 理解作为人文科学或精神科学的基石，“既不可能从其他认识过程中派生出来，也不可能为其他认识过程所代替”。[②] 狄尔泰强调理解活动是有别于科学认识的意识活动，他认为不应把社会生活和历史事件作为外在的纯客观现象去认识，而应当从内部去理解它们，他提出的比较具体的形式是“移情”(empathy) 和“体验”(experience)。(4) 理解是具有普遍意义的一般方法，它适用于文学、美学、史学、哲学和伦理学等所有人文科学或精神科学。

从德罗伊森和狄尔泰的基本观点可以看出，解释学的主旨在于反对文艺复兴运动之后逐渐生成的科学主义，在于用指向意义，蕴含主观性、创造性和评价性的人文理解方式取代单纯指向本质和规律，排斥主观性、创造性和评价性的科学认知方式。这确如狄尔泰所言，它具有一般方法论意义。作为狄尔泰的好友，韦伯对这些主张十分赞同。韦伯不仅肯定社会问题应当用狄尔泰所提倡的理解方式来把握，而且把狄尔泰的解释学原则或理解论原则更深入地推进到社会学的研究之中。

在评价韦伯社会学理论同解释学之间的联系时，人们一般会注意到韦伯关于社会行动的主观性的论述。韦伯认为研究社会现象不应当沿用物理学的客观性认知方式，而应当采用注重主观性的人文科学的理解方式。理解 (understanding) 作为总体性意识活动（包括知、情、意），在社会行动中具有具体的总体性的支配作用，因为社会行动总是同人们的各种社会条件或社会情境联系在一起，它不可能仅仅用指向外在物的科学认知方式支配人的行为，而是要通过具有综合能力的理解来支配人的行为。理解的基本形式是“投入”“体验”和“设身处地”，所以对社会行动的把握应当坚持“投入”“体验”和“设身处地”。韦伯的这些观点直接来源于解释学，这是十分明确的。但是，韦伯从解释学的立场和方法来研究社会学问题却远远不止这些观点，更重要的是他关于社会行动理想型、关于社会行动理性根据、关于权威类型和社会组织形式、关于科层制和新教伦理与资本主义现代化等方面的理论，都深深地蕴含着解释学的精神和原则。

虽然韦伯同解释学传统的联系是密切的，但是韦伯也有同解释学格格不入的原则。解释学在肯定社会科学研究主观性上是十分彻底的，在解释学大师伽达默尔等人看来，人们对事物的理解与解释，无法超越人的主观性，不仅对事物意义的解释摆脱不了主观性，而且当某种事物进入了解释的视野，就意味着主观性展开了自己的选择。所以，解释学认为解释与理解首先是自我的选择、理解与展开。韦伯却没有坚持解释学这种彻底性，相反，他甚至认为规范的社会学研究应当保持价值中立原则，亦即悬置研究者的主观性原则或评价性原则，站在客观的立场上追求研究对象的客观规定性。

① 里克曼．狄尔泰．殷晓蓉，吴晓明，译．北京：中国社会科学出版社，1989：141.

② 里克曼．狄尔泰．殷晓蓉，吴晓明，译．北京：中国社会科学出版社，1989：141.

应当承认，韦伯的价值中立原则同解释学的主观性原则是明确对立的。这种对立说明，韦伯的学术立场具有在主观性原则与客观性原则之间摇摆的矛盾性，而这种矛盾性正是社会生活、社会行动、社会事实，乃至一切社会现象以及研究社会现象的人文社会科学永远超越不了的矛盾。

三、社会行动的理想类型

韦伯关于理想类型（ideal type）的一系列论述，在其社会学理论中占有很重要的地位。韦伯关于工具理性行动、价值理性行动、传统行动和情感行动的理论，以及关于各种权威类型和科层制的论述，都是理想类型的理论。这些内容丰富的理想类型理论，是韦伯从个人主观性出发，对复杂的社会行动和社会问题做出的一种普遍性思考。

当韦伯强调社会学应当把具有主观性的由个人展开的社会行动作为研究对象时，其主旨在于强调社会学研究的出发点和立足点；而当他进一步展开社会学研究时，超越变动不居的个人主观性、进入具有相对稳定性的社会性层面来把握社会行动和社会问题，就不可避免地成为他的理论任务。从个别性上升到一般性，这是任何理论思维都要为之努力的任务。因为，如果理论仅仅停留在个别主观性层面的描述上，不仅无法形成概念系统，而且对回答和解决千变万化的社会问题也没有意义。只有从活生生的个别主观性或从按不同主观意愿支配着的、具体的各种个人行动中，概括出能说明同类现象的共同性亦即同类社会问题的一般性，理论才能显示其指导社会实践的生命力和普遍意义。这一点对于韦伯来说，也同样成立。

对个人主观性做出的理想类型分析，韦伯称之为"主观意义的客观分析"。简言之，理想类型是把个别主观性上升到一般客观性的分析。韦伯在理想类型研究中强调客观性，同实证主义强调的客观性是不同的。在孔德和斯宾塞等实证主义者那里，客观性是外在于个人主观意愿的社会现象的规定性，它同个人的评价、选择的理想是排斥的，只有否定了个人的这些主观性才能把握到实证主义所追求的客观性；韦伯强调的客观性是包含着主观性的，是在主观性基础上概括出来的客观性，进一步说，是人们在社会生活中的共同意愿、共同理想、共同思维方式和行为方式。在韦伯看来，这些主观因素获得客观性，不在于它们同个人的主观性分离和对立，而是某种情感类型、思维方式和行为方式在一定历史条件下的普遍化。D. P. 约翰逊在评价韦伯的理想类型理论时指出："正是将理想型分析确定为严密的方法论技术被认为是韦伯对方法论最重要的贡献之一。在他的全部理论中，理想型分析和他对个人的重视是相平衡的，这就提供了超越个人层次而向更大的社会团体进行理论概括的关键之点。”[①]

关于社会行动的类型分析，是韦伯理想类型理论的基础部分。韦伯认为，社会行动的真实内容是具有主观意义的个人行动，这一点是不可否认的。但是，个人的主观性不是任意的、绝对以个别性和偶然性存在的。如果从个人行动的根据来考察个人行动，就会在社会普遍性的层面上对个人行动做出一般的分类。韦伯划分出的基本行动类型是：工具理性（instrumental rationality）类型、价值理性（value rationality）类型、传统类型和情感类型。这四种行动类型的共同特点是：它们都是依据人们开展社会活动的根据不同做出的划分；它们都在一定普遍性程度上概括了某些社会成员的行动方式，亦即不是少数个别人的个别主观性；现实的社会行动不一定能做出这样严格的划分，但是它们可以为理解和把握纷繁复杂的社会行动提供一种分析模式。

工具理性类型和价值理性类型这两个概念最明确地强调了社会行动根据的区别。韦伯指出：工具理性类型“涉及合理地考虑达到目的所使用的手段，考虑目的和使用某种手段可能引起的其他结果之间的关系，最后考虑各种可能的目的的相对重要性”。[②] 可见，工具理性类型是对目的以及达到目的的手段、后果都做出筹划、思考和选择而采取的社会行动的概括。这种社会行动类型具有功利目的性、手段选择性、操作策划性、效果检测性等特点。具体说，工具理性类型概括的是直接指向某种经过衡量和挑选的利益目标的社会行动，为了实现利益目标，行动者要对有可能实现目标的多种手段进行选择，并且选择过程及用备选手段开展实际操作时，都应当按照某种可计量的规则进行系统的计划和调控，而且对第一次行动的结果，不仅要预测，还要检测它是否达到了预期目的。在韦伯看来，诸如安排周密的无人市场体系和科层制管理中的活动，都属于以这种工具理性为根据开展的社会行动类型。

价值理性类型是超现实、超功利、指向某种不可选择的目的的社会行动。与工具理性类型不同，价值理性行动的目的是给定的，行动者不能根据自己的利益需求主动地衡量和挑选何种行动目标。并且给定的目的不像工具理性活动那样直接指向功利性的具体目标，而是超越现实生活的理想境界。行动者能够选择的仅仅是通过何种途径或何种方式来实现给定目标和达到理想境界。韦伯认为，最基本和最典型的价值理性行动是宗教活动。无论何种宗教，它的崇拜对象和理想目标都是不可选择的，并且都是以信仰和体验追求超现实、超功利的意义。信徒们能够选择的是通过何种方式和途径来追求自己的信仰与境界。信仰排斥权衡、测算和检测等工具理性手段，它实现自己的形式是表象和体验。韦伯还认为，虽然这种价值理性支配的行动在日常生活领域有多种层面的表现形式，但是实质上都是人们把自己的某种理想目标确定之后，用理想目标来导引现实生活。

① 约翰逊．社会学理论．南开大学社会学系，译．北京：国际文化出版公司，1988：274.

② 约翰逊．社会学理论．南开大学社会学系，译．北京：国际文化出版公司，1988：274.

现实与理想、功利与信仰，总是不可回避地在生活中困扰着人们。在动荡、分化的社会行动中，韦伯概括出以现实功利为根据的工具理性类型和以理想信仰为根据的价值理性类型，说明他对现实生活做了一定的深度思考。但是，现实功利和理想信仰在现实生活中并不一定那样界限清楚地对立，相反它们总是难解难分地纠缠在一起，从而引起人们的无尽烦恼与困惑。不过，如果借助胡塞尔"主题化"的观点来说明韦伯的概括，那就容易理解了。现实与理想、功利与信仰，虽然在人们内心无法分离，但是不能处于平衡不变的状态。随着人们生活视角与生活领域的转换，现实性追求和理想性追求的地位不断发生变化。当直面生活实际时，现实性的追求引来了功名利禄、测算选择等问题，此时开展的是以现实功利为主题的工具理性行动；而当人们沉入某种超现实的境界时，理想性追求引来了终极价值、终极关怀等问题，此时开展的则是以理想信仰为主题的价值理性行动。

从这个意义说，工具理性行动和价值理性行动的划分是有现实根据的。然而，当人们开展以现实功利为主题的工具理性行动时，并非彻底排斥了理想性追求，而是理想性追求被主题化的现实性追求遮蔽了；同样，当人们开展以理想信仰为主题的价值理性行动时，并非彻底忘记了现实性追求，而是现实性追求被主题化的理想性追求遮蔽了。因此，韦伯关于工具理性行动类型和价值理性行动类型的划分是以突出的、显性的和主要的行动特征为根据做出的概括，具有一定的主观性和相对性。韦伯在论及如何概括理想类型时指出："为了让这些话所指的是一些明确无误的事物，社会学方面必须构想出那些形式的'纯粹的'（'理想'）类型的形态，类型本身显示出各自尽可能充分的、意向适当的前后一贯的统一性，然而正因如此，也许在现实中同样不会以这种绝对理想的、纯粹的形式出现。"① 这里十分清楚地表明了理想型概括与划分的主观性和相对性。

用同样的方法，韦伯还把社会行动概括为"传统行动类型"（traditional action type），这是以传统习惯为根据而展开的社会行动。传统性社会行动既不测算功利，也不追求超功利的理想，它所坚持的是习惯的继续和历史的沿袭，它的基本原则是：只要从前是这样做的、祖先是这样做的，行动就有了根据，至于目的、手段、行动和结果都是未经过理性思考的。在韦伯看来，这是一种面向过去的保守的社会行动类型，它同以理性化为核心的社会现代化过程是背道而驰的。虽然韦伯认为传统性行动正在被逐步增强的工具理性行动所取代，但是韦伯深知：传统是根深蒂固的。传统性行动彻底被清除是不可能的。

孟德斯鸠在《论法的精神》中曾考察了风俗习惯等传统因素在许多民族社会生活中的稳定作用，他指出，试图用法律的变革来改变风俗习惯等传统是不可能的，并且很多莫名其妙、难以理解的传统习惯同那些民族的存在是共时的，彻底改变某个民族的风俗习惯，就意味着要彻底取消那个民族的文化，乃至彻底消灭那个民族。韦伯也深知传统习惯力量的稳定和巨大，他进一步指出，法律等现代社会制度

① 韦伯．经济与社会：上卷．林荣远，译．北京：商务印书馆，1997：52.

的制定，虽然就总体趋势来看是对传统性行动的克服，但是，当一些民族长期被风俗习惯等传统力量支配时，本来应当在社会进步中逐步被克服的风俗习惯，却被人们结合到了新文化和新制度中，取得了沿袭下去的合法地位。

韦伯概括的第四种社会行动理想类型是“情感性行动类型”（affectional or emotional action type），这是以情感为根据的社会行动类型。虽然情感是个人的心理活动，但是韦伯所说的情感类型是一般性概括，是在社会层面上所做的理论分析。更明确地说，情感类型的本质特征是：人们开展社会行动时，把喜、怒、哀、乐等感情和情绪作为自己行动的主要根据，尽管这时工具理性、价值理性和传统习惯等因素仍然在规定着人们的行为，但是同情感因素的直接支配作用相比，它们已经淡化或退居到后台，作为隐性或深层因素发挥着作用。

关于传统和情感因素在思想文化中的作用与意义，解释学是非常重视的。维柯、德罗伊森和狄尔泰等人在论述理解和解释问题时，都反复强调了传统因素的作用。“解释的循环”这个著名的解释学命题就明确地强调了文化传统和风俗习惯在人们的思想意识和社会行动中的不可排除性。韦伯论述传统类型和情感类型时，把这两种类型作为社会活动基本类型的内容来考察，与解释学对他的影响是直接相关的。但是，韦伯对传统因素与情感因素在社会行动中的意义的评价，同维柯、德罗伊森、狄尔泰，以及后来的海德格尔和伽达默尔等人有很大的不同。

一般说来，解释学认为传统不仅是不可超越的，而且是合法的。伽达默尔的“合法的成见”就充分肯定了传统的合法性。在解释学看来，人们的意识活动和实践活动都是在合法的传统成见中展开的，这种传统成见表现为用逻辑推论和科学原则解释不了的偏见、习惯、情绪等等，尽管它们被看成是阻碍人们创造活动的因素，但是创造活动永远排除不了它们，甚至人们的创造活动和创造结果，不过是传统的继续和延伸，只不过增添了一些新的要素罢了。与此不同，韦伯认为传统类型和情感类型，无论从工具理性还是从价值理性的角度来看都是不合理的，它们同以理性化为实质内容的社会现代化是相悖的，是在制度化和组织化的现代生活中缺乏积极性的活动类型。这种评价不仅表明了韦伯同消极肯定文化传统的历史主义的区别，而且也表明了韦伯同反理性主义思潮的对立。

在这四种社会行动理想类型中，工具理性类型被韦伯看成社会现代化中最高的理性化形式。当韦伯把社会现代化过程的实质内容归结为社会理性化过程时，他所指的理性化主要是工具理性化，这点在他关于科层制的论述中就可以得到证明。因为科层制被韦伯看成社会现代化的最有效形式，而科层制的实质不过是工具理性的制度化。这里，似乎韦伯又陷入了自相矛盾的境地。当韦伯强调具有个人主观意愿的社会行动是真实的，社会学研究应当从个人主观性行动出发时，韦伯充分肯定主观意愿、理想选择和价值评价等因素，亦即价值理性的基本内涵。但是，当韦伯从社会现代化角度来看个人社会行动时，价值性的、情感性的社会行动连同传统性行动一起被看成是同工具理性行动相对立的，具有不同程度的保守性，甚至是应当由工具理性取代的。这不是意味着从个人主观性出发又转而反对个人主观性吗？

实际上，在韦伯那里，他既没有反对个人的主观性，也没有压抑个人主观性，他不过是对主观性的不同层面做了划分。被许多思想家当作客观因素的工具理性及其目的指向，在韦伯看来仍然是人们的主观性因素。如果说韦伯的理想型分析具有某种客观意义，那仅仅是"主观性的客观分析"，是某种主观性在一些人或某一社会层面上得到了人们的普遍认同，是主观性的客观性。因此，韦伯阐述和肯定工具理性的意义时，并不是要用人们对物质利益和其他某些客观性因素的追求来排斥和贬低价值评价和理想选择，而是认为两种理性类型分别在各自的领域发挥作用，都具有各自的合理性。韦伯为不同理性划界分层的做法，得到很多学者的赞同，在哈贝马斯的交往理性论中，韦伯的观点得到了进一步发挥。

四、权威类型与科层制

虽然社会行动四种理想类型只有在群体、阶层和阶级等社会层面才清晰可见，但是，这四种理想类型都是从个人主观意愿出发而上升到社会层面的，并且它们的实质内容也都是对个人主观意愿的概括。韦伯关于权威类型（authority type）和科层制（bureaucracy）的论述也属于理想类型的理论，但其出发点和实质内容却发生了变化。与社会行动四种理想类型不同，权威类型和科层制是从社会层面出发来论述社会如何控制个人的。当韦伯论述社会行动四种理想类型时，他的注意力集中于人们从不同主观意愿出发而产生了行动类别的区别，其根本点在于个人的动机类别和活动方式；而当韦伯论述权威类型和科层制时，他的注意力集中于社会的整合机制和控制模式，其根本点是社会结构的差异与社会组织功能的发挥。

韦伯是从社会分层入手论及权威类型的。在韦伯看来，社会分层有三个标准：经济标准、群体声望和政治权力。韦伯赞同马克思用经济标准对社会成员所做的阶级划分，他指出："①当一群人具有共同的特定生活变化的因果成分时；②当这种成分仅仅由拥有物品和收入机会的经济利益来体现时；③当它是在商品或者劳动力市场条件下体现时，我们就称之为一个'阶级'。"[①] 这里，韦伯的阶级概念的内涵十分清晰，他是以社会成员的经济利益为根据划分不同阶级的，而经济利益被韦伯看成是划分社会阶级的客观标准。在这些观点上，韦伯同马克思是一致的。

韦伯也有明确不同于马克思的观点，他不仅按照经济利益和经济地位划分不同阶级，而且还按照群体声望和政治权力划分不同阶层。在韦伯看来，群体声望和政治权力都是有别于经济因素的主观标准。因为无论是从群体成员的自我认同感来看，还是从社会对不同群体的评价来看，群体声望和政治权力都受制于主观因素。仅有钱财的人并不一定就能获得较高社会声望，因为社会成员和社会群体的社会声

① 约翰逊．社会学理论．南开大学社会学系，译．北京：国际文化出版公司，1988：277.

望关系到他们的生活方式、风俗习惯、道德规范和价值取向等主观因素，作为客观因素的经济利益和经济地位，同这些主观因素往往不是成正比的关系。在市场经济条件下，尤其在资本主义自由竞争时期，高额利润的获得同传统习惯、道德规范和价值原则的要求往往是相悖的。

政治权力是对社会的控制能力，它具有强制性，对社会成员表现出一定程度的客观性。但是，政治权力的效力与实施却同社会成员的主观因素密不可分。权力仅仅作为强制力并不一定能够在社会过程中得到有效发挥，它必须获得或转化为权威，才能实现对社会的有效控制。在韦伯看来，权力是可以不顾别人反对而将自己意志强加于人的力量，但是能使权力得到有效发挥的权威却是在社会成员信服或认可的基础上生成的。信服和认可的都同人们的传统习惯、情感体验、价值追求和法律观念等主观因素直接联系。所以，权威的主观性是十分明确的。

韦伯认为，不同时期的政治组织或同一时期的不同政治组织，以不同的根据获得了不同类型的政治权威，而不同类型的政治权威实质是不同类型的社会控制形式。于是，韦伯又进入了理想类型的分析。韦伯概括出三种权威类型：传统权威（traditional authority）、感召权威（inspire authority）、合法权威（legal authority）。

传统权威是依靠“人们对古老传统的神圣性以及实施权威者合法地位的牢固的信念”的社会控制形式。传统权威的根本特点是相信过去，它是同传统社会行动相统一的。或者说，传统权威是以传统社会行动为基础的。正是因为某一时期或某一时代某一群人以传统为行动的根据，政治组织才能够利用传统来行使政治权力，传统权威才能生成并得到社会认可。在这里，韦伯既论证了传统权威不仅仅是心理现象，它有着深厚的社会基础，又说明了传统权威的根本基础还是要追溯到人们的主观动机方面。

韦伯对传统权威做了进一步划分，认为它包括老年人统治、族长制和世袭制三种表现形式。虽然这三种形式的传统权威都与血缘关系有关，但是它们之间还是有一定区别的。老年人统治和族长制是简单的传统权威，是纯粹的人治，无须以制度和管理机构来行使权力，群体成员完全服从老年人或族长的个人统治。世袭制是通过各种管理机构而以制度化来维持传统控制的社会控制形式，它比老年人统治和族长统治复杂得多。如果说老年人统治和族长统治是传统权威的人化，那么世袭制则是传统权威的制度化。在封建世袭制中，传统权威的制度化表现得比较充分。国王或皇帝把权力分封给不同的控制机构，军事首领或诸侯同国王与皇帝的政治关系常常由契约来明确，一些权力规则和划分限制逐渐作为稳定的封建制度而成为传统，这时传统不是由个人来代表，而是由规则和制度来代表。可见，传统权威有一个逐渐由人化向制度化的转变过程。

感召权威，又可称为魅力权威，是典型的人治，是以领袖人物的非凡才能为根据行使政治权力的社会控制形式。韦伯说：感召权威“被视为［天份过人］，具有超自然的或者超人的，或者特别非凡的、任何其他人无法企及的力量或素质，或者被视为神灵差遣的，或者被视为楷模，因此也被视为'领袖'"。[①] 在韦伯看来，感召权威尽管常常是不合理的，但往往是富有挑战性的或积极性的。正是那些自负其能的领袖，在对传统权威的挑战中向世人显示了自己的韬略与胆识，并赢得了人们的信服，从而获得了感召权威。不过，感召权威否定的传统权威一定是现实中正在发生作用的权威。有时为了突破当下正在发生作用的传统权威，一些领袖人物要借助历史上曾经存在过的某种传统权威来强化自己的感召权威。这就是说，感召权威的实质是维护个人权威，它发挥和实现的手段与形式是灵活的。

感召权威发挥与实现的途径是领袖魅力与群众情感的结合。如果领袖的某种魅力得到群众广泛的认同（这种认同常常以普遍化的情绪追求表现出来），感召权威将获得巨大能量，不仅可以鼓动起狂热的群众情绪去冲击传统权威和现存秩序，而且足以动员广大社会成员为实现领袖提出的某种理想目标而采取大规模的社会行动，导致社会动荡，发生冲突、革命乃至战争。在人类历史特别是近现代史中，感召权威引发的社会冲突、社会变革和社会危机举不胜举。

合法权威是以正式法规为基础的社会控制形式，无论是统治者行使权力，还是被统治者认可权力，都要以法律和规则为依据。传统权威的保守作用和感召权威的个人魅力，都在合法权威面前得到了扬弃。由于合法权威依据的都是正式制定的规章制度和法律条文，因此它在运用和发挥中表现出了规范化、形式化和普遍化，排斥了大量随意性和个别性因素，并由此而获得了社会控制的高效性。在韦伯看来，合法权威同工具理性是一致的，它是工业社会或现代社会的产物，它的发挥凭借的最典型的社会组织形式或社会管理模式是科层制。

韦伯认为，科层制是最系统、最有效的社会组织形式，工具理性在其中得到了充分的体现。韦伯这样称赞科层制的优越性："经验往往普遍地证明，纯粹科层制形式的管理组织……能获得最高程度的效率。从这个意义上来说，也是在形式上明显的对人类进行强制控制的最合理的手段。它在精确性、稳定性、纪律严密性以及可靠性等方面比任何其他形式都优越。"[②] 从韦伯的论述中，我们可以概括出科层制高效优越的原因主要有四点：

第一，把个人利益、动机同执行组织职能系统地联系在一起。

第二，排除由感情、个人交往和亲戚邻里等联系建立起来的人际关系。

第三，科层制组织行为具有高度合理性与预见性，但是其中个别成员却处于非自觉状态，这导致了个人对组织的依赖与服从。

第四，工具理性战胜了价值理性，人们在科层制中注重技术效率和操作计划性，但不考虑终极价值的绝对性，一切目标与手段都要经过检测与核算。

韦伯还论述了科层制在运行中具有的与其他社会组织形式十分不同的特点。这些特点表现为：存在的持续性，职权确定性，组织等级性，职员专业性，经营权与

① 韦伯．经济与社会：上卷．林荣远，译．北京：商务印书馆，1997：269．

② 约翰逊．社会学理论．南开大学社会学系，译．北京：国际文化出版公司，1988：289．

所有权分离，职权不得转让，文件系统化和档案化。

韦伯在肯定科层制的一系列优越性的同时，也对科层制的某些缺陷忧心忡忡。最令韦伯忧虑的是科层制对人的情感与意志等个性因素的压抑。尽管严密规范的科层制管理可以获得高效益，但是科层制要排斥人的个性因素却难以实现。因为无论管理得多么严格，人总是要怀着各种情感和意志在科层制中开展社会行动。于是，人的个性因素会不断地同科层制发生冲突。科层制越发达，个性越贬损。韦伯对此无可奈何，常常流露出悲观情绪。他甚至称科层制为“铁囚笼”，并且是现代人不得不钻进去的铁囚笼。韦伯希望将来有一天能出现一位具有真正感召力的领袖，带领现代人走出铁囚笼。

韦伯关于三种权威类型和科层制的论述，其实质是在论述社会控制形式或社会组织形式，进一步说，它是关于社会秩序的研究。但是，社会秩序这个概念在韦伯这里的含义同在孔德那里是不同的。对于孔德来说，社会秩序是客观的必然性；而对于韦伯来说，社会秩序是建立在以主观意愿为根本的社会行动之上的，在社会生活中能够形成或建立何种社会秩序，要以人们的理解、认可或接受为前提。因此，韦伯所说的社会秩序不是外在客观性，而是以理解、认同、接受等主观因素为基础的主观共同性，亦即主观性的客观性。

韦伯用“社会秩序合法性”（the legalization of social order）来概括社会秩序的主观因素。“合法性”的基本含义是指社会成员的认可，只有社会秩序的规范和规则被社会成员作为符合其欲望的东西接受下来时，它才是有效的或合法的。韦伯指出：“合法性被行动者归结为他们以下列方式行动时所遵从的秩序：a. 依据传统，相信一贯存在着的合法性。b. 凭借感情态度，尤其是情绪，使新显露的事物或要仿效的榜样合法化。c. 凭借对秩序的绝对价值的一种理性的信仰，这样绝对的和最终的约束力使其有效合法。d. 因为秩序是以法律认可的方式建立的。”① 在这里，韦伯从四种社会行动类型揭示了社会秩序合法性的主观根据，说到底，社会秩序的合法性是社会成员凭借传统、理想和法律对社会规范和社会制度的认可。

五、新教伦理与资本主义现代化

同19世纪其他社会学家一样，韦伯也把资本主义现代化作为自己的研究主题。韦伯不仅研究了资本主义现代化的形式问题，如合法权威和科层制等社会控制与社会管理形式，而且更重要的是研究了资本主义现代化的实质和动因问题，并且提出了与同时代社会学家不同的见解。

韦伯不满足于把现代化归结为农业社会向工业社会、机械社会向有机社会转型

① 约翰逊．社会学理论．南开大学社会学系，译．北京：国际文化出版公司，1988：281.

等实证主义结论，认为这仅仅把握到了现代社会变化的表层现象。在他看来，启蒙运动以来的资本主义现代化过程实质是社会理性化过程，社会整合方式和管理形式的变化都不过是社会理性化的表现形式。虽然韦伯在讨论社会行动的理性根据时把理性划分为工具理性和价值理性，但是在阐述资本主义现代化实质时，他所讲的社会理性化中的理性是工具理性，而不是价值理性。在韦伯看来，资本主义现代化过程就是工具理性在实践过程中的展开与实现过程。

工具理性在实践过程中展开的突出表现是科学技术原则在社会生活中获得的普遍认同，科学技术的测算精确性、目的与手段的选择性、操作与功效的实在性等原则，不仅成为生产实践和经济活动的根据，而且在政治生活和文化生活领域也普遍化了，现代法律观念和道德观念的确立都与工具理性的普遍化有关，就连文学艺术也转向了功能化。因此，以工具理性为内容的社会理性化不是社会个别领域的问题，而是关系到整个社会生活的问题，并由此而引发了世界观的理性化。韦伯认为，世界观理性化的主要表现是：概念精确化、动机系统化、目的现实化、方法论科学化。也就是说，随着社会理性化，人们开始用量化的、系统的和现实的眼光来看世界了。

从马克思的观点看，世界观的变化是由现实生活的变化，特别是物质生产方式的变化引起的。韦伯不否认生产实践等物质因素在世界观发展变化中的作用，但是他认为，不仅作为现代社会理性化最高层面的世界观理性化不能单纯用物质因素来解释，而且在现实生活中人们直接遵守和运用工具理性的现象，也不能被简单归结为物质因素或经济利益的影响。韦伯又回到了他的出发点：从个人的主观性来揭示社会理性的根本动因。

韦伯认为资本主义现代化最基本的层面是个人的主观意识发生了转变，而人的主观意识是在特定文化传统中存在的。西方最重要的文化传统是基督教传统，因此，揭示个人主观意识的转变必须从基督教传统开始。在《新教伦理与资本主义精神》中，韦伯充分论述了新教（Protestantism）的发生和发展同资本主义现代化的关系。韦伯不同意马克思把宗教看成同其他文化现象一样是第二位的因素的观点，更不同意恩格斯把宗教一概指责为麻醉人民的精神鸦片。韦伯认为，宗教并不完全是消极的，当宗教活动特别是宗教精神发生变革时，宗教在社会发展中可以发挥巨大的积极作用，新教运动对资本主义的促进作用就是不可否认的明证。

韦伯反对用因果关系来说明新教运动同资本主义现代化的关系，他用"选择亲和性"（selective affinity）来解释二者的关系。在韦伯看来，像实证主义那样用自然科学的因果联系方法来一一对应地说明各种社会现象间的复杂联系是行不通的。新教运动同资本主义现代化的关系就更为复杂，二者不是直线性的决定与被决定的关系，而是相互选择、相互吸引、相互认可、相互支持的关系。韦伯从以下两个方面做了深入论述：

首先，韦伯认为新教伦理无意识且有力地促进了资本主义现代化进程。新教伦理是新教中包含的人生态度、生活准则和理想要求。新教伦理形成和传播的过程，也是资本主义现代化不断发展的过程。新教伦理对传统宗教伦理的批判否定，有力地冲击了旧的宗教观念，为资本主义现代化充当了思想上的清道夫。因为传统宗教观念是欧洲文化中最顽固、最强大的保守因素，它不仅直接维护着封建等级制度，提倡消极无为的人生态度，以神学信仰抵制科学技术，而且从人们的灵魂深处或思想根源上支持着大量其他有碍资本主义现代化的思想文化和政治体制等因素。新教运动以否定某些传统教义、主张教会制度多样化、提倡平等、注重实业等观点与行动来冲击传统宗教观念，这不仅使欧洲宗教有了新的精神面貌，也为资本主义现代化创造了新的文化氛围。不过，虽然新教运动为资本主义现代化的进展立下了不可估量的功劳，但是这不是新教运动的自觉目的，而是新教运动未意识到的结果。

其次，资本主义现代化的发展也促进了新教运动的进一步发展。事实上，在新教运动为资本主义现代化创造了文化氛围、奠定了思想基础的同时，资本主义现代化的逐步展开也为新教运动从 16 世纪到 19 世纪在欧洲和美洲的进一步发展创造了现实的经济基础。韦伯认为，如同新教运动不是有意识地促进资本主义现代化一样，资本主义现代化也是无意识地支持着新教运动。虽然资本主义现代化的主要内容是发展工业生产和创造物质财富，但是它也有自己的价值理想和文化精神。当资本主义制度逐步稳定之后，资本主义现代化进程中就渐渐滋生出了背离新教精神的因素，例如享乐主义、消费主义、颓废情绪、怪诞艺术等文化现象都是与新教精神背道而驰的。

韦伯把新教放到与世界其他宗教的联系中来考察，进而更明确地肯定了新教伦理对资本主义现代化发展的积极作用。韦伯十分重视不同宗教信仰体系对人们在现实世界中，尤其对经济活动中的动机模式和行为方式的影响。他认为，儒教强调传统、反对创新，维护等级制、压抑个性自由，这与资本主义自由、平等、竞争的精神尖锐对立；犹太教排斥异端、反对多样化，推崇外在力量、等待救世主，这与资本主义自立、自强、崇尚进取的精神直接冲突；佛教提倡清心寡欲、消极无为，认为万事皆空、一切皆虚无，这与资本主义积极创造、追求业绩的现实主义精神直接相悖。在韦伯看来，只有新教同资本主义现代化有亲和性。新教反对一统、肯定多样性和个人自由，反对专断独裁、争取信徒平等地位，这为资本主义自由竞争、平等交易等原则提供了思想基础；新教承认科学，认为科学是发现上帝无穷智慧的手段；新教提倡公众教育，认为普通教育可以提高教徒对上帝和圣经的理解能力。这些都是资本主义现代化不可缺少的条件。

思考题

1. 如何认识和评价解释社会学在社会学史中的地位与意义？

2. 理解论的研究方法同实证论的研究方法有哪些区别？如何评价二者之间的分歧？

3. 韦伯怎样界定社会行动？如何认识以社会行动为研究对象同以社会事实为研究对象在方法原则和基本理论上的重大分歧？

4. 如何理解和评价韦伯强调研究社会行动的主观意愿，又主张坚持价值中立原则，二者有无矛盾？

5. 韦伯怎样用类型学方法建构自己的社会学理论？基本内容有哪些？

6. 韦伯怎样论述新教伦理和资本主义现代化的关系？理论意义和现实意义如何？

《推荐阅读书目》

1. 科塞. 社会思想名家. 石人，译. 上海：上海人民出版社，2007：191 - 226.

2. 阿隆. 社会学主要思潮. 葛智强，等译. 北京：华夏出版社，2000：333 - 403.

3. 瑞泽尔. 古典社会学理论. 王建民，译. 北京：世界图书出版公司，2014：209 - 248.

4. 韦伯. 经济与社会：上卷. 林荣远，译. 北京：商务印书馆，1997：39 - 84.

5. 韦伯. 新教伦理与资本主义精神. 康乐，简惠美，译. 上海：上海三联书店，2019.

第九章

米德的符号互动论

本章要点

本章介绍了米德对社会心理学的形成与发展所作的贡献，阐述了米德关于姿势对话、象征符号、主观定义、符号世界、意义沟通、自我意识的发展与分化以及社会组织的心理基础等方面的理论观点。

关键概念

姿势对话；象征符号；主观定义；符号世界；意义沟通，自我概念化

当韦伯在德国建立了从主观意识出发的社会理解论时，米德、库利等人在美国也开展了关于社会活动过程中的主观意识研究，但他们建立的不是像韦伯那样主要是上升到社会宏观结构和社会管理制度层面的理论，而是比齐美尔的社会互动形式论更加微观化的符号互动论（symbolic interactionism），亦可称之为把意识过程放到社会过程中加以研究的社会心理学（social psychology）。这种深入微观层次的符号互动论，进一步发扬了韦伯和齐美尔在社会学研究中提倡的人本主义精神，并且接受了实用主义传统，以其精致的理论分析，使西方社会学展开了一个新的层面。

一、学术背景

乔治·赫伯特·米德（George Herbert Mead，1863—1931）出生于美国马萨诸塞州。7 岁时随父亲迁往俄亥俄州的奥伯林，在那里长大，16 岁进入奥伯林学院，学习古典语言、修辞学、文学和道德哲学等课程。

奥伯林学院是一个在新英格兰清教气氛笼罩下课程设置陈旧、学术空气沉闷的学校，但是这所学校在社会问题上却表现出积极的进步精神。美国南北战争期间，奥伯林是帮助南方黑奴逃往北方和加拿大的地下通道之一，奥伯林学院率先在美国招收黑人学生，1894 年，它又成为美国第一所授予女生学士学位的男女同校的学

院。米德在奥伯林学习期间，虽然对宗教气氛和陈旧的课程十分反感，但是学院的新英格兰清教的社会良心和在社会问题上的进步思想还是深深地影响了他。

1883 年，米德在奥伯林学院毕业后，曾短暂地在一所小学里担任教师，因为开除几个太调皮的学生而被学校董事会解雇。然后，米德又到威斯康星中心铁路公司做了三年雇员，从事勘测工作。

1887 年，米德考入哈佛大学，学习哲学和心理学。在哈佛大学，米德结识了实用主义哲学家詹姆斯（William James，1842—1910），并在詹姆斯家里做了一段时间的家庭教师。一年以后，米德去德国研究哲学。他首先在莱比锡师从威廉·冯特研究心理学。在莱比锡，他还结识了生理心理学家斯坦利·霍尔（Granville Stanley Hall，1844—1924）。这期间，米德逐渐对心理学产生了兴趣。

1891 年，米德在柏林同朋友亨利·卡斯尔的妹妹海伦结婚。同年，米德返回美国，在密歇根大学谋得一个哲学和心理学教师职位。在这里，米德结识了约翰·杜威（John Dewey，1859—1952）和查尔斯·库利（Charles Horton Cooley，1864—1929）。杜威的实用主义观点对米德有很大影响，尤其是三年后，米德同杜威一起来到芝加哥大学哲学系工作，二人交往甚密，不仅在学术研究和教学工作上有许多密切联系，而且在私人生活方面也有密切交往。

米德注重经验研究，注重人们在交往活动中的意识过程分析，注重意识过程或心理活动的选择性和功能性分析，无疑都在一定程度上受到了实用主义的影响。当然，米德在实用主义哲学方面也有许多独立创见，对后来的实用哲学也有很大影响。但是，同杜威相比，米德的实用主义哲学稍逊一筹。在同杜威的长期合作和交往中，米德也甘当配角。米德的著述远不及杜威多，这可能与米德不擅长写作有关。

杜威曾这样描述米德："米德总是不满意自己已经做过的事，他的思想总是超出自己已经作过的表达，这一点最终导致米德不愿用文字把自己的思想固定下来，多年来，替米德做过这件事的只是那些真正懂得他的思想的深刻含义的学生和亲密同事。"① 科塞说："他常常在书桌旁度过极为痛苦的时刻，有时他因为找不到恰当的语言表达喷涌的思潮绝望得几乎落泪。"② 杜威的描述似乎更实际一些，科塞的说法倒是令人疑惑。没有语言怎么能有喷涌的思潮呢？而有了喷涌的思潮又怎么能没有语言来表达呢？

1931 年，米德在芝加哥逝世。米德的主要著作是《心灵、自我和社会》（1934），在这本著作中，米德确立了他的社会学理论的基本观点和基本方法。其他著作还有：《现在的哲学》（1932）、《19 世纪的思想运动》（1936）、《行动的哲学》（1938）、《米德文选》（1964）等等。这些著作都是米德逝世后，由他的学生和同事们编辑出版的。

---

① 科塞．社会思想名家．石人，译．上海：上海人民出版社，2007：307.

② 科塞．社会思想名家．石人，译．上海：上海人民出版社，2007：383.

二、社会行为主义

对米德社会学思想产生较大影响的，除了以杜威为代表的实用主义以外，还有达尔文的进化论、华生（John Broadus Watson，1878—1958）的行为主义和德国唯心主义哲学。

米德赞成达尔文关于自然界是一个不断进化的过程的观点，他把人类意识看成是自然进化过程中的一个突出表现。正是由于人类意识能够不断发展提高，人类才能不断增强适应环境的能力，进而促进了人类的进化过程。基于这种观点，米德十分重视社会意识活动或社会心理过程的进化研究和发展研究。

华生站在行为主义立场上开展了心理学研究，他把心理学归结为研究动物和人类行为的自然科学，主张把“刺激—反应”作为人类行为的解释原则，认为作为心理学研究对象的都必须是能够被直接观察到的、并且是能够找到其生理基础的心理过程。在华生看来，喜、怒、哀、乐等情绪都可以在相关的生理检测中找到它的发生机制和存在基础。而那些不能用经验测量来处理的思维活动，则不能作为心理学的研究对象。这样，华生就把心理过程还原为生理过程，进而把心理过程归结为纯自然的客观现象。

德国唯心主义哲学家也很重视心理意识过程的研究。但是在他们看来，人类意识活动或心理活动不能混同于动物的感觉过程，尤其是作为理性层面的逻辑思维过程，如概念、判断和推理，评价、选择和审美等思维活动，完全不受生理过程或环境刺激的控制。只有把人类意识活动看成在本质上区别于动物感觉过程的高级精神活动，才能对人类意识活动的内容、过程、环节，以及意识活动展开的各种形式有正确的认识。

米德认为，华生仅仅从生理学出发，把心理过程归结为“刺激—反应”过程是将心理过程简单化了。米德承认心理和行为的生理基础，他也经常讨论神经活动同心理活动的联系。但是米德认为，德国唯心主义者认为主观意识活动不能被直接而客观地从生理经验上测量出来，这种观点也是十分重要的。因为，在人们的思维活动中，确实有很多过程是无法找到它的生理位置的。所以米德主张，既要肯定某些心理活动有其生理机制，又要避免绝对化，不能把心理活动同生理活动简单地一一对应。

米德主张把意识过程放到社会行为中去考察。他指责行为主义和唯心主义都未能重视意识活动的社会基础，人们正是通过相互作用的社会行为，才使意识活动做出协调反应，实现相互沟通。把意识过程孤立地同个人生理过程直接对应，不仅是简单的，而且实际上是错误的。社会行为是人们外部的交往和沟通过程，而思维意识活动是人们的内在心理过程，然而，这就如一枚硬币的两面一样，是不可分离的。人们在交往中相互影响、相互调节和相互适应，同在思想意识中开展的沟通与交流没有本质的区别。

提出在社会行为中考察人类意识活动，这是社会心理学的出发点和基本原则。这不仅超越了华生的行为主义和其他流派的实验心理学，而且也超越了唯心主义和唯物主义的传统认识论。由冯特创立的实验心理学，强调用数学的方法对感觉、知觉、注意、反应和情绪等心理过程进行实验测量，其实质是把心理过程等同于物理过程，看成与社会交往无关的客观现象。虽然实验心理学注重心理测量，坚持计量分析，似乎克服了传统认识论的抽象性，但从根本上看二者并无实质不同。

由笛卡儿、洛克和莱布尼茨等人阐述的传统认识论，无论是唯物主义的还是唯心主义的，都把人的认识活动同社会活动分离开来加以研究，认识活动被看成由感性认识和理性认识构成的、独立于人们的社会实践的主观精神活动，它的使命是通过由低级到高级的逻辑形式，包括辩证的逻辑推论，把握对象的现象和本质。传统认识论展开的认识过程，实质是从社会生活中抽取出来的个人心理活动。包括一些强调实践在认识过程中作用的理论，至多不过把实践作为认识活动存在和发展的客观基础，而不是把认识和实践看成同一个过程。

冯特创立的实验心理学和以华生为代表的行为主义，是在传统认识论的视野里展开的，区别在于更加明确地把心理过程同社会活动分离开来，按照实证主义原则以物理学、数学方法开展纯客观的研究。也可以说，实验心理学和行为主义是传统认识论的科学化、计量化。因此，当米德在社会行为或社会活动中考察心理过程时，他不仅超越了传统认识论，也超越了实验心理学和行为主义。

三、主观定义与符号世界

米德认为有意义的意识过程都是在人际沟通或社会交往中展开的，它的最简单、最基本的形式是“姿势对话”（gesture dialogue）。在人际沟通中，人们总是以某种表情、姿态表达自己的意愿和观点。要想维持友好的沟通，人们的面部表情一定是和颜悦色的；而要是对抗式的进攻，那么双方将显示出戒备、准备攻击对方的姿势，如横眉立目、紧握双拳等等。用这些表达着主观意愿的姿势开展沟通，就是“姿势对话”。

为什么人们都能领悟对方姿势的意义呢？米德认为这是“主观定义”（subjective definition）的结果。用来沟通心理过程的各种姿势都是预先经过限定的，也就是说，各种姿势之所以能够显示意义，是因为人们从主观出发赋予了它某种意义。在交往沟通中，某种姿势的意义能够被双方或大家领会，一方面在于姿势的意义是在交往中逐渐明确的，另一方面在于许多姿势的意义最初就是一种约定，是预先形成的共识，或者说人们为某种姿势下了一个共同的主观定义。

当某种姿势获得了人们共有的主观定义，这个姿势就获得了普遍的象征性，于是形成了可以在广泛交往中使用的沟通形式——象征符号。在米德看来，人们交往行为中的符号不同于动物表现心理活动的姿态。虽然动物在交往活动中也有许多能够沟通心理活动的姿态，但都是非自觉的。人不仅自觉地赋予某种姿势一个被共同承认的意义，而且还能用一些已经有了共有意义的姿势来掩盖或修饰自己的心理活动和社会行动。这就是说，姿势作为符号在人际沟通中已经获得了虚设性。

运动的姿态同它的实际心理是直接统一的。动物不懂得虚设姿势，人能够虚设姿势，是因为人不仅理解自己的姿势的意义，而且还知道别人会怎样理解这些姿势的意义。姿势的意义虽然是由心理活动赋予的，但它一旦获得了共识即包含了共有的意义，就可以同人的心理过程保持相对独立性，姿势变成了人类特有的符号，获得了间接性和对象性。

最具间接性和对象性的象征符号是语词。语词的间接性首先表现在它的抽象性和普遍性上。姿势是以具体形象表现意义，而语词是声音符号和文字符号，它不能显现为某种形象，但是可以刺激人的心理活动而促使人们想象出丰富的形象，并且因为语境和心境的不同，语词引发出的形象是变化的和动态的，交往者进而可以通过语词获得更多的意义。可见，越是抽象反而越能生成更多的具体形象。并且，也正是语词的抽象性使它获得了普遍性。语词可以离开行为者，越过层层间隔，把行为者的意识活动传至四面八方。人际沟通在语词的媒介作用中变得更加广泛和有效。

语词不仅使人与他人的沟通更广泛有效，而且也使深入的自我反思成为可能。米德认为，人不可能用紧握双拳和热烈拥抱等身体姿势来表示对自己的责备或满意，但是利用语词却可以实现十分丰富的自我认识和自我评价。因为语词既能刺激他人，也能刺激自身。人们可以通过有声的和无声的自言自语来实现自我指令、自我评价和自我沟通。这些凭借语词实现的自我意识活动，使人们不仅能够打开一个外在的符号世界，而且也能够敞开一个内在的心理世界。

米德认为，利用语词符号呈现的自我意识，是主观思维的一个方面内容，关于外部世界不露声色的思考也属于隐蔽性的语词符号操纵过程。关于外部世界和内心世界的主观思维，虽然不像人际沟通中的符号互动那样同社会行为紧密联系在一起，但是主观思维也是同社会行为直接相关的。在米德看来，主观思维同社会行为直接相关最突出的表现是它与问题的关系。

任何层面的主观思维过程，只有起始于问题，围绕问题的提出、追问和解决而展开，它才是明确的和有意义的。米德按照实用主义原则来分析主观思维过程对社会实践过程的参与性，通过把主观思维同问题联系在一起，揭示了思维过程的功用追求、价值指向和社会现实性。因为问题是由于人们为满足自身需求和实现某种目标或某些行为受阻而引起的，所以，问题的产生、提出和解决都是同社会行为直接统一的。强调主观思维的问题原则，实质就是要求把隐蔽性的思维过程提升到社会层面来考察。

主观思维常常处于模糊不清的状态：一种情况是自己认为已想清楚的观点，表达出来后别人不明白；另一种情况是自己也弄不清楚在想什么，米德称之为半意识状态。米德认为，主观思维模糊不清的根本原因在于没有明确的问题，于是，思维不仅失去了目标，而且也未能明确地同社会行为发生联系，进而也失去了价值与意义。

问题不仅使主观思维清晰明确，而且还使主观思维获得了不断发展的动力。米德把问题的发生、提出和解决看成是一个发展的过程。一方面，大量的问题是逐步明朗化和复杂化的，这就要求思维过程不断地深入与提升；另一方面，社会行为中的问题不断地产生，旧问题被回答了、新问题又产生了，这就要求思维不断地提出问题和解决问题。并且，思维越是深入、思维展开的层面越是广阔，思维面临的问题就越多、承载的压力就越大，思维由此而激发出的动力也就越足。

米德还论述了思维活动中的选择性问题。他认为思维集中的目标和针对的问题都是有选择的。同样一个外在现象或实际存在的事物，对于有不同要求、意愿的人来说，它显示出的问题和意义是不同的。一本教科书，可以是选了本课的学生准备应试的复习材料，也可以是讲授此课教师的教学参考书，而对其他人来说，这本书则没有这些直接意义，也不会引起别人注意。这就是说，思维过程是根据主观需要而展开的有选择的过程。由于出发点、展开视角和指向目标的区别，也由于心理基础、价值取向和文化传统不同，思维过程呈现出了丰富的选择性，展现在思维中的领域也就变成了一个多元层面、多重意义的可以被创造的符号世界。

总之，无论从外在沟通行为还是从内在主观思维看，凭借姿势对话和语词传媒展开的符号世界都是同人们的社会行为、价值选择和主观创造紧密联系的。从这种人为性或人的主观性和创造性角度看，符号世界是一个文化世界，是一个应当从人类文化活动、文化传统来创造性理解的意义世界。

四、自我意识的分化与发展

当思维活动反观自我时，就产生了自我意识问题。米德认为，思维活动要进行大量的主观定义，但最重要的主观定义是对自我的定义，尤其是在同他人的社会联系中对自我做出定义，即形成自我概念。这是人开展各种层面的意识活动的核心，只有形成了清楚的自我概念，人才能明确地意识到自己的价值、地位，才能由此而出发判明自己在复杂社会关系中所扮演的角色，才能自觉地本着自己的利益、愿望对周围事物做出选择。

由于自我概念只有在同他人的社会联系中才能真正明确，因此自我概念的形成变得十分复杂。在米德看来，自我概念的形成是一个渐进的过程，而这个过程的基础是个人对自身的潜在假定。在社会交往中，个人通过他人对自己行为做出的种种反应而不断地生成自我意识，尽管自我意识最初不是那样清楚，也许是一种朦胧的感受，但是，社会交往中一定要不断地提出如何看待自己的问题。如何看待自己，这实质是一个自我对象化问题，即把自己看作思维对象加以思考。于是，自我意识出现了分化，即出现了作为思维者的我和被思维的我的区分。

米德从语言学出发来分析自我概念怎样在作为主观的我和作为客观的（对象的）我的矛盾关系中生成。他认为，西方语言中我的主格 I 同宾格 me 的区分，实质是自我意识分化的清晰表现。分析人们怎样看待主格我和宾格我，对于了解自我意识的内在规定性很有意义。当人们以主格的我（I）来称谓自己或意识自己时，这时的我是一个主观的我；而当人们以宾格的我（me）来称谓或意识自己时，这时的我是一个被对象化的客观的我。

I 作为主观的我，是可以使人们意识到自己的自主、自立的我。以 I 来意识自己，我是一个主动的我，是一个当下存在的即时性的我。此时，首先呈现在意识之中的是个人的主观意愿、利益需求、情感体验和价值评价。而 me 作为客观的我，则是可以使人们意识到自己的束缚和被动的我。以 me 来意识自己时，我是一个处于各种支配关系和受动关系中的我，是一个被自己和他人作为观察对象或作用对象的我，是一个处于历时性之中的我。

I 是即时性的我，也是一个尚未展开的我，因此，I 是缺乏规定性的我，是一个未能在时间过程中充分得到反思的我。me 是历时性的我，是一个在对过去的回忆中和对未来的展望中被充分反思的我，因此也是在自我意识中明确了种种规定性的我。相比之下，I 是抽象的我，而 me 则是具体的我。抽象的 I 虽然能使人获得更大的主动性和创造性，但是由于未能把自我放到社会关系中作充分思考，亦未得到具体限定，因而自觉程度不高，仅以 I 来对待自我未必能获得有效的社会交往。具体的 me 虽然能使人懂得自己的诸多限制，明确自己过去的成绩与缺失，预测自己未来的希望与困难，但是，如果人仅仅以 me 来意识自己，那么他的主动性和创造性将被抑制，他的思维和行为将难以超出被动状态。

米德认为，只有把 I 和 me 统一起来，人的自我概念才能既获得主观性又获得客观性。这实质上要求人们在主观性和客观性的统一中反思自己，进而形成充实具体的自我概念。实现这一点，人们就能真实地把自己放到社会交往中去理解，自我概念就会在主动与被动、即时与历时、创造与规范、个人与社会等种种矛盾关系中得到统一。以这样的自我概念作为开展思维沟通和社会交往的主观前提，人们的社会行为就会获得高度自觉的积极性，社会交往过程也将获得健康而富有活力的氛围与秩序。

从米德的论述可以看出，自我意识的分化是自我概念具体化的前提条件。按照黑格尔的观点，具体概念可以有两种层面上的理解：一种是感性具体，即人们在经验活动中能用感官直接观察到或接触到的那些实际存在的个别事物；另一种是理性具体，即在对事物的各种规定性有了明确认识之后，在理性思维层面上达到的概念把握，或者说这是一种把握了事物多重规定性的、具有丰富内涵的具体概念。米德对自我意识分化的剖析及他所提出的应当在主格和宾格的统一中来形成自我概念，实质上是要求人们在主观与客观的统一中达到对自我的理性把握，亦即自我意识的理性化。

个人或自我是社会最真实且最具体的存在，而自我意识或自我概念又是个人或自我开展社会交往、进入社会生活的最基本的主观根据，自我意识实现了从分化到统一的理性化，也就为社会理性化奠定了坚实基础。由此可见，虽然米德从心理过程或意识过程开展微观层面的社会学研究，但这种微观研究同迪尔凯姆和韦伯等人的关于社会团结及社会理性化的客观研究在理论追求上是一致的，其根本目标都是社会生活如何能够从传统社会转入现代社会，如何能够实现秩序与进步相统一的健康发展。

米德还从个人意识发展过程的角度论述了自我意识理性化问题。在米德看来，理性化的自我概念的形成，是一个逐渐完成的过程，这个过程是在社会生活中通过持续的学习来实现的。从儿童到青少年的成长过程中，可以清楚地看到理性化的自我概念是怎样通过不同环节完成的。根据自我意识达到的不同程度，米德把儿童青少年的自我意识的发展划分为三个阶段：嬉戏、游戏和普遍化的他人。

在嬉戏阶段，儿童通过扮演他人而产生角色意识。儿童在家庭里或同小伙伴一起玩耍时，常常扮演母亲、医生、警察等各类角色。尽管儿童扮演这些角色时通常一次只扮演一种角色，具有简单的模仿性，但是，米德认为这种简单模仿也具有很重要的意义，它有助于儿童在角色关系中从他人角度来发展自身行为的能力。同时，儿童在模仿某种角色时，总是又面对另一种角色，例如母亲与女儿、警察与小偷、医生与病人等等，儿童对这种角色关系的接触，可以使他们产生关于不同角色之间支配与被支配的基本感受，进而形成最初的社会组织感。

儿童的嬉戏随着年龄的增长在形式上和内容上都逐渐复杂化。年龄较小的儿童只能扮演有限的角色，角色之间的关系也是很简单的。随着儿童逐渐长大，儿童学会扮演越来越多的角色，并且在一起玩耍的儿童人数也增加了，多种角色在一次玩耍中同时存在，角色关系变得复杂起来。这时，儿童为了进行玩耍需要一种低水平的协调，例如儿童在捉迷藏时关于形式、场所等等方面的约定。不过，无论儿童玩耍的内容和形式怎样复杂，它都表现出了随意性和不确定性，不仅大家的约定经常被改变，而且临时聚集起来的玩耍形式也可随时解散。因此，儿童在玩耍中形成的小群体是不稳定的、缺乏规则的。

游戏阶段是嬉戏阶段的发展，它的基本特点是复杂性、组织性、规则性和预期性。米德认为，游戏是具有一定程度稳定性和普遍性的娱乐形式。如球赛、车赛和棋类等游戏活动，都不是儿童们随意聚集起来的，而是按照在一定时间内或一定范围内人们共同认可的某些规则组织起来的。进入游戏活动的少年儿童常常能够同时承担好几个角色，例如球赛中的队长可能又是赛场中的前锋或中卫。并且，游戏者面对的关系也变得比较复杂，游戏者之间的联系不是简单的个人关系，而是每一个游戏者都同其他在场的游戏者发生联系，任何一个游戏者都不能脱离游戏群体而单独活动。

游戏的复杂关系决定了它必须被按照一定的规则组织起来，否则游戏就无法正常进行。虽然许多游戏形式的规则明确而又具体，但是这些规则都是在游戏中逐渐被认可的。游戏的规则是游戏者为了保证游戏过程的协调而达成的约定或共识，这些规则最初发自游戏者的共同意愿，但是形成之后便获得了限制和规范游戏活动的权力。游戏规则的形成标志着游戏者进入了组织之中。

游戏规则与嬉戏中的约定不同，嬉戏中也有一些简单的约定，但那是随意的、并且随着某次嬉戏的解散而被儿童遗忘。游戏规则具有稳定的重复性，只要这种游戏被组织起来，以往同种游戏中的规则立即重新发挥作用。游戏规则的稳定的重复性，使游戏的组织形式也获得了相对稳定性，即便游戏规则因间歇而无效，它也将作为组织形式而进入潜伏阶段。

游戏的规则性和组织性使游戏者一进入游戏过程便表现出明确的心理预期。按照各种规则，游戏者不仅知道自己如何做，而且也知道别人应当怎样做。于是，虽然规则限制了游戏者，但是游戏者却因这些限制而对游戏过程有比较清楚的心理预期，游戏者的行为由此获得了主动性，并且游戏者能够按照规则的限制在被允许的范围内做出有效的选择。

从米德的分析可以看出，游戏中最重要的因素是规则。游戏规则不仅使游戏本身获得了组织性和预期性，而且更有意义的是：少年儿童通过对游戏规则的接受和遵守，逐渐形成并增强了责任心、义务感和社会制度观念。正是游戏中的规则使少年儿童懂得群体或组织中的活动不是随意的，要想达到自己的目的，必须承担游戏组织的某种角色或某项责任，必须为了实现因角色和责任带来的任务而不懈努力。这些责任心和义务感是少年儿童进入更复杂的社会生活、接受社会伦理规范和法律制度限制的心理基础。因此，游戏是少年儿童实现社会化的一个很重要的环节，在游戏中的自我意识已经进入到社会层面，少年儿童开始在社会关系和社会规范中形成比较复杂的自我概念。

自我概念发展的最高阶段是普遍化的他人（the generalized other）。在这个阶段，人开始在比较大的范围里形成关于自我的对象化和普遍化的意识。米德指出："给予个人以自我的统一性的有组织的社区或社会群体可以称作是'普遍化的他人'。普遍化的他人的态度就是整个社区的态度。比如，在像球队这样的社会群体中，作为社会活动的有组织过程，就它受到所有成员经验约束这一点而言，这个球队就是普遍化的他人。"① 从米德的论述可以看出，人的自我意识发生了立足点的变化。在嬉戏和游戏中，少年儿童也能因扮演和竞赛等活动形成不同程度的群体意识，但是那都是从自我兴趣出发对群体关系的认识。而到了普遍化的他人阶段，人们更充分地意识到自己并不是仅凭主观意愿就能开展社会交往，还必须从自己所处的社会组织或社区的风俗习惯、文化传统和伦理规范等方面出发来设计和支配自己

① 约翰逊．社会学理论．南开大学社会学系，译．北京：国际文化出版公司，1988：393.

的行为。

立足点的转变引起了自我意识的对象化。从社区或社会组织出发看待自己，自己被限制在社会的种种规定性之中。并且对社会规定性认识得越多，个性就在自我意识中越淡化，自我不再是一个简单的自主的我，而是一个被社区或社会组织淹没的我，是只能按照社区或社会组织一般规定性才能理解的他人。因此，普遍化的他人中的我，不是主观的我，而是客观的我。

米德关于自我意识发展三个阶段的分析，同他关于主我（I）和宾我（me）的分析是一致的。可以说，I 和 me 的分析是逻辑上的共时性分析，而自我意识三阶段的分析则是历时性分析。I 和 me 的分化及二者的关系，是自我意识发展的时间过程的缩影；从嬉戏、游戏到普遍化的他人，是 I 和 me 各自规定性及逻辑关系在过程中的展开。这里体现了逻辑分析和过程分析的一致性，其目的在于证明，无论从自我意识的内在逻辑看，还是从自我意识生成的演化过程及展开环节看，主观性与客观性、自动性与受动性、个别性与一般性，都是一个逐渐分化、逐渐明晰并且不可缺失的环节。

五、社会组织的心理基础

米德的社会学虽然是微观层面上的研究，但是他毕竟展开的是社会学领域里的微观研究，社会群体、社会组织和社会制度等问题不可排除地要进入他的视野之中。区别不过在于，米德坚持从微观分析亦即从社会心理分析来研究这些宏观层面的现象。用迪尔凯姆的话来说，这是把宏观层面的社会问题还原为微观的心理学解释。

在米德看来，社会组织同人们的主观定义、自我概念等心理过程是错综复杂地联系在一起的。米德区分了两种组织：一种是在人们的心理过程中，由主观定义、自我概念和对社会的态度等构成的内部组织；另一种是由社会制度维系起来的外部组织。内部组织实质上是人们对个人与他人、个人与群体在角色关系、交往形式和群体规则等方面的认识与接受；外部组织是作为客观存在的社会组织，其实质是人们的自我概念和角色意识等心理过程的客观化，也可以说是人们关于群体构成形式和维系方式等方面认识的制度化。这就是说，内部组织是外部组织的内容，外部组织是内部组织的表现形式，其共同实质都是主观意识，并且最根本的是自我概念。

米德还认为，无论是内部组织还是外部组织，它们都是在符号沟通过程中显现出来的。符号沟通不仅是主观意识与生活实践直接统一的过程，而且还是主动性与被动性、创造性与制约性、选择性与确定性在动态、变化中不断生成和转化的过程。就此而言，社会组织被看成处于不断变化之中的形式。更为重要的是：符号沟通不是指向纯客观性的认识，而是在交往中主动地创造意义，这就把社会组织置于人们的创造性之上。社会组织不再像实证主义社会学所描述的那样，仅仅是对个人的限制，而且还是个人在社会交往中实现主观意愿、达成心理共识、结成社会联系的创造。

米德不断强调社会组织与承担他人角色的关系。所谓承担他人角色，是指每个社会成员都应当从其他人所处的位置、应当获得的利益和可能具有的意愿等方面来考虑问题、处理问题。例如，在市场交易活动中，买主和卖主预先就假定了他能承担他人角色。在规定商品价格时，卖主要考虑到买主能否接受这种价格，这实质上是卖主把自己置于潜在的买主立场上，或者说卖主以买主的立场来测算和评价自己的市场行为。这就是市场经济中定价准则形成的心理基础。在米德看来，其他市场规则和经济制度无论多么复杂，都是在事先从交往对方的立场做出预测之后提出并逐渐地被稳定下来的，即在承担他人角色的基础上才能形成种种能够维持实际交换行为的经济制度。

不仅客观性较强的经济制度以承担他人角色为基础，而且有强烈主观性的政治制度也是以承担他人角色为基础的。在政治领域，政治家预先假定每一个社会成员都可以有承担其他社会成员角色的意愿，一般性的政治准则被认为可以得到社会成员的普遍接受。在政治关系中，社会成员只有相互认可才能达成共识和理解，才能使社会获得稳定的政治秩序。例如，在统治者与被统治者之间，统治者只有承担一般被统治者的角色，他才能在了解被统治者意愿的基础上实行有效的统治；而被统治者也只有承担统治者的角色，才能理解统治者的责任与行为，才能选举出真实代表自己利益的统治者。

具有理想性和超现实性的宗教制度也是以承担他人角色为基础的。米德认为，宗教信仰以相信人类具有最普遍的共同本性为基础，教徒们只有把自己看成同其他信徒有同样理想追求的人，才能在具有高度普遍性的宗教氛围中参与宗教活动，宗教制度才能得到普遍认可从而建立起来。宗教提倡的同情心和求善意识，都蕴含着承担他人角色、从他人处境来理解他人的前提。在米德看来，人们在宗教中追求普遍性是最深层次的追求。经济活动也追求普遍性，但是人在经济活动中是从直接的利益交换出发认可他人、接受他人的，宗教活动则是以最普遍的人类本性为基础的。

总之，米德从主观定义、符号沟通和承担他人角色等方面揭示了社会组织和社会制度的心理基础。在这里，米德不仅论述了人的社会性，而且也论述了社会的人性。人只有承担他人角色、进入社会关系和社会过程之中，才能找到自己的生存位置，实现自己的生命价值，才能明确自己的角色地位，有效地开展社会交往活动。同时，社会又不是迪尔凯姆所说的纯客观事实。社会组织、社会制度都建立在人的心理基础之上，离开人的社会行为和心理过程，社会就仅仅是一个空壳，所以，研究社会问题一定要关注人、关注人生现实的社会行为和人性深层的心理活动。

从社会行为和心理过程的角度关注人，似乎在研究人的问题上实现了外在性和内在性、客观性和主观性的统一。玛格丽特·波洛玛指出：“米德接受和发展了这样一个理论框架，它既强调外在的客观行为对社会学理论的重要性，也强调内在的、主观的行为对于社会学思想的重要性。”① 正是对外在性和客观性的关注，使米德的社会学研究获得了现实性和普遍性，同时也正是内在性和主观性的解释，使他的社会学研究达到了深刻性和具体性。

但是，应当进一步指出的是：虽然米德选取了社会学研究的外在性和客观性视角，但是他的社会学理论从根本上或全部内容上看，都是一种人本主义的社会学理论。米德从以实用主义精神为核心的人本主义立场出发，把社会现象的外在性统一于内在性，把社会生活的客观性统一于主观性，最终把一切都归结为主观的心理过程。因此，米德不是把外在性与内在性、客观性与主观性简单地合并到一起，而是把前者融入后者之中。

思考题

1. 如何理解人的心理过程同人的社会行为的统一？
2. 为什么米德把姿势对话和主观定义作为社会现象研究？
3. 米德怎样分析自我意识的分化与发展？
4. 如何评价米德关于内部组织与外部组织的观点？
5. 怎样认识社会心理学在社会学发展史中的地位？

推荐阅读书目

1. 科塞. 社会思想名家. 石人，译. 上海：上海人民出版社，2007：293-316.
2. 瑞泽尔. 古典社会学理论. 王建民，译. 北京：世界图书出版公司，2014：401-420.
3. 米德. 心灵、自我和社会. 霍桂桓，译. 南京：译林出版社，2014.

① 波洛玛. 当代社会学理论. 孙立平，译. 北京：华夏出版社，1989：194.

第十章

帕森斯的结构功能论

本章要点

本章首先介绍了帕森斯社会学理论的思想来源、理论特点和学术地位，然后对其社会行动理论、社会系统理论和社会现代化理论作了评述，深入分析了帕森斯关于社会行动的模式变量、社会系统的结构功能模式和社会发展四个环节等方面的论述，对其理论贡献与理论局限也作了评析。

关键概念

社会行动；模式变量；社会系统；结构功能；社会发展

自帕森斯开始，美国社会学出现了从微观研究转向宏观研究的变化。在帕森斯的结构功能主义理论中，我们不仅能够看到对社会结构、结构功能的高度理论概括，也能感到大量微观层面的社会学问题，只有被放到宏观的理论概括中才能得到明确的理解。由帕森斯实现的这种从微观研究向宏观研究的转变，一方面说明了微观研究对于宏观研究的基础性，即微观研究达到一定程度时必然要提出宏观概括问题；另一方面说明了微观研究的局限性，因为社会学面对的是社会整体，仅仅偏居一隅地凝注微观问题，回答不了错综复杂、难以细分的社会问题，也完成不了对社会进行综合性和整体性研究的使命。

一、学术背景

帕森斯（Talcott Parsons，1902—1979）出生于美国，父亲是一位公理会牧师。在阿默斯特学院读书期间，帕森斯主攻生物学，立志在医学方面有所造诣。与此同时，他对经济与社会方面的理论也产生了很大兴趣，并因此前往英国，在伦敦政治经济学院完成了毕业论文。一年以后，帕森斯来到德国的海德堡，在那里深入研究了韦伯和马克思的社会学思想。1927 年，帕森斯在海德堡大学完成了关于韦伯、桑巴特和马克思等人的资本主义理论的博士论文，并获得了博士学位。

由欧洲返回美国后，帕森斯在哈佛大学度过了 50 多年的教学生涯。他是哈佛大学社会学系的创始人，并担任了社会学系第一任系主任。在漫长的教学生涯中，帕森斯孜孜不倦地勤奋耕耘，不仅创建了丰富的社会学理论，而且也为美国培养了一大批高级社会学专业人才，他的许多学生至今仍是美国社会学界的骨干力量或学术带头人。可以说，美国社会学的主要内容、理论特点和学术队伍，都是与帕森斯的长期影响分不开的，不了解帕森斯就无法理解作为主流的美国社会学。

帕森斯在 1937 年出版了他的第一部著作《社会行动的结构》，这时他的学术研究水平已经达到了很高的程度。但是，他的结构功能主义社会学在美国产生广泛影响是在五六十年代。这与帕森斯所处的时代背景直接相关。他的《社会行动的结构》面世时，正值第二次世界大战即将爆发，人们关注的焦点是危及全球的反法西斯战争，这种形势限制了社会学理论的传播。战后，美国进入了平稳发展时期，各种学术思潮都获得了宽松的社会环境，帕森斯的社会学理论也迅速地传播开来。

战后的美国虽然就总体趋势而言进入了平稳发展时期，但是在许多社会层面仍然存在种种矛盾冲突。在经济领域，各种经济利益集团的竞争常常引起很多难以解决的经济冲突，工人阶级因生活待遇、工作条件的改善等要求，同资产阶级的冲突也不时发生；在政治领域，党派之间争权夺势，麦卡锡主义制造了一系列白色恐怖，政治秩序经常出现短期波动；在文化领域，60 年代逐渐兴起了各种反传统的新文化思潮，尤其是新左派青年造反运动对美国的传统文化发起了猛烈冲击。

研究和回答美国社会的这些现实问题，是素有实践精神的美国社会学家们不可回避的理论任务，帕森斯创立的结构功能主义社会学，正是直面这些理论任务而展开了理论建构。在帕森斯的社会学理论中，既能看到关于人们在不同社会层面开展不同社会行动的论述，也能看到对社会系统不同子系统的结构分析和功能分析，并且能看到各种社会系统相互之间有哪些矛盾关系，它们各自的功能作用以及相互间的协调运作等等理论概括。所有这些，都是与战后美国现实问题直接相关的理论思考，是帕森斯为指导美国协调社会冲突、在稳定的社会秩序中有效发挥各种社会系统的结构功能而做出的理论探索。

帕森斯能够在宏阔的理论视野中从总体联系上回答各种社会问题，这与他广泛而批判地继承了欧洲各种社会学传统直接相关。在欧洲留学期间，帕森斯深入研究了德国、法国、英国和意大利等国著名社会学家的理论，返回美国后，他不仅把欧洲的各种流派的社会学理论介绍给美国社会学界，成为欧洲社会学思想在美洲大陆的传播者，而且还把欧洲各派社会学理论的很多成果融进了自己的理论体系中，成为欧洲社会学同美国社会学以及美国其他文化思潮的集大成者。

对帕森斯来说，使他受益最深的社会学思想莫过于以韦伯和齐美尔为代表的德国社会学理论。玛格丽特·波洛玛在对美国社会学理论进行分类时，曾把帕森斯的理论归为自然主义社会学，即认为他的理论强调客观性，像研究自然现象那样来研究社会问题。不可否认，帕森斯的社会学理论确有注重客观性和肯定实证性的一面，但是却不能因此而把他划入实证的自然主义一类。在帕森斯关于社会行动和社会系统的研究中，表现更为强烈的是对行动者的主观意愿和各种社会子系统的价值取向及其功能作用的分析，是对各种社会行动和不同价值取向相互作用的矛盾分析，也就是说，帕森斯更重视的是人及社会系统的主观性、评价性和选择性。这种理论倾向或研究方式无疑受到了韦伯和齐美尔的影响，韦伯的行动类型理论、权威类型理论、文化传统和宗教观念在社会现代化中的作用理论，齐美尔的社会矛盾、社会互动理论，在帕森斯那里都得到了继承与发挥。

同时还应看到，马克思和狄尔泰对帕森斯的影响也很大。马克思强调在人与自然关系中展开的物质生产活动是社会发展的根本力量，在经济、政治和文化等社会结构中，经济结构是其他社会结构运行的基础，各种社会结构只有协调地发挥作用，整个社会系统才能健康地向前发展。帕森斯对社会系统的结构功能研究，充分体现了马克思的上述思想。尤为重要的是，帕森斯像马克思那样，把经济系统作为其他社会系统运动发展的基础，并且认为人与群体在社会系统中首要的行动是通过生产与其他经济行动而实现的适应功能。狄尔泰不同于马克思，他注重历史因素、评价因素和理解的主观创造性，帕森斯把狄尔泰的这些原则也结合进自己的研究中。在帕森斯关于社会行动的主观取向、沟通的主观性和评价性、文化系统的价值追求等论述中，狄尔泰的解释学的影响也清晰可见。

帕森斯在法国社会学传统中也吸收了丰富的思想来源。以孔德和迪尔凯姆为代表的法国社会学，从实证主义立场出发研究了知识类型在社会发展中的作用、社会结构的有机整体性、结构功能的客观规律性、社会整合方式的相关系统性等等。法国社会学家的这些理论观点和理论原则受到了帕森斯的高度重视，他关于社会结构功能客观性、社会结构功能演化规律性、结构功能模式的普遍性等思想，同孔德和迪尔凯姆的实证主义社会学有理论继承关系。

对待实证主义社会学，帕森斯采取了批判继承的态度。他把实证主义区分为两种类型：功利主义的实证主义和反理性的实证主义。在帕森斯看来，这两种实证主义有两点共同之处：都强调科学方法的决定论，否定在目的与手段选择上的价值取向。但是，在如何坚持科学方法和排斥价值取向方面，二者却有各自的特点。

以马歇尔为代表的功利主义的实证主义，站在边际效用经济学的立场上强调个人行为都以获得最大效益为目的，并且每个人都因其趋利避害的本能而信奉利己主义。功利主义的实证主义认为，趋利避害地追逐个人利益是合理的社会行为，人类行为的目的与手段都是根据这种合理性而展开的。帕森斯认为应当把人类行为的终极目标和直接目标做出区分：直接目标作为具体行为目的是对直接利益的追求，其中体现了人们趋利避害的本能，但是直接目标是实现人类终极目标漫长链条上的某个环节，不应当把以价值理想为根据确立的终极目标同直接目标对立起来。帕森斯实质上强调了眼前利益追求同价值理想追求的统一。

以帕累托为代表的反理性主义的实证主义，首先区分了合逻辑的社会行动与不合逻辑的社会行动。在帕累托看来，人类的大部分社会行动都是不合逻辑的，是受无意识本能的支配而开展的。帕森斯同意对人们社会行动的根据开展内在的深层追问，但是他不同意帕累托关于人们绝大部分行为是受本能无意识支配的观点，他认为人们的大部分行为是有着明确的主观取向的自觉活动。因此，他批评反理性的实证主义具有片面性。

在批判实证主义的同时，帕森斯也批判了唯心主义。除了上面提到的狄尔泰、韦伯等德国社会学家的理论以外，还有黑格尔等其他人的社会理论，都被认为是站在唯心主义立场上对社会问题所做的理想层面的解释。帕森斯认为，唯心主义又以不同于实证主义传统的方式强调了行动的价值取向的重要性，它的主要缺陷是忽视了社会行动同其环境因素的关系，进而把社会行动简单地归结为思想文化的表现或外化，导致了社会学研究的抽象形式化。帕森斯主张在经济、政治和文化的总体联系中把握社会行动和社会系统，以此避免片面的唯心主义和片面的唯物主义。

总之，帕森斯的理论著述是在对欧洲各种社会学流派的批判继承中展开的，他的很多学术观点中包含着同各种社会学流派的对话。这种学术活动方式使帕森斯进入了广阔的学术空间，各种社会学理论在这里交汇融合，形成了兼容众家之长的庞大学术体系。帕森斯的社会学思想，如同向世界各地敞开边界的美洲移民大地，几乎比较有影响的社会学理论都能在这里找到其安身之地。

二、社会行动理论

在对韦伯、马歇尔、迪尔凯姆和帕累托等人的批判性研究中，帕森斯阐述了他的社会行动理论。在帕森斯看来，社会行动问题是社会学研究的最基本层面。因为各种领域中的社会问题实质都是在人们的社会行动中发生的。像韦伯那样，帕森斯认为分析社会行动最重要的是指出其意向性，即社会行动的主观取向。通过分析各种社会行动的一般性主观意向，概括出具有普遍意义的模式变量，进而为研究社会行动问题提供概念框架和方法论原则。在《社会行动的结构》和《关于行动的一般理论》两部著作中，帕森斯实现了他研究社会行动的目的。

帕森斯认为，社会行动是社会现实最小的和最基本的单位，每一单位行动的基本构成都包括手段、目的、条件和规范等要素。因为社会行动都是有特定目标的，指向某种目标的社会行动都发生在特定的情境中，情境既包含行动的社会环境也包含行动的自然环境，而这两种环境中的某些因素是被行动者当作手段来利用的，所以行动者要在目的和手段方面展开价值评价或价值选择。根据对社会行动的这些分析，帕森斯提出了研究社会行动的“目的—手段—条件”原则，即在目的、手段和条件的联系中把握社会行动。

帕森斯批评实证主义社会学和唯心主义社会学都在目的同手段与条件的分离和对立中研究社会行动。无论是功利主义的实证主义，还是非理性的实证主义，都否定了社会行动的目的性。虽然功利主义的实证主义强调人们的行动都趋向于直接利益，这是指出了行动的目的因素，但是这里的目的仅仅是直接内含在情境中的因素，即社会环境与自然环境中的利益因素，因此是完全受制于环境的目的，这种目的同能够导引人生的价值目标是不同的，它不仅不能使行动者获得主动性和创造性，反而会使行动者陷入环境中，淹没在直接的物质利益中，说到底是瓦解了人的目的性。至于非理性主义的实证主义，则干脆直接地否定了社会行动的目的性，帕累托用剩余物来解释人们的行动的根据，就是以无意识本能的支配作用来否定社会行动的目的性。目的性是意识层面的自觉性，而无意识本能则是非自觉的、人类活动中的自然性。因此，在非理性主义者那里，社会行动在本质上同自然环境是无区别的。

唯心主义社会学，即以韦伯和齐美尔等人为代表的人本主义社会学，走向了另一个极端——仅仅强调社会行动的理想目标和价值选择，而否认物质环境或自然条件以及行动者的生物特性对社会行动的限制，社会行动由此而被归结为精神性的理想追求和价值评价，对社会行动的研究也被局限在思想文化领域，使社会行动的研究不仅失去了客观性，而且也失去了现实性。唯心主义开展的社会行动研究由此而成为脱离实际社会过程的空中楼阁。帕森斯认为，社会行动的目的应当在社会环境和自然环境中，通过各种手段同客观因素发生相互作用，才能获得真实的价值与意义。

从“目的—手段—条件”的统一性原则出发，帕森斯概括了社会行动的主观取向。他认为，无论行动者的社会背景和文化背景有何种程度的不同，社会行动总是受到某些人们共有的道德规范和价值准则的制约，人们把这些共有规则结合到自己的行动手段中，并同客观条件发生作用，由此而实现了目标—手段—条件的结合。帕森斯进一步提出的问题是：人们的目标追求即主观取向是复杂的，并且目标指向的客观环境和选择的手段都是在动态中变化的，那么行动者主观取向的构成要素是什么？这些要素的变化能够达到何种程度？怎样才能对纷繁复杂的主观取向进行类型划分？不同的主观取向是怎样结合在一起导致社会系统的矛盾运动的？解决这些问题就是帕森斯在其社会行动理论中所要完成的任务。

在对上述问题的研究中，帕森斯建立了社会行动的“模式变量”（model variable）理论。社会行动的模式变量起码包括两层含义：其一，社会行动依据其主观取向的一般性可以被划分为不同类型，即所谓行动的模式；其二，社会行动模式的基本内容——主观取向不是静止不变的，而是会因环境或条件的不同发生不同程度的变化，即主观取向是变化的因素——变量。可是，一旦直接面对各种变量因素，立即出现的问题就是难以分析和厘清的具体性或复杂性。于是，帕森斯又从具体上升到一般，在他提出的“动机取向”（motivational orientation）和“价值取向”（value orientation）概念框架中分析社会行动的模式变量。

帕森斯关于动机取向和价值取向的划分类似于韦伯关于工具理性和价值理性的划分，但二者又有很大不同。就两种划分的共同性上看，动机取向与工具理性一样直接指向客观现实，追求现实生活中的利益与效率；价值取向与价值理性一样，超越了直接功利的追求，体现了强烈的主观性和理想性。就两种划分的相异性上看，帕森斯的动机取向和价值取向两个概念要比韦伯的工具理性和价值理性两个概念在内涵和外延上都复杂得多。在韦伯那里，工具理性和价值理性主要是就社会行动的根据而言的；而在帕森斯这里，动机取向和价值取向不仅包含着行动者如何选取行动根据的含义，而且还都包含着事实认知、情感体验和价值评价三个方面，并且这三个方面因社会行动展开的领域和所处的条件不同而呈现出不同的变量关系。

动机取向是行动者以直接利益为争取目标的主观要求。按照动机取向来开展的社会行动的特征是：追求利益的最大满足和代价的最小付出。动机取向的这些基本规定性在事实认知、情感体验和价值评价方面都得到了体现。在认知方面，动机取向表现为行动者对其所处情境的关注，它规定行动者接受外界环境对感官的刺激和思维活动对感性现象进行观念概括，形成具有客观性的事实性知识；动机取向的情感方面是指行动者对他所处的情境所做出的情感反应，行动者根据利益的满足与剥夺而做出积极或消极的情感反应；动机的评价方面是指行动者对行动的情境、手段和结果所做出的判断与选择，此时判断与选择的根据是行动者的个人利益需求。

价值取向是行动者对超越直接功利的道德目标和理想信念的追求，它规定着人们在社会行动中以道德规范和理想信仰去选择目标与手段。价值取向在行动者的认知、欣赏和道德三个方面体现出来，这三个方面同动机取向中的认知、情感和评价基本上处于同质对应关系。区别不过在于价值取向超越了直接功利性、突显了行动者的主观理想性和道德规范性。在认知方面，价值取向规定行动者对关于情境的各种认识与解释的态度——接受还是拒绝，而不像在动机取向中仅仅是如何接受和概括外界的反应；在欣赏方面，价值取向表现为行动者情感投入，而不是在动机取向中那样是因利益满足或损害而做出的情感反应；在道德方面，价值取向为行动者提示着评价不同行动类型的一般性标准。总之，价值取向展开的三个方面都具有超越直接功利的主观理想性。

帕森斯认为价值取向的三个方面表明了内化于个人心理结构之中的文化模式，分别对应于不同的文化系统。价值取向的认知方面与文化的信仰系统相对立，欣赏方面与文化的符号化系统相对应，而道德方面与文化的价值系统相对应。这种对应式分析说明，人们在不同文化领域中开展社会行动，发生作用的价值取向是不同的。帕森斯进一步指出，在不同领域价值取向类型不同，不等于某种价值取向抵消了其他价值取向。不仅价值取向的三个方面在行动者的社会行动中同时存在，而且动机取向的三个方面也是同时存在的，只不过因为行动领域不同，面对的情境和需要解决的问题不同，价值取向和动机取向中的某一方面被凸显出来，而其他方面则暂时隐含起来。如果开展关于客观事物的认识活动，那么这时认知取向发生作用；如果是为追求某种利益开展的认识活动，那么则是动机取向中的认知方面发生作用，这时的行动类型就是关于客观对象的、追求功利为目的的知识型活动。而与此同时，动机取向的情感和评价方面，以及价值取向的三个方面都处于隐含状态，并且它们的作用也不是主导性的。

帕森斯不仅对社会行动的主观取向做了分类，对社会行动的情境也做了分类。他首先把情境划分为社会的情境与非社会的情境。社会的情境是行动者在行动中与之互相作用的个人或集体；非社会的情境是行动者面对的自然环境和文化环境。无论是社会的情境还是非社会的情境，都是社会行动者面对的活动对象，或社会行动中的客体。这说明，帕森斯从社会行动的主观取向和客观对象两个方面进行了划分，其划分的目的在于使社会行动的研究进入更具体的层面。

社会行动的模式变量是在上述关于社会行动的主观和客观的类型划分基础上提出来的。相比之下，社会行动的主观取向与客观情境分类是比较概括的，而模式变量则显得更为具体复杂。一般说来，模式变量关系到社会行动主观取向和客观情境的特殊性，因而随着主观取向和客观情境的变化而变化。帕森斯用五种对应性的范畴来概括社会行动的模式变量：（1）情感与情感中立；（2）自我取向与集体取向；（3）普遍主义与特殊主义；（4）先赋与自致；（5）专一性与扩散性。

情感和情感中立是指人们在社会交往行动中，在情感上是互相投入、互相从对方那里得到情感上的满足，还是避免情感投入与直接的满足。

自我取向与集体取向关系到行动者是从个人利益出发，还是从集体利益出发，或者说是把个人利益放在首位，还是把集体利益放在首位。

普遍主义与特殊主义涉及行动者是按社会的一般性伦理规范支配自己的行动，还是按某些特殊规范支配自己的行动。一般性规范对较大范围甚至整个国家乃至整个人类社会都有效，而特殊规范仅仅在某些个别群体中才有效。

先赋与自致实质上是人们对他人的评价原则问题。先赋是根据他人的先天规定或先天关系做出的评价；自致是根据他人的后天能力与业绩做出的评价。

专一性与扩散性指人们在社会交往行动中，在互相接触和情感交流方面是单一封闭的，还是多元开放的。

帕森斯概括的这些模式变量，实质上是五种矛盾关系，是行动者在不同的主观取向、不同的行动情境中面对的矛盾选择。这些呈现为对应关系的选择可以被独立使用，进而能够组合成其他类型的对应关系。模式变量的重新组合，可以对具有综合性的社会关系进行复杂的类型学分析。但是，这样一来又使模式变量生成了过多的类型，以致难以被应用到实际的社会学研究中去。D.P. 约翰逊对此曾提出批评："因为这些变量可以被独立地分析，所以，一种综合性的社会关系的理论类型学能够由每一个变量和其他所有变量的交叉分类创造出来。由此出现的三十二种分类类型可能是太复杂和不方便，难以在社会学分析中实际使用。而且，在这种类型学中许多基本的因素在经验上可能是空的。"① 不过，帕森斯对他自己的这种可变化、可重组的模式变量分析却很欣赏。他认为，模式变量可以用不同的组合方式来分析不同层次的社会现实。在人格层次上，模式变量可以说明人们在社会活动中可选择的

---

① 约翰逊．社会学理论．南开大学社会学系，译．北京：国际文化出版公司，1988：516.

不同需求意向；在社会系统层次上，模式变量可以说明可选择的角色期望；在文化层次上，模式变量可以解释可选择的文化取向。帕森斯细致地说明了不同模式变量如何被运用在这些不同的社会层次上。

为了使复杂的模式变量分析变得清楚一些，帕森斯对模式变量的组合做了进一步分类，即通过鉴别主观取向是关于行动者自己的需求还是关于对他人的态度，区分出动机取向的模式变量和价值取向的模式变量。动机取向的模式变量是关于行动者个人主观动机的分析，而价值取向的模式变量是关于行动者对他人态度的且关系到社会结构的分析。因为关于他人的价值评价和角色期望，实质上是关于各种社会关系的确认甚至是社会关系的形成。

表 10－1 是帕森斯关于人们动机取向的模式变量分析：

表 10－1　需求意向的价值成分①

	情感	情感中立
专一性	部分满足	赞同
扩散性	爱	尊敬

这个图表是把个人的动机取向同价值取向交叉在一起所做的分析。如果个人的主观取向是专一性的，那么在动机取向中的情感方面则是部分满足或特殊的具体需求的满足，例如在饭店中得到了饮食服务的满足；如果个人的主观取向是扩散性的，那么在动机取向中的情感方面则是爱，是多方面的情感投入，例如恋爱中个人的情感投入与需求是多元的；如果个人主观取向是专一性的，那么在价值取向中的欣赏方面（情感中立）则表现为赞同，即根据某种价值准则或道德规范做出评价，而不是像动机取向中那样的情感投入与获取；如果个人主观取向是扩散性的，那么在价值取向的欣赏方面（情感中立）则表现为尊敬。与赞同不同，尊敬是对于对方品质与行为的多方面欣赏，而赞同则是对于对方某一具体方面的认可。

从表 10－2 可以看出帕森斯怎样用模式变量的组合来分析社会结构层面上的角色期望，亦即关于社会结构中价值取向的变量关系。

表 10－2　角色期望的价值成分②

	普遍主义	特殊主义
先赋	遵从普遍规范的期望	依据特殊优先关系的期望取向
自致	成功实现的期望	特殊关系或身份的责任期望

这个图表首先可以用来分析行动者对他人的角色期望中所含有的价值取向。如果评价他人的标准是先赋的，那么在普遍主义的价值取向中则产生遵从普遍规范确

① 约翰逊．社会学理论．南开大学社会学系，译．北京．国际文化出版公司，1988：518.

② 约翰逊．社会学理论．南开大学社会学系，译．北京．国际文化出版公司，1988：518.

立起来的角色期望，“书香门第出才子”就是这种以先赋为标准的普遍主义期望；如果评价他人的标准是先赋的，那么在特殊主义价值取向中则产生依据某种特殊关系建立起来的角色期望，“长子继承权”便是典型的例子。如果评价他人的标准是自致的，那么在普遍主义的价值取向中则形成按成就业绩建立起来的角色期望，例如关于现代企业家的一般性期望；如果评价他人的标准仍然是自致的，但是从特殊主义的价值取向来形成的角色期望，则是关于某种特殊关系或特殊身份的角色期望，例如关于某个经理或工程师的期望。

角色期望的价值成分分析也可以用于对较大的社会群体或社会系统的价值系统分析。美国占主导地位的实用主义文化精神，提倡的是自致的普遍主义角色期望，因此，美国是一个自致的普遍主义社会。德国纳粹党鼓吹的法西斯主义精神，则是先赋的特殊主义价值观念，所以，纳粹德国是一个先赋的特殊主义社会。中国封建社会伦理纲常关于人际关系的种种限定，是典型的先赋普遍主义角色期望。例如，妇女应当“三从四德”，“三从”即“未嫁从父，既嫁从夫，夫死从子”。“四德”即“妇德、妇言、妇容、妇功”，“妇德谓贞顺，妇言谓辞令，妇容谓婉娩，妇功谓丝枲”。这些都是对所有妇女提出的一般生活准则或伦理规范。所以，中国封建社会是先赋的普遍主义社会。

三、社会系统理论

人们一般认为帕森斯的社会学理论有两个基本构成，一个是前面讨论的社会行动理论，另一个是同社会行动理论有很大区别的社会系统理论。看到帕森斯社会学理论发展的阶段性和不同阶段的理论特点，这一点是很必要的。但是，还应当看到的是：帕森斯关于社会行动的理论同关于社会系统的理论是有内在联系的，并且后者是在前者基础之上发展起来的，是前者的深化与扩展。

当帕森斯以社会行动的多种模式变量的交叉来解释比较复杂的社会关系时，事实上他的研究已经进入到社会系统的研究层面。各种模式变量错综复杂地交织在一起，实质上反映了人们在社会交往行动中的密切联系；而能够对这些十分复杂的联系做类型划分，又说明社会联系是存在层次性和结构性的。从社会行动层面来分析这些社会联系，关注的是个人行动所进入的复杂关系，或者说是复杂关系中的个人行动。而在社会系统层面来分析这些结构或联系，关注的则是社会结构的基本功能，即各种社会构成或社会子系统怎样相互作用，发挥出哪些功能。这也就是人们又把帕森斯的社会系统理论称为“结构—功能理论”的缘故。

结构—功能理论在帕森斯的社会学理论中占有重要地位，这不仅因为它是由一系列观点构成的理论，而且更重要的在于它给出了从宏观层面把握社会系统矛盾运动、争取协调发展的基本战略。帕森斯把结构—功能理论的基本战略概括为两点：

第一，识别社会系统及其子系统的基本功能要求；第二，分析满足这些功能要求的特殊社会结构。这就意味着结构—功能理论起码应从两个方面展开：一方面要进行功能分析，即揭示社会系统及其子系统的基本功能。关于这一点也包含两层含义：一是要揭示社会系统及其子系统具备何种功能；二是要揭示它们应当具有何种功能才能保证系统协调运转，即需要包括实然性的客观分析和应然性的评价分析。另一方面要进行结构分析，即要研究存在哪些社会结构以及这些社会结构应该怎样联系起来才能实现或发挥社会系统的基本功能，这里仍然有实然性分析与应然性分析的两层含义。

结构是由要素及要素间的关系构成的，结构—功能分析就其内容或分析对象而言，势必要研究结构的要素及要素之间的关系。从宏观层面讲，社会构成要素是集体与组织，而维系集体或组织的最稳定、最重要的关系则是社会制度。因此，帕森斯在结构—功能分析中又引进了集体和社会制度概念。集体是在特定条件中存在的社会组织，它具有地位、作用和规则等规定性；制度是具有稳定性、普遍性的结构关系，或者具体说是具有普遍性的规范性模式。帕森斯说："一个集体是一个具体互动的特定角色系统。另一方面，一种制度是在可运用到不定数量集体的角色期望中模式化了的因素的复合物。"① 这里，帕森斯清楚地强调了集体的特殊规定性和制度的普遍一般性，并且集体存在于制度的限制中，制度通过集体的联系表现出来。

关于结构—功能分析的战略和对结构—功能分析涉及的基本内容的概括，都触及社会系统的矛盾关系和矛盾运动。帕森斯的目的不仅是要明析这些矛盾关系，而且要协调这些矛盾关系，使具有多种子系统且具有复杂功能的社会稳定有序地发展。概言之，即寻求社会结构—功能的协调一致性。当帕森斯把寻求社会结构—功能的协调一致性作为自己理论研究的任务时，他首先又把社会系统存在结构—功能的协调一致性作为自己理论研究的前提。在他看来，无论社会系统多么复杂，也无论社会结构关系中存在何种冲突，都必须存在最低限度的一致性。只有以一定相关性而联系起来的不同社会结构具有最低程度的一致性，不同层面的社会结构才能被作为系统来研究，否则关于社会系统的结构—功能研究就无从谈起。

帕森斯通过文化观念和价值系统的内化（internalization）与制度化（institutionalization）来论述社会系统的一致性问题。内化是指社会层面的文化观念和价值取向被社会行动者认同并结合到自己心理结构和行为模式中，亦即社会的文化模式和角色期望被转化为人格系统。内化既是个人对社会文化观念和价值规范的接受与认可，又是社会文化观念和价值规范对个人的深层限制。内化的直接意义是一般性规范深入个别性人格，而内化的间接意义则是一般性规范通过个性化行为实现了制度化。帕森斯认为："在社会结构中，一种真正的行为动机整合只有依靠制度化了

① 约翰逊．社会学理论．南开大学社会学系，译．北京：国际文化出版公司，1988：522.

的价值的内化才会产生。”[①] 在这里帕森斯指出，内化到个人心理结构和行动模式中的价值规范是经过制度化这个中介的。因此，内化实质是制度化的具体化，制度只有得到个人的认同才能获得深刻的根基，社会才能真实地实现制度化。

内化进入了人格系统，而制度化则展开于社会系统。如果内化到人格系统中的原则与规范，是一些原先就已制度化的原则与规范，而被内化到人格系统后不断地、持续地得到社会其他成员的广泛赞同，那么这就意味着实现了新的制度化，社会系统也就在新的层面上形成新的一致性。帕森斯说：“就与一种价值取向标准相符合来满足这两方面的标准来说，即从系统中任何特定行动者的观点来说，它既是一种他自身需求意向实现的模型，又是其他有意义的行动者‘乐于’反应的一种条件，在这样的情况下，那种标准将被认为是制度化了。”[②] 可见，内化与制度化是辩证统一的关系，并且正是这种辩证统一的关系，即内化与制度化的持续进行，不断地创造和维持着社会系统的一致性。

帕森斯还讨论了保持社会系统正常运行的一些其他功能，如缓解因竞争产生社会冲突的平衡功能；使不断分化的社会系统维持整体性的整合功能；引导、教化社会成员，尤其是在未成年人社会化中发挥作用的文化模式功能；对社会越轨行为予以惩罚的消极制裁功能；鼓励社会成员广泛学习和模仿某种有益于社会的社会行为的奖赏功能；对内维持治安、对外防止侵略的保卫功能等等。帕森斯列数这些社会结构功能，得出了必须建立必要的制度机制的结论。因为社会要求的最低限度的结构功能是十分复杂的，只有以相应的制度来调控这些结构功能，它们才能协调运作、有效发挥。否则，将出现社会系统结构功能的紊乱。

制度都是在特定的社会结构中形成和发挥作用的，有多少社会结构就有多少种社会制度，并且因不同社会结构在社会系统中所处地位不同，相应的社会制度发挥作用的程度也不同。基于这种观点，帕森斯首先识别了社会系统中的基本结构，因为只有做到这一点才能明确社会生活中的基本制度。在帕森斯看来，社会系统中的基本结构包括：(1) 亲属结构，即以婚姻关系和血缘关系为基础的社会结构，它的功能在于对两性关系的规定和对未成年人的抚养；(2) 工具性的成就结构和分层，这种结构关系到生产分工、劳动就业和工作报酬等方面，它的功能在于协调社会生产、合理化职业结构和通过薪水报酬鼓励工作积极性等等；(3) 地域、力量和权力系统的整合结构，实质是实行区域控制，对各阶层、阶级和各种党派势力之间的矛盾冲突给予分疏、调和的政治结构或政治组织；(4) 宗教和价值的整合结构，这个方面的结构是指宗教组织、宗教信仰和社会的价值观念系统，其功能在于从理想信念和价值取向上对社会进行普遍性整合。

帕森斯在讨论社会基本结构时，实质上已经论述了最基本的社会制度。那些长期存在并发挥基本作用的社会结构，一定有得到社会成员认可的、稳定的社会制度

---

① 约翰逊．社会学理论．南开大学社会学系，译．北京：国际文化出版公司，1988：523.

② 约翰逊．社会学理论．南开大学社会学系，译．北京：国际文化出版公司，1988：523.

在其中。从帕森斯的论述可以看出：结构靠制度来维系存在，制度靠结构来发挥作用。

帕森斯进一步的论述是：各种社会结构及其相应的社会制度，在社会系统中不是平等并列的，因社会条件、文化传统和理想追求等方面的差异，在不同的民族或国家中，总是有一种社会结构和社会制度处于支配地位，而其他结构与制度则处于从属地位。例如，在美国处于支配地位的社会结构是职业结构，而与之相对应的是强调普遍主义的自致模式的职业制度。其他方面的社会结构，如亲属结构、教育结构、政治法律结构甚至宗教结构，都要服从职业结构的制度要求。美国的家庭是现代的核心家庭，而不是传统的扩大式家庭，适应了选择职业和职业专业化的要求；美国教育结构的主要任务是为社会培养有专业技能的职业系统新成员，要尽可能地使他们具备在专门职业上能够获得良好业绩的能力；美国的政治法律系统要以维持职业系统的正常运行为自己的基本职责；美国的宗教信仰活动只能被限制在每周日这一天的时间里，这也是对职业结构及其制度的服从。

帕森斯认为，职业结构在美国处于支配地位，它是美国社会结构中的一种特殊的结构类型。任何一个国家和地区，都存在一种特殊类型的结构，它体现着民族的价值观念取向。职业结构在美国作为特殊的结构类型发挥支配作用，其精神根源在于自致的普遍主义，明确地说是实用主义的价值取向。这种实用主义的价值取向通过对社会结构的制约而规定了整个社会系统的性质、规定着其他社会功能的发挥与协调。因此，分析社会结构功能和社会系统的发展变化，应当抓住价值取向这个核心问题，否则，面对极其复杂的社会系统的结构功能研究将会杂乱无序。

四、A—G—I—L框架

A—G—I—L框架是帕森斯社会系统理论的主要内容，是整个结构功能主义社会学最引人注意的部分，也是概括程度最高、展开视野最广、论述过程最复杂的方面。

提出A—G—I—L框架的基本立足点是：无论是整个社会行动系统，还是构成社会的小群体、家庭和比较复杂的社会组织，都具有一些最基本的共同的结构，这些结构在其运行中既要求着也发挥着某种特定的功能。把这些具有一般共性的功能要求和功能作用概括出来，就建立了一种关于一般系统的结构功能框架——A—G—I—L框架。这种框架可以被用来研究各种社会系统、子系统或社会结构的功能。

A——适应（Adaptation），即社会系统对环境的适应功能。包括对环境给系统的限制和压力的顺应，以及对环境的积极改造。由于帕森斯所说的环境亦即情境，包括人、群体、文化和自然等因素，因此适应作为社会系统对环境的顺应与改造，就在这些社会生活的各个方面展开，是社会系统同周围环境的多层面能量交换，通过这种交换社会系统得以获得维持其存在的资源与能量。

G——目标达到（Goal-attainment），即社会系统确立总目标的功能。社会系统确立了总目标，可以把社会成员的社会活动集中指向某种目的。目标达到功能表现为一种过程，包括确立目标和组织社会成员为实现这一目标而付诸实践。确立目标同适应功能的关系是动机与手段或目的与手段的关系。仅有适应过程而无目标确立的社会系统运动是无方向的；而仅有目标而无适应过程的社会系统是无效的。

I——整合（Integration），即协调社会系统各组成部分，使它们达到某种程度的团结而进行有效的合作。整合功能是通过适当的情感联系实现的，或者说情感因素在整合中发挥着重要作用。在整合功能中的情感联系不必取决于利益获得和某种目标实现，因此具有一定的超功利性质，若非如此，整合功能将因为功利冲突而不稳定。

L——潜在的模式维持（Latency pattern maintenance），即根据某些规范与原则，维持系统行动秩序与活动方式连续性的功能。帕森斯认为，社会系统是动态变化的过程，社会成员某种社会活动的不连续性造成了社会系统运行的间歇性。但是，社会系统不会因为运行的间歇性而中断，它将通过一系列规范和原则使自己的运行模式潜存下来，一旦社会成员进入这些规范和原则作用的范围内，系统就又重新运行起来。这种情况就是潜在的模式维持功能。

如同在社会行动理论中关于主观取向的论述一样，A—G—I—L 框架既是关于社会系统结构功能的实然性概括，即社会系统及其子系统都客观地具有这四种基本功能；又是关于社会系统结构功能的应然性判断，即社会系统及其子系统要保持良性运行和健康发展，就必须协调地、有序地发挥这四种基本功能。因此，A—G—I—L 框架既可以用来分析社会系统结构功能的实际存在状况，又可以用来指导社会系统的协调运行。

在帕森斯及其同事们看来，A—G—I—L 框架可预测社会系统运动及其功能发挥的阶段性。社会系统运动的动因在于内部的紧张，而内部紧张又与外部环境压力有关。因此，可以说社会系统运动是由内部和外部的矛盾关系造成的。社会系统一定处于特定的外部环境中，也一定存在某种内部结构关系，社会成员在受内外各种规定性限制的系统中，不仅有实然性的认知，而且有理想性的要求。理想要求同系统现存状态一定存在某种不一致，当社会成员根据理想要求采取社会行动时，社会系统就开始了运动，各种结构功能也就发挥了作用。

社会系统的结构功能是在有秩序的过程中发挥出来的。社会系统结构功能的秩序性主要表现在两个方面：一方面，结构功能发挥的顺序性。首先发挥作用的功能是适应功能。社会系统只有适应了外部环境的压力，并动员内部力量从环境中获取维持系统存在的资源，才能保证系统存在下去。此时，系统实质上处于经济活动充分发挥作用的阶段。

而要动员系统内部力量或社会成员，必须确立社会成员共同认可的系统总目标，否则系统的适应功能就不能有效地发挥，于是系统进入目标达到的功能阶段。实现系统的总目标，需要系统成员的共同参与，同时系统应当获得最低程度的一致。在实现总目标之前，系统的一致性不是依靠成员的情感联系而获得的，在达到系统的目标时要严格要求成员在行动上的一致，这往往会破坏成员之间的情感联系，此时系统处于政治活动充分发挥作用的阶段。政治活动具有强制性，它要通过各种手段强制性地推进系统目标的实现，对社会成员有碍于目标实现的情感联系产生某种程度的抑制甚至伤害是难以避免的。

在系统目标实现之后，系统运行进入整合阶段。当系统总目标达到后，系统内部的紧张状态开始缓解，不仅系统的总目标实现了，而且社会成员的利益需求和角色期望也都在一定程度上实现了。宽松的系统环境使成员获得了沟通情感、建立情感依附关系的条件。此时，家庭、初级群体、社区，以及各种人际交往层面中的情感联系发挥着社会整合作用，形成了在宗教情感、理想信念、道德规范和行为准则等方面的共同取向，社会系统进入整合功能充分发挥作用的阶段。

当上述三个阶段依次达到之后，社会系统将进入潜在的模式维持阶段。这个阶段是必不可少的。因为只有把适应、目标达到和社会整合三种功能所实现的结果形成某种秩序保存下来、延续下去，系统连续运动和不中断的发展才能成为现实。这里，帕森斯似乎在重现着孔德的观点，即社会进化的成果只有凝结为社会秩序才能实现社会进化的目的，社会进化才能成为现实。帕森斯强调潜在模式维持，实质上也是强调社会秩序的形成与巩固。帕森斯所谓的潜在的模式，不过是一般化了的行为规范系统、社会制度系统和文化模式系统，它们规定和形成的实质是社会秩序。

社会系统结构功能秩序性的另一方面的表现是各种功能发挥的协调性。就社会大系统内部构成看，主要有四个子系统：经济系统、政治系统、社会系统和文化系统，它们分别承担着适应、目标达到、社会整合、潜在模式维持的功能。子系统一定存在于母系统之中，因此，四种子系统及其功能也在同一个系统中发挥作用。四种功能不仅有顺序地发挥出来，而且还在交叉互动关系中协调起来。图 10－1 可以显示帕森斯关于社会系统及其子系统的四种功能具有交叉协调关系的观点：

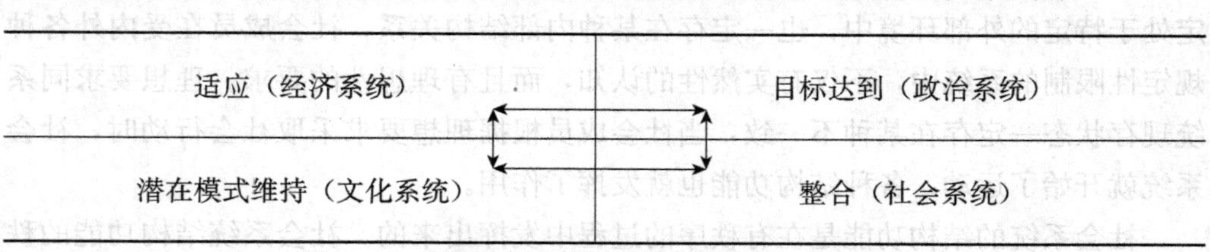

图 10－1　社会系统的功能性子系统间的交叉联系

可见，社会系统内部的子系统及其结构功能都是相互联系、相互作用的。虽然就其展开逻辑看，四种功能的发挥有顺序性，但就其实际发生过程看，子系统及其四种功能都不是孤立存在的，总是在交叉的动态关系中发挥作用的。当子系统及其四种功能同时发挥作用时，必须存在的前提或应当达到的效应是它们的协调性，也就是具备最低程度的一致性，否则系统就不可能存在，四种结构功能的交叉互动也就不可能。

帕森斯还进一步论述了各种结构功能的等级关系。在他看来，从社会及其子系统的关系层面上看，A、G、I、L四种结构功能分别是经济系统、政治系统、社会系统和文化系统的功能。而从社会行动系统的角度上看，四种结构功能又分别是有机体行动、人格行动、社会交往和文化活动等不同社会行动的功能。帕森斯把四种社会行动分别称为行为有机体系统、人格系统、社会系统和文化系统。在帕森斯的论述中，社会行动系统和社会系统两个概念间的区分不是很明确，就其包括的内容看，二者并无太明显的不同。仔细比较后可以发现，它们的区别不过在于观察或论述的角度不同：社会系统论侧重于社会的结构分析；而社会行动论则侧重于行动者的行动类型分析。

社会行动因展开形式和实现内容的不同而在作用性质和作用程度上呈现为质和量的差别，亦即出现了控制和制约的等级关系。帕森斯用图10－2来表示他的观点：

控制的等级系统	制约的等级系统	行动的系统
信息流动	能量流动	文化系统
	↑	社会系统
↓		人格系统
		行为有机体系统

图10－2　行动系统之间的等级关系

此图说明：社会行动控制的内容是信息流动，或者说社会行动系统的控制是通过信息传递的方式实现的；社会行动受到制约的内容是能量流动，亦即来自环境的制约是通过能量流动的方式实现的。信息流动由文化系统发出，然后作用于社会系统、人格系统，最后到达行为有机体系统；能量流动是从行为有机体系统开始逐渐上升到文化系统。这是关于信息流动和能量流动的作用次序的解释。另一种解释是：从信息流动角度看，文化系统的信息量最大，而社会控制的内容是信息流动，因此，文化系统在社会控制中所处的地位最高，能量最大；从能量流动看，这里所指的能量是社会行动的能量，社会有机体的行动能量最大，并且是最基本的行动能量。文化系统首先从人类对终极实在的思考中获得了信息量，其中最高层的内容是人与世界的存在本质和意义，并由此而辐射到人生、社会、自然的各种层面。文化系统的信息量最大，但行动能量最小。社会有机体系统在同自然的直接作用中进行生产活动，获取生活资料，支撑着人们的社会交往、政治活动和文化活动。社会有机体系统的行动能量最大，但信息量最小，因为它不像文化系统是作为观念系统存在的，而是作为感性的物质行动系统存在的。

A—G—I—L框架不仅可以从宏观上分析社会系统和社会行动系统，而且还可以用来分析社会系统的子系统甚至子系统的子系统（见图 10－3）。帕森斯认为，子系统如同它的母系统一样，既把母系统作为自己存在的环境，又有自身相对独立的系统性，并且在自己内部还可能包含若干子系统。每一层次的子系统都具有 A、G、I、L 四种功能。只要有由制度关系维持着的内部结构性，那么它就可以看作一个子系统，A、G、I、L 四种结构功能就可从中被识别出来。

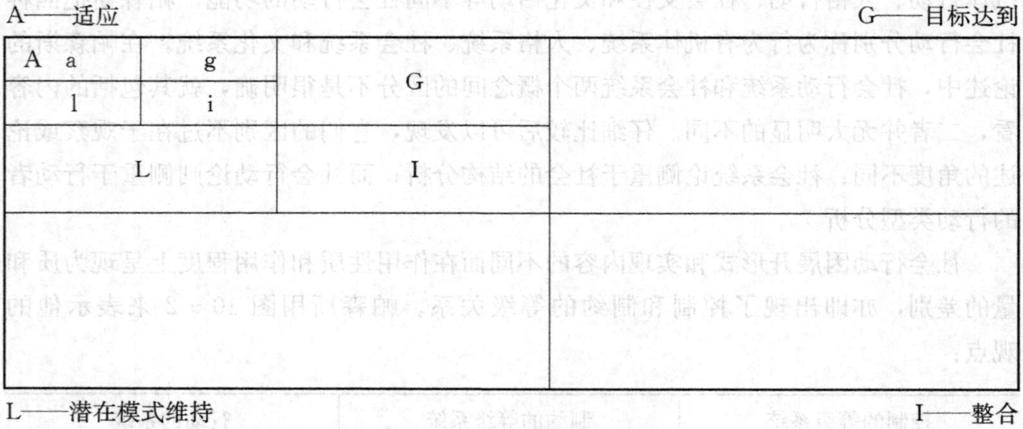

图 10－3　子系统的结构功能①

五、结构分化与社会发展

A—G—I—L 框架还是揭示社会发展动力与过程的理论模式。帕森斯的社会发展理论，或者说是现代化理论，内容是十分丰富的，他从社会结构的分化入手，把社会发展的历史过程解释为 A—G—I—L 框架的展开过程。随着历史的演进，A、G、I、L 四种结构功能逐步分化，促进了社会行动专业化、组织化和高效化，最终迎来了以工业化为主要内容的现代社会。

像斯宾塞、迪尔凯姆和韦伯等人那样，帕森斯把社会结构分化看成是推进社会向前发展的决定性因素。帕森斯把社会发展过程概括为五个阶段四个环节，这五个阶段是：原始阶段、原始社会后期及古代社会、中间阶段、温床社会、现代社会；四个环节则是这五个阶段的过渡和联系。这五个阶段是人类社会发展的一般过程，促使这五个阶段依次展开的动力是社会结构分化和结构功能分化，并且衡量和识别不同民族达到社会发展的哪个阶段的标准也是结构分化与功能分化程度。除了作为最初状态的原始阶段是未分化的社会以外，其他四个阶段都代表着一种主要结构功能的分化，并且结构功能分化的程度越来越高，社会也越来越发达。四种结构功能

---

① 约翰逊．社会学理论．南开大学社会学系，译．北京：国际文化出版公司，1988：540.

充分分化之时，便是现代社会产生之日。

第一个环节

从原始阶段到原始社会后期及古代社会，是人类社会发展的第一个环节。在这个环节中，整合功能是社会的主要功能，它在分化中得到了展开和强化。一般说来，整合与分化是排斥的关系，而帕森斯却把这两个方面高度地统一起来，认为整合与分化是互为前提的。

在原始阶段，亲族关系和宗教控制着整个社会。人们在原始阶段结成的社会团体是以血缘关系和婚姻关系为基础的亲族集团。在A—G—I—L框架中，社会团体的功能是整合功能，在原始阶段，亲族集团更突出地表现出了整合功能。由于亲族集团同原始社会团体是完全统一的，在亲族集团之外没有其他社会团体，因此亲族集团的整合功能也就是全社会的主要功能。社会生活的各种方面，包括宗教活动、政治权威、生产劳动和产品分配等都被控制在亲族关系之中。

以宗教活动同亲族集团的关系为例，帕森斯论述了原始阶段的整合功能。原始阶段的宗教一般与祖先崇拜相联系，包括对动物和其他某种自然物的图腾崇拜也要同对祖先的崇拜联系起来。原始人在宗教活动中没有组织也没有等级，大家以同样的情感体验在亲族团体中参加宗教活动，把对神的敬畏和对祖先的崇拜直接联系起来。每个人都把自己的现存世界同祖先的世界融合在一起，渴求并体验着祖先对后代的关怀。宗教活动与世俗生活的直接同一，不仅体现了原始阶段社会分化程度不高，而且也说明亲族关系在社会生活中整合作用的强大。

原始阶段的社会整合在结构分化中得到进一步发展。结构分化不可避免，原始阶段的社会结构是单一的亲族集团结构，而其功能又是整合，所以，原始阶段的结构分化是亲族集团的分化，它的功能分化也就是整合功能的分化。亲族集团的分化突破了原始社会的亲族关系，出现了阶层。这种分化虽然削弱了亲族集团的整合功能，但是它却使原始社会获得了新的较高程度上的整合功能。在帕森斯看来，原始社会的整合功能保证了结构分化产生于一个坚固的社会统一体之中，以致阶层出现不会使社会分裂。阶层的出现不仅分化了亲族关系，而且产生了新的制度关系，这就使原始社会的整合功能有了新内容与新形式。

阶层是由社会地位和社会分工而划分的，阶层关系超越了血缘关系和婚姻关系。阶层内部和不同阶层之间的整合关系经过了分化、适应性升级、包容和价值普遍化四个过程。阶层同亲族集团的分化导致了新结构功能的产生，进入新阶层的社会成员以及整个阶层，都要在新的结构关系和外部环境中提高自己的适应性，即适应性升级。社会成员和阶层适应能力的提高又使更多的人被包容到新的社会结构之中。分化了的社会结构及其功能比最初的原始阶段要复杂得多，此时仅凭情感依附来实现社会整合已不可能了，于是，各种具有普遍意义的原则和规范纷纷形成，社会形成了价值普遍化，即社会成员对普遍性原则与规范的认同。社会由此而获得了更高程度的整合功能。

第二个环节

从古代社会到中间阶段是人类社会发展的第二环节。在这个环节中，目标达到功能逐渐从社会系统中分化出来，成为政治系统的结构功能而发挥越来越强的作用。目标达到功能的分化与加强，是通过建立阶层制度、发展政治控制、政治与宗教分离等环节来完成的。

阶层及阶层制度在古代社会阶段后期就开始形成了。但是，阶层和阶层制度的形成是一个很长的历史过程，在第二环节展开的初期这个过程仍然在继续着。不同的是，在第二环节中，阶层及阶层制度的形成主要是政治活动层面的，而第一环节后期的阶层及阶层制度的政治色彩还不够明显。在第二环节初期，首先出现的阶层划分是统治者和被统治者两个阶层，族长的权力开始向在经济上占有优势地位的人的手中转移，亲族统治转变为政治统治。同时，神圣崇拜同祖先崇拜发生了分离，神权统治代替了族权统治，这为以后宗教支持政治，通过“君权神授”论证政权合法性、促进政治统治进一步发展奠定了基础。

神权同族权分离后实现了同王权（政权）的统一，从政治系统发展初期来看，这对政治系统是有利的，但是当政治系统发展到一定程度之后，宗教神权对政治系统就产生了限制和保守的作用。在古代社会的阶层分化中，专门从事宗教活动的僧侣集团从亲族集团中分化出来是一件十分重要的事情。僧侣集团是由劳动者供养的特权阶层，只有他们才能脱离生产而专门从事文化活动。僧侣集团掌握了文学领域，并且能够编纂文献，这对于仅凭经济实力和军事实力控制政权的统治者来说是十分需要的。僧侣集团不仅用宗教观念和宗教仪式来宣扬君权神授，而且还把控制社会的各种政治规则文字化、知识化，形成具有普遍意义的政治规范系统，使政治控制具有了更稳定的合法性。在政治系统发展不够充分的时候，它有必要依附宗教并获得宗教在君权神授和把政治规则、政治控制文字化等方面的支持。但是，当政治系统强大得足以独立运行时，宗教对政治系统就产生了限制作用。政权不甘心对神权的屈服，于是出现了王权同神权的冲突，最终导致了政教分离。

政教分离是政治系统功能强化的最重要的环节，因为它标志着政治系统真正获得了独立运行的能力，目标达到功能也确实同社会整合功能分化开来，成为社会系统的相对独立的功能之一。政教分离后，政治统治者接受了以文化规定社会地位的观念，这意味着政治系统已经能够运用它们所掌握的世俗的规范性知识来维持政治秩序了。结构分化和功能强化也促进了政治组织和政治设施的进一步发展，社会系统中出现了专司政治统治的系统，而它的责任在于提出明确的总体目标，动员社会成员为之奋斗。

第三个环节

从中间阶段到温床社会是社会发展的第三个环节。在这个环节中，潜在的模式维持功能分化是社会结构功能分化的主要内容，或者说潜在的模式维持功能得到了分化与发展。模式维持功能是文化系统的结构功能，是行动规范、原则和价值理想等普遍化为文化模式后对社会发生的作用。因此，模式维持功能的分化与发展，实质是文化系统的分化与发展。

在帕森斯看来，文化因素是社会存在与发展的最重要的因素，自从有了人类社会就有了文化及其作用。不过在原始社会、古代社会和中间社会，文化都未能同社会系统和政治系统分化开来，文化的功能只能通过亲族集团和宗教活动的整合功能、政治系统的目标达到功能发挥作用。在原始社会，亲族集团内部的行为准则、生活戒律和风俗习惯，原始宗教关于各种现象的神秘解释等等文化观念，都是社会成员认同亲族关系和社会整合的心理基础和一般根据，文化观念和文化活动同亲族集团的关系与活动直接统一。到古代社会末期，阶层从亲族集团中分化出来，这时首先分化出来的阶层之一是神学化了的文化阶层——僧侣阶层。文化活动同家庭、氏族的活动保持了一定的相对独立性，但却仍留在宗教的怀抱里并且主要以宗教活动的形式出现。在中间阶段后期，政教分离后，文化分别受到宗教和政治的控制，出现了宗教文化和政治文化，文化实现了第二次结构功能分化。

西方的宗教文化追求外在本质和客观普遍性，政治文化追求现实利益和社会控制，这两种文化价值取向，有力地但不是自觉地支持和孕育了科学文化和大众文化。科学文化关注外在客体，追求自然本质与规律，大众文化关注现实利益和人际关系，这些同宗教文化和政治文化在精神实质上都是一致的。因此，在帕森斯看来，西方宗教文化和政治文化必然要最终发展出科学文化和大众文化，亦即“世俗文化”。文化由此而实现了同宗教和政治系统的分离，终于作为一个相对独立的子系统发挥作用。

从时间上看，以科学知识和大众文化为基本内容的世俗文化是在 17 世纪的欧洲发展起来的。但是帕森斯认为，世俗文化在古希腊和古代犹太民族那里就已经存在了。他把古希腊人和古代犹太人所处的社会称为“温床社会”。在古希腊的温床社会中，已经形成了普遍的价值观念，社会强调公民拥有平等公民权和其他基本权利，普遍性的法律规范、价值准则超越了个人或个别团体的特殊利益，形成了维持社会秩序的普遍性文化模式。在古代犹太人的温床社会中，人们从对上帝的信仰出发认可了普遍法律规范，也形成了一般性的文化模式。这就意味着这两个温床社会都已达到了世俗文化的水平。然而，这两个温床社会中的世俗文化未能延续下来，只有在 17 世纪发展起来的世俗文化才发展到现在，为现实生活建立了近现代文化模式，并作为一直发挥作用的潜在模式维持功能存在着。

第四个环节

从温床社会到现代社会是社会发展的第四个环节。在这个环节中，适应功能伴随着经济系统从社会其他子系统中分化出来而得到了充分发展，适应功能真正成了社会行动能量最大的结构功能并开始发挥强大作用，人类社会由此而步入现代社会。

帕森斯认为，主要通过经济活动发挥出来的适应功能在任何社会阶段都存在，因为人类任何时候都要以获取物质生活资料作为生存与发展的前提，在最早的原始阶段也是如此。但在现代社会以前的所有社会阶段中，经济活动和适应功能都未能从社会其他子系统的控制中分化出来，也从来未能独立地发挥作用。只是到了现代社会，社会、政治和文化等子系统都实现了结构功能分化，经济活动和适应功能才获得了相对独立性，才真正开始作为社会最基本的结构功能而发挥作用。

在原始阶段，经济活动是在亲族集团内部进行的，亲族集团的血缘关系、狭小的活动范围、无差别的生活方式，都严重地限制了经济活动的发展。利益阶层和权力阶层的出现，一方面突破了单一的亲族关系社会结构，另一方面也在社会差别和利益斗争中使经济获得发展的生命力。到了中间阶段，宗教和政治发生了分离，经济系统在宗教和政治的控制下受到了新的压抑，后来又因为宗教和政治的分化，使经济系统获得了新的发展动力。

传统宗教从本质上是限制经济发展的，宗教的禁欲主义、反功利主义、对现世生活的藐视和对来世天国的虚幻追求，尤其是对科学技术的排斥，都严重地束缚着经济系统的发展。后来，在新教改革运动中，宗教发生了分化，形成了肯定功利、提倡实业、承认科学、争取平等的新教伦理，这些新宗教观念都对发展资本主义经济起到了十分重要的积极作用。

政治系统对经济发展的限制不像传统宗教那样严厉，主要表现是统治者往往以短期目标来要求经济系统，在一定程度上有碍于经济系统的长期发展。但是，政权的巩固离不开经济发展的支持，当政者一定希望他管辖范围内的经济有较好的发展状态。并且，政治系统在其分化性发展中也为经济发展提供了方便条件。当西方政治系统实现了三权分立和其他权力制衡机制时，政治对社会其他子系统的控制力度减弱了，各种经济活动获得了宽松的环境和较大的发展空间。并且，各种维持和保护经济活动与经济利益的法律也为经济发展形成了稳定的社会秩序。

文化系统的发展对经济系统的发展也很重要。文化的世俗化，一方面实现了科学发展并推进了技术进步；另一方面，文化观念更新和价值取向重构，就总体趋势而言，都是不断地趋向现实、趋向生活，理性、务实、进取的近现代文化精神同经济发展是一致的。并且，文化世俗化和新文化精神又都通过对政治系统的推进间接地促进着经济系统的发展。

总之，经济系统及其适应功能是在社会其他子系统的分化中逐渐发展起来的。而一旦经济系统作为一个独立运动的系统存在，它就获得了空前的能量，它按照自己的原则迅速提高适应能力，在对环境的顺应与改造中为社会获得物质能量，并且也获得了加速自己发展的动力。经济系统和适应功能的分化与发展，使人类社会进入了一个全新的时代，这是一个社会各种基本功能都得到了明确分化，进而在相互促进、相互制约的关系中推动整个社会系统动态协调发展的现代社会。

帕森斯认为，美国是现代社会的典型。他指出："美国新型的社会共同体比其他任何因素更能证明我们确定美国处于现代化最新阶段的领先地位是有道理的。我们认为，美国在很高程度上综合处理了社会主义所强调的机会平等。它以市场系统、相对独立于政府的很强的法律秩序、不受特殊宗教和种族控制的'民族国家'为存在的前提。教育革命被看作是一种决定性的改革，特别是它强调机会公开又强调社团模式。最重要的是，美国社会已从陈旧的先赋不平等和一种基本上是平等主义的制度化中分离了出来，而且它比任何可比较的大规模社会分离得更彻底。"[①] 这就说明，帕森斯的社会行动理论、社会系统理论和社会发展理论，都是以美国社会为模本的，他所希求的社会分化、功能协调和社会现代化，不过是要求世界各民族都以美国为榜样、按照美国的发展模式来重新设计、重新建造。

思考题

1. 怎样理解帕森斯对各种社会学传统的吸收与综合？
2. 怎样理解帕森斯论述社会行动的统一性原则？
3. 帕森斯是如何论述社会行动的动机取向和价值取向的？
4. 如何理解和评价帕森斯关于社会行动模式变量的论述？
5. 如何理解和评价帕森斯关于社会系统结构功能模式的论述？其理论意义和局限性如何？
6. 怎样评价帕森斯关于社会结构分化与社会现代化的理论观点？

推荐阅读书目

1. 瑞泽尔．古典社会学理论．王建民，译．北京：世界图书出版公司，2014：443-465.
2. 沃特斯．现代社会学理论．杨善华，等译．北京：华夏出版社，2000：153-162.
3. 亚历山大．社会学二十讲．贾春增，等译．北京：华夏出版社，2000：17-91.
4. 华莱士，沃尔夫．当代社会学理论．刘少杰，等译．北京：中国人民大学出版社，2008：14-35.

---

① 约翰逊．社会学理论．南开大学社会学系，译．北京：国际文化出版公司，1988：548.

第十一章
默顿的中层功能论

本章要点

本章介绍了默顿中层理论和中层功能分析的基本立场和基本原则，阐述了他对帕森斯结构功能主义的批判以及他关于显功能与隐功能、功能失调、反功能、越轨与失范、角色丛、制度规范与人格等方面的论述。

关键概念

中层功能分析；显功能；隐功能；功能失调；越轨；失范

帕森斯的结构功能主义把美国社会学由微观层面的心理学研究引入了宏观层面的社会结构功能研究，并由此而于五六十年代在美国社会学界获得主导地位，宏观的结构功能主义成为美国社会学的主流。然而，在实用主义精神笼罩下的美国社会学界，一向把面对实际社会问题、解决和参与现实社会矛盾作为自己的追求，在对帕森斯的宏观理论热衷之余，美国社会学界难免要考虑怎样才能把这些高谈阔论同现实生活直接联系起来。默顿的中层功能主义（middle-range functionalism）就是一种试图把宏观结构功能主义同经验层面的社会学研究结合起来的社会学理论。

一、学术背景

罗伯特·金·默顿（Robert King Merton，1910—2003）出生于美国费城，家境贫寒。他父亲是斯拉夫人，先后当过木匠和卡车司机。在费城贫民区长大的默顿自幼勤奋好学，后来以优异成绩考入坦普尔大学。在大学读书期间，默顿因选修 G. E. 辛普森教授主讲的“社会学入门”而对社会学产生兴趣。

1931 年，默顿考入建立不久的哈佛大学社会学系，成为那里第一批社会学研究生。帕森斯作为哈佛大学社会学系的创建人和学科带头人，对默顿有很大影响。作为帕森斯的学生，默顿从帕森斯那里继承了很多思想观点和研究方法。虽然在很多方面同帕森斯有分歧，但是默顿关于社会结构和结构功能等方面的研究，仍然体现出了帕森斯的深刻影响。20 世纪 30 年代在哈佛大学社会学系任教的 P. A. 索罗金和 P. F. 拉扎斯菲尔德对默顿也有很大影响，默顿从索罗金和拉扎斯菲尔德那里吸收的思想方法主要是注重统计分析的经验性研究，正是在他们的影响下，默顿开始怀疑帕森斯的宏观社会学理论并提出了中层功能主义的基本观点。

1936 年，默顿在哈佛大学获得社会学博士学位，并留校任教。1941 年，默顿转任哥伦比亚大学社会学教授，1979 年，他以哥伦比亚大学荣誉终身教授的身份退休。哥伦比亚大学有一个应用社会学研究所，默顿同拉扎斯菲尔德在那里长期合作，开展对社会问题的经验性研究。1949 年，默顿发表了《社会理论和社会结构》，这本书是他的代表性著作，书中阐明了经验研究的基本方式：从经验事实出发，建立经验性假定，在此基础上概括出不脱离经验事实的理论，然后再用经验事实去检验这些理论。

默顿的中层社会学理论在美国引起了广泛关注和认同。这不仅是由于默顿的中层社会学研究突破了帕森斯的宏观结构功能主义模式，在社会学研究中展开了新的学术层面，而且还因为这种中层研究注重经验事实，强调解决实际社会问题，使社会学研究体现出浓厚的实用主义精神。这说明，一种学术思潮只有同它发生于其中的民族文化精神融合起来，才能获得深厚的文化基础，并得到社会的广泛认同。

默顿一生勤于著述，除了产生重大影响的代表性著作《社会理论与社会结构》外，他还著有《显性功能与隐性功能》《社会结构与失范》《17 世纪英国的科学、技术与社会》《科学社会学》《当代社会问题》《社会理论与社会政策》等著作。

默顿在美国乃至整个西方学术界都获得了很高的学术地位。1957 年他荣任美国社会学会会长，1977 年当选为瑞典皇家科学院外籍院士。2003 年 2 月 23 日默顿在纽约逝世，享年 92 岁。

二、中层功能分析的基本原则

默顿认为，在社会学学科基本成熟阶段，没必要再像帕森斯那样专心致志地建构宏大的理论体系，而应当从经验事实出发，在研究实际社会问题、解决实际社会问题中建构不远离经验事实的社会学理论。默顿把按照这种原则建构的社会学理论称为中层理论，他说："中层理论既非日常研究中广泛涉及的微观但必要的工作假设，也不是尽一切系统化努力而发展出来的用以解释所谓观察到的社会行为、社会组织和社会变迁的一致性的统一理论，而且指介于这两者之间的理论。"①

在默顿看来，仅仅描述经验事实，在具体琐碎的经验事实中提出一个又一个微

① 默顿．社会理论和社会结构．唐少杰，齐心，等译．南京：译林出版社，2015：59.

观层面的假设，不能解释十分复杂的社会问题，尤其无法说明具有一定普遍性的社会问题；而试图用某些理论框架解释所有社会问题、旨在建立宏伟理论大厦的宏观社会学，距离经验事实太远，也无法具体而真实地回答现实社会问题。因此，有必要建立一种介于微观描述和宏观概括之间的中介性社会学理论。这种社会学理论不仅直接面对经验事实，而且能概括出不脱离经验事实的理论观点。

介于微观社会学理论和宏观社会学理论之间的中层理论，首先是注重对社会行动、社会群体和社会变迁进行功能性分析的方法原则。默顿在批判以帕森斯为代表的宏观结构功能主义原则的基础上阐述了中层功能分析原则。他从以下三个方面开展了对宏观结构功能主义原则的批判：

首先，默顿批判了"社会功能的统一性"原则。帕森斯的宏观结构分析，以社会结构功能的统一性为前提，正是因为相同的社会结构就一定具有相同的社会功能，关于社会群体和社会结构的一般性功能分析模式才能成立。默顿认为，社会现实并不像宏观结构功能主义所认为的那样，相反，具有相同特点的社会群体或社会结构，往往不具有相同的社会功能，甚至还会表现出正好相反的功能。默顿用一些社会事实来论证他的观点：例如宗教对社会具有整合作用，大部分社会学家都肯定这个判断，但在贝尔法斯特街上天主教徒与基督教徒发生的冲突，对社会不但没有起到整合作用，而且还起到了破坏社会整合的作用。某些社会习俗也是如此，一些习俗对某个群体有凝聚和整合的功能，而对另一个群体则有分离和瓦解的功能。另外，某种群体的功能或某种社会层面表现的功能，不是无界限的，个别的或局部的社会功能并不一定能够在普遍的或整体的社会生活中表现出来。根据这些分析，默顿认为，社会功能的统一性是不成立的，在结构功能分析中必须明确群体功能或社会结构功能的界限，而不应不加限制地抽象谈论社会结构功能。

其次，默顿批判了"普遍的功能主义"。所谓普遍的功能主义，即认为"所有的标准化的社会或文化形式都具有积极的功能"。在默顿看来，并非像宏观结构功能主义分析的那样，所有的具有一定标准性的社会结构和文化形式都仅有积极功能，而是，它们可能同时也存在着消极的"反功能"。判断某种社会活动、社会群体和社会形式是否具有积极功能，应当在对多种功能结果的综合分析中才能确认。例如，在考察北爱尔兰的宗教功能时，应当充分考察它的积极功能和消极功能，在各种功能的相互作用中，揭示多种功能相互作用的平衡结果，然后才能做出具有特殊性的具体判断。

最后，默顿还批判了社会功能不可缺少性原则。帕森斯等人认为，任何社会群体或社会结构都具有适应、目标达到、整合、潜在模式维持等功能，这些功能不仅可以在群体或社会结构中逐步显示它们的作用，而且还可以同时并存、相互作用地规定着群体或社会结构的发展变化。哪一种功能都不可能在社会行动和社会系统中被排斥掉，如果缺少了哪方面功能，社会行动和社会系统就会紊乱，社会秩序和社会进步都无法实现。默顿认为这种判断是不能成立的，那些被认为不可替代的功能都是可以替代的。例如，在生育行为中，形成婚姻是生育行为的制度前提，但是在当代西方社会，许多妇女明确地拒绝婚姻制度，却做了孩子的母亲。

默顿对帕森斯结构功能主义批判的核心精神是：强调中层结构功能分析的特殊性和相对性，否定宏观结构功能分析的普遍性和绝对性。默顿对宏观结构功能主义的这种批判，同他强调从经验事实出发，建立不脱离具体经验事实的理论目标是一致的。因为经验事实都是在特定条件中存在的，因而也一定是相对的、具有个别性和有限性的。所以当强调从经验事实出发，并且要求形成的理论也一定要用经验事实来检验，就一定要以个别性否定抽象普遍性，也一定要以条件性和有限性来否定脱离具体条件限制的绝对性。

建立在个别性和相对性基础上的中层功能分析原则，具体说来表现为以下几点：

第一，中层功能分析方法是一种考察和解释社会行动及其后果的战略，即关于可感知的社会活动及其后果的研究原则、方法和手段，而不是具有规范性的理论模式和系统性的理论体系。

第二，中层功能分析形成的理论应当有经验材料支持，仅靠概念演绎和逻辑推理形成的理论是不可靠的，应当受到中层功能分析的批判和抵制。

第三，判断一种理论是不是中层理论，关键看它能否作为“产生经验的假设”。也就是说，中层理论的命题或观点，不仅来自于对经验事实的理论概括，而且反过来也是可以直接指导经验活动的思想原则或理论前提。一旦这种原则或前提出现，经验活动就会发生。

第四，强调分析客观的社会后果，不关心社会行动的主观取向。因此，中层理论是具有实证主义倾向的社会学理论。在默顿看来，过多地分析社会行动的主观取向，不能保证社会学研究的真实性，因为社会行动的主观取向或主观动机，往往同社会行动的后果是不一致的。

三、社会功能的复杂性

当默顿提出注重分析社会结构功能所产生的结果，而不是猜测社会行动者的主观动机时，似乎明确了客观外在性同主观内在性的区分。然而，他并不满足于这种区分，在他看来，客观性结果并不都是显性可见的，有些客观性结果是隐性潜在的。这样，默顿把客观性结果区分为显性的功能（manifest functions）和隐性的功能（latent functions），他说：“这就是显功能与潜功能间划分的基本理由。前者是指某一具体单元（人、亚群体、社会系统和文化系统）的那些有助于其调适并且是有意安排的客观后果；后者是指同一层次上的无意图的、未认识到的后果。”①

默顿关于社会行动或社会结构的显功能与隐功能的区分，实质上是从对社会活

① 默顿．社会理论和社会结构．唐文杰，齐心，等译．南京：译林出版社，2015：170.

动结果分析的角度提出了社会功能的隐蔽性和不可预见性的问题。在他看来，帕森斯等人讨论的结构功能都是明显的、可预见的，他们忽视了对隐蔽的和不可预见的功能的研究。事实上，研究明显的可预见的功能不如研究隐蔽的不可预见的功能更有意义。因为社会学理论不能仅仅描述可见的经验事实，更重要的是，应当去揭示那些已经发生但尚未被人们认识的功能、作用和结果，并且要根据直接源于经验事实的判断去预测未来可能发生的结果或功能。

默顿举例说明分析隐功能的意义。人们一般指责政治机构过于发达将妨碍社会民主化，既不利于地方政府发挥社会管理的作用，也不利于社会成员开展活跃的社会交往、促进社会和谐。然而，在 20 世纪 30 年代资本主义世界出现普遍性的经济危机时，发达的政治机构却承担了帮助遭受严重挫折的人摆脱危机、维持社会秩序和稳定社会局面的重要作用，使地方政府和相当多的社会成员得到了保护。默顿认为，这个例子说明：分析某种社会行动或社会结构的隐功能，往往可以得出同人们的一般性见解相反的结论，使人们对社会现象的分析能够更全面一些。

在区分显功能和隐功能的基础上，默顿进一步探讨了功能失调（runaway of function）问题。所谓功能失调，是指某种最初有益于社会行动或社会结构的功能，在后来的演化过程中变成了有害于这种社会行动或社会结构的功能，社会行动或社会结构已经无法调整和控制由它发出的功能。例如，发展工业生产导致环境污染和资源枯竭等现象就内含了功能失调问题。

功能失调的产生有一个时间过程，功能失调既可以在较短的时间内表现出来，也可以在较长的时间内表现出来。在社会系统中，为加强社会整合而过度地推进群体内部团结，有可能很快就会影响全社会的整合，这属于短期效应的功能失调；而发展科学技术和开展工业化引起的科技异化与工业异化，则是长期效应的功能失调。默顿强调在不同时间框架中分析功能失调的目的在于：不能仅仅注意当下就可能发生的功能失调，而且还要在较长的时间过程中把握功能失调，并且后者往往是更为严重的。因为长期效应的功能失调具有漫长的潜伏期，而一旦当其显现出来，人们就已经很难改变这种功能失调了。所以，社会学家应当战略性地预见这些长期性的功能失调。

由于功能失调是社会功能发挥的结果，只有在它作为现实存在时人们才能明确地认识它，因此，对功能失调的认识具有滞后性。默顿认为，对功能失调认识的滞后性难以避免，关键在于功能失调出现后采取何种措施来调整。为了回答这个问题，默顿提出了“功能替代”（functional substitutes）或“功能抉择”（functional alternatives）的概念，即发现和促进新的社会功能，以顶替或抵消失调了的社会功能，进而实现有利于社会行动、社会群体和社会系统的功能平衡。

寻求功能替代必须从经验事实出发，而不能从逻辑推论出发。默顿反对帕森斯不顾社会行动和社会结构的特殊性，把在逻辑上推论出来的一般结构功能模式强加给各种社会行动和社会结构的做法，默顿认为各种社会功能是统一的，可以相互替代。默顿主张，只有直面经验事实，在直接发生的经验过程中才能发现可以起到替代作用的功能。

默顿还讨论了社会的反功能（dysfunctions）。所谓反功能是指降低社会系统的适应能力，并能最终导致系统自我瓦解的功能。反功能的表现也是很复杂的。对于某一社会系统而言，有些功能最初是有益系统适应环境和发展自身的，但在其演化过程中逐渐走向了反面，由正功能转化为反功能。例如，提高生产自动化水平，最初可以减轻工人劳动强度、改善工作条件，但是当生产自动化向更高程度发展时，工人就会无事可做，最终将因人浮于事而被裁员失业，积极的有益功能变成了消极的有害功能。反功能的另一种情况是，某种功能对于这个群体是积极有益的正功能而对于另一个群体却是消极有害的反功能。例如，抑制人口增长对不发达的人口众多的国家具有积极的有益功能，而对人口呈负增长的发达国家却是消极的有害功能。

默顿认为，消除反功能的手段之一是建立中和与瓦解反功能的补偿性结构，这意味着原有结构因内容增加而发生了变化。而新设补偿性结构还会产生新的反功能，于是要求再增加新补偿机构，随之还会产生新的反功能。这样连续的结果是社会结构的不断变迁。默顿的这种分析，实质是对马克思的辩证分析方法的继承，即认为社会功能像其他事物那样，总是以矛盾关系存在着，一种功能最终演化的结果是走向它的反面，成为异己的力量制约产生它的母体，当这种异己的力量（或称为反功能）复杂或强大到一定程度，原有的社会系统或社会结构就要瓦解，新的社会系统和社会结构就会产生。

玛格丽特·波洛玛对默顿关于社会功能复杂性的分析做了概括。她认为，默顿的功能分析提出了如下问题并展开了一系列环节：

1. 所分析的系统的性质是什么？它是一个特殊的文化群体还是种族群体，它是一个小群体（如朋友、群体、家庭），还是一个较大的组织（如科层组织）？正如我们已经看到的，这对于我们确定什么对一个群体的需要是有功能的，而对另一个群体的需要是没有功能的非常重要。

2. 存在不存在可以按照结果净平衡加以分析的潜在功能和明显功能？正如我们在默顿关于政治机构的例子中所看到的，功能并非总是人们所事先期望的，也不一定必须为那些系统参与者所承认。

3. 我们怎样才能确定一种“功能需要”是否只是由于某一特殊群体而存在？默顿不愿去假定，所有的系统都有一套必须加以满足的功能需要以保证系统的延续。在提出这样问题的时候，默顿提醒功能分析者注意功能替代的重要性。

4. 功能主义者对秩序的问题的兴趣，会妨碍他们对不平衡的研究吗？在提出反功能和积极功能概念的时候，默顿忠告功能主义者，当文化活动和规范与社会系统相矛盾时，社会变迁就是可能的。有些项目并不仅仅是反功能的，而且他们也会导致所研究的群体的变迁。[①]

① 波洛玛．当代社会学理论．孙立平，译．北京：华夏出版社，1989：33.

四、越轨、角色、人格

默顿关于越轨、角色和人格的论述，是其中层理论中比较引人注目的部分，他发表这些方面的论述时，曾引起美国及欧洲社会学界的广泛重视，并且，他的论述至今仍然影响着西方社会学界。

关于越轨或失范，默顿认为应当把它放到社会结构的矛盾关系中去考察。在他看来，美国社会生活中存在大量越轨或失范行为，这不能简单地以美国人的开放性格来解释，而应当将这一现象看成是由美国社会的特殊结构造成的。美国政府和社会各界都赞成追求物质利益，鼓励在职业上取得最佳成就，并且认为无论什么出身，人们都可以凭借自己的业绩而获得优厚的生活待遇和较高的社会地位。这实质上是肯定平等、追求实效、鼓励进取的实用主义文化精神，美国人正是在这种文化精神的鼓励下努力进取、积极奋斗的。然而，美国的许多制度或规范却束缚着人们的手脚，使那些对成功目标和社会地位有热望的人们感到压抑。功名利禄驱动着一些人向限制他们达到目标的制度和规范挑战，于是各种形式的越轨和失范行为就发生了。为此，默顿用图表来解释他的越轨和失范理论（见表 11－1）：

表 11－1 默顿的越轨和失范理论示意表

		(1)	(2)	(3)	(4)	(5)
X 失范 ↓ 越轨 Y	文化的目标	＋	＋	－	－	±
	制度化的手段	＋	－	＋	－	±
	适应的方式	从众	创新	仪式主义	逃避主义	造反

在表 11－1 中，文化的目标也是功利的目标。默顿用正号（＋）表示对功利目标和制度允许实现功利目标的手段的认可，用负号（－）表示对目标或手段的否定。根据认可或否定目标与手段的不同变量关系，默顿概括出五种适应方式。当行为者既认可了某种功利目标又采用受制度允许的手段来实现这个目标时，他进行的是没有失范和越轨的从众行为，默顿称之为受过良好教育且工作积极而实现功利目标的合适行为；而有某种文化目标追求，但未能按制度允许的手段行事，必将产生越轨行为，默顿称之为“创新”，美国白领工人的某些犯罪活动就属于这种越轨行为；没有明确功利目标，只知单纯恪守制度规范，将产生没有实际意义的僵化保守的“仪式主义”行为；既没有功利目标或文化目标，也不顾及制度与规范，默顿把这种社会行为称为“逃避主义”，如醉生梦死，追求虚幻，对任何事情都不负责任的放荡行为等等；最后一种行为类型是否定原有的目标和制度，提出一种新目标和制度作为追求目标与行动准则，这就是“造反”。可见，在默顿看来，无论社会行

为否定了文化目标（功利目标）和制度化的手段当中的哪一条，失范和越轨都会发生，并且因否定的方面不同而使越轨呈现多样化。

关于社会角色理论，默顿的创新之处在于：他认为不能把角色和地位简单地一一对应起来，处于某种社会地位的人往往扮演着多种角色，并且某个社会成员往往处于多种社会地位之中，默顿用“角色丛”和“地位丛”来指代社会成员所处社会地位与扮演社会角色的复杂性。默顿认为，一个人处于多种社会地位、扮演多种社会角色，难免要陷入角色冲突之中，这将给个人的社会行动带来许多麻烦，个人不仅需要经常调整自己因社会关系不同引起社会地位变化并进而引起扮演角色转变的角色意识，而且还要善于在错综复杂的角色丛中理清与自己发生关系的各种角色丛。

根据默顿的观点，人们很容易得出关于角色丛的消极结论。因为复杂的角色丛不仅使人们面对十分复杂的社会关系，而且让人们受到不断的复杂限制。然而，正是复杂的角色丛使个人获得了比较有利的交往关系和发展空间。默顿以大学生的角色丛为例来分析角色丛在人们生活中的意义，他指出，复杂的角色丛不仅增加了角色的交往关系，使人们获得了更多的发展机遇，而且在角色丛的冲突中，角色可以获得更多的自主权，个人的社会地位也会因此而提高。

与角色丛理论相关，默顿还研究了社会制度和群体规范对人格的影响。他所理解的人格是人们在社会生活中经常表现出来的行为品格或行为模式。他以科层制对人格的影响为例来阐述他的观点。在他看来，科层制作为一套强调规则、层次、目标和效率的管理制度，对于保证社会成员或工作群体的秩序、协调和实效是必要的。但是，在推行科层制的同时还必须认识到它僵化人格、限制人的主动性和创造性的反功能。因为过高地估计制度或纪律的作用，很容易使受制度和纪律制约的人把遵守制度、服从纪律看成目的本身，而真正的工作目标却被制度和纪律间隔起来了。当制度和纪律有碍于实现某种工作目标时，人们无力采取新手段或建立新规则去为实现目标而努力，工作能量和工作效率都因严格的制度化而降低，工作者的人格也越来越机械、僵化。

默顿的参考群体理论也是对制度和规范同人格关系的论述。人格不仅是个人的行为模式，而且也是个人的自我意识。科层制中的人格，主要是工作者按工作群体的制度和纪律约束自己而形成的一种自我意识。默顿认为，在日常生活中，个人经常以自身所处群体之外的其他群体的制度和规范来衡量和评价自我，形成了参照性的自我意识。默顿的这个观点与米德的“普遍化的他人”概念相似，不过默顿提出了“成员资格群体”和“参考群体”之间的区分，把个人在社会关系中发展自我意识的理论进一步深化了。

在默顿看来，个人在大多数情况下像职员在科层制中那样，是以所在群体的制度和规范来评价自己的，并且被引为参考目标的是具有相同资格的群体成员。默顿借用士兵在部队中的晋升情况来说明这个观点。他指出，在宪兵队中，宪兵们对很长时间内不能晋升并无怨言，因为宪兵队中晋升机会太少，大家都难以晋升，所以人们对晋升的期望也就降低了；在空军中情况却正好相反，空军中的晋升机会很多，可是士兵们却经常抱怨晋升机遇少、晋升速度慢，这是因为空军中晋升快的事实提高了士兵们的晋升期望，并且不断有人晋升引起了士兵晋升欲望的更新，面对晋升而出现的级差难免产生一些抱怨。

默顿认为，以自身所处群体的制度与规范及相同资格成员为标准来评价自己、形成自我意识，对人格或行为模式的变化并无明显的影响，而当个人的评价标准移向其他群体，特别是以其他群体中与自己资格相同的成员为参照来评价自己时，原有的人格和行为模式就要受到威胁。尤其是在薪水、奖赏、生活条件和工作条件等物质利益方面，个人发现自己同其他群体中同样资格的人有很大差别时，对本群体制度和规范的不满情绪就会产生，他就可能会违背本群体的制度和规范，赞同其他群体的行为模式，甚至脱离原来群体而转入其他群体。默顿指出，这种情况的出现并非于社会发展无益，因为这可以促进社会成员在不同社会群体中的流动，使各种社会群体在竞争中加强联系，有利于提高社会整合程度。

许多学者认为默顿关于越轨、角色和人格等问题的论述，都是具有明显特点的中层理论，这些理论相互之间往往没有联系，这正说明默顿反对建立宏大理论体系，反对把各种关于社会问题的理解都综合到某一个理论框架中去的中层功能分析原则。不过，应当看到，在默顿的中层功能分析中，从经验事实出发、强调经验事实的特殊性和功能分析的多元性、对经验事实做出与之直接联系的理论概括等立场和原则是贯彻始终的。

思考题

1. 如何理解默顿对帕森斯的继承与批判？
2. 如何理解和评价默顿关于中层功能分析原则的论述？
3. 怎样理解和评价默顿关于社会结构显功能与隐功能的论述？
4. 如何评价默顿关于越轨与失范的理论观点的意义与局限？
5. 怎样评价中层理论和宏观理论之间的联系与区别？

推荐阅读书目

1. 瑞泽尔．布莱克维尔社会理论家指南．凌琪，刘仲翔，王修晓，等译．南京：江苏人民出版社，2009：439－539.

2. 华莱士，沃尔夫．当代社会学理论．刘少杰，等译．北京：中国人民大学出版社，2008：36－45.

3. 什托姆普卡．默顿学术思想评传．林聚任，等译．北京：北京大学出版社，2009.

第十二章
霍曼斯的人际交换论

本章要点

本章介绍了霍曼斯从经济学立场和方法研究小群体交换行为的基本原则及其对经济社会学研究的贡献，阐述了霍曼斯关于小群体的结构与功能、社会交换的基本形式、群体凝聚力和交换权力等方面的思想观点，对霍曼斯社会学理论的局限性也作了评析。

关键概念

群体交换；交换的基本形式；群体凝聚力；群体交换权力

当米德和库利等人创立了社会心理学，从语言符号互动关系来研究社会现象时，从齐美尔开始的社会学研究向微观的深入已经达到了一个高点。在行为主义心理学、现代人类学和古典经济学影响下发生的社会交换理论，开始了从微观逐渐重返宏观研究的运动。在霍曼斯那里，对社会交换行动的心理分析还是社会学研究的基本内容；而到了布劳那里，社会交换行动的心理学研究逐渐上升到社会结构理论研究，微观的心理分析又回到了对宏观社会结构的概括。以霍曼斯和布劳为代表的社会交换理论，是美国社会学从米德和库利的微观社会学发展到帕森斯高度概括的宏观社会学的中间环节，在第二次世界大战后的西方社会学理论中占有很重要的地位。无论从西方社会学宏观→微观→宏观的演化线索来看，还是从社会交换理论的特殊内容和特殊地位来看，研究它都是十分有意义的。

一、学术背景

霍曼斯（George Casper Homans，1910—1989）出生于美国波士顿，1932 年毕业于哈佛大学，在美国海军服役四年后，到哈佛大学任教，在那里度过了他的大部分学术生涯。

在哈佛大学读书时，霍曼斯学的是英国文学专业。大学毕业后想从事报社编辑的工作，但因恰逢美国 20 世纪 30 年代的经济危机，大学生就业十分困难，他未能如愿以偿。在一次关于帕累托社会学理论的研讨会上，霍曼斯对社会学产生了学术兴趣，从此开始了社会学研究活动。1934 年，他与柯蒂斯合著《帕累托学说入门》。

霍曼斯著述很多，主要著作除《帕累托学说入门》外，还有《人类群体》(1950)、《婚姻、权力及最终原因：对单系交表婚姻的研究》(1955)、《社会行为的基本形式》(1961)、《社会科学的本质》(1967)。

由于霍曼斯的学术视野广阔，论及社会问题丰富，并且因为他长期从事社会学教学活动，培养了很多社会学专业人才，在美国社会学界产生了很大影响，1964 年他曾当选为美国社会学会会长。

霍曼斯的人际交换理论是在行为主义心理学、英国古典经济学、马林诺夫斯基和以列维-斯特劳斯为代表的结构人类学影响下发展起来的。

同米德和库利等人一样，霍曼斯也受到了以华生和斯金纳等人为代表的行为主义心理学的很大影响。但是，霍曼斯对待行为主义心理学的态度同米德和库利有很大不同。行为主义心理学强调研究人们的外显行为和可测量的生理活动过程，认为对人们心理活动的研究离不开这些可观测的外显行为和生理活动。华生指出："行为主义者所理解的心理学是一门纯客观的自然科学的实验分支，其理论目的在于对行为的预测与控制。内省法不是其基本方法。它的数据之科学价值也不在于有助于他用意识解释意愿。"① 米德认为华生的观点是片面的，不一定所有的心理活动都能通过外显行为和生理活动观测出来，人们的心理活动更重要的是在社会交往的互动过程中发生的，应当充分注意心理活动的社会主动性，而不是它的生理基础和外显行动。与米德相反，霍曼斯对华生等人的主张却充分肯定。他认为，确实应当像行为主义者所坚持的那样，把研究的重点集中在人们的外显行为上，只有这样才能保证社会交换行动研究的客观性和准确性，否则研究又将陷入形而上学的抽象思辨中。

霍曼斯不仅接受了行为主义心理学的方法论原则，而且直接吸收了行为主义心理学的基本命题。据乔纳森·特纳概括，霍曼斯从行为主义心理学那里接受的基本命题主要有七个：

1. 在任何既定的情境中，有机体都能开展获得最大报酬和最小惩罚的行为。

2. 有机体能够重复开展那些过去已被证明能够获得报酬的行为。

3. 有机体能够在与过去曾获得报酬相似的情境中重复过去的行为。

4. 现在发生的刺激如果在过去发生过并且曾使行为者获得了报酬，那么当下的刺激将使有机体重复过去的行为。

5. 行为的重复只有在继续获得报酬时才能发生。

6. 如果在相同情境中发生了与过去相同的行为，但是没有获得报酬，这时有机体将会出现情境冲动。

---

① 华生．行为主义者所理解的心理学．心理学评论：第 20 卷，1913：158.

7. 有机体从某一行为中得到的报酬越多，越有可能发出替代行为，以便谋取其他方面的报酬。①

行为主义的这些基本观点在霍曼斯的人际交换理论中得到了充分体现，并且被同马林诺夫斯基的人类学和英国古典经济学结合起来。马林诺夫斯基是出生于波兰的英国著名人类学家，他通过对太平洋的美拉尼西亚群岛上土著人的实地考察，阐述了原始群体以互惠为基本特征的生活方式，认为互惠性的交换活动是原始人结成社会群体、维持交往关系的基本条件。不仅具有物质利益关系的交往活动要坚持互惠原则，而且在巫术等原始文化活动中，也要用声望、崇敬和其他方面的特权来体现互惠原则。虽然马林诺夫斯基的研究是关于原始部落的，离现代人的生活有漫长的时间距离，然而正因为是关于离现代人较远的原始人的研究，却为理解和说明现代人的生活方式与社会行为提供了更有说服力的根据。因为在某些研究者看来，原始人的文化不够发达，他们的社会行为最少掩饰且最少扭曲地表现着人类的本性。现代人的各种文化修饰的复杂行为，都是在原始人那些简单的、直接表现人类本性的行为基础上发展起来的。所以，马林诺夫斯基关于原始人的社会交往以互惠原则为基础的观点，不仅使霍曼斯确立互利的社会交换理论获得了思想来源，而且也为他进一步发展自己的理论奠定了基础。

英国古典经济学比人类学更重视人际关系中的利益因素。亚当·斯密认为应当从个人趋利避害的本性出发看待一切社会现象，任何复杂的社会生活都可以从个人对物质利益的追求中找到根源。英国古典经济学的这些观点对霍曼斯的影响是巨大的。在他的社会交换理论中，许多解释都沿用了经济学的术语，尤其是代价和报酬两个概念，已经成为社会交换理论的核心范畴。其他一些概念，如价值与数量、剥夺与满足、投资与回报、分配与公平等等，几乎在古典经济学中都能找到源头。就此而言，霍曼斯的社会交换理论带有机械论色彩。尽管他也注意探究社会交换行为的心理基础，但是大量照搬经济学术语，过度强调人们社会活动的经济学内容，未免是对复杂社会生活的简单化和片面化。

不过应当看到，霍曼斯注重从经济学角度分析人们的社会交往行为也有其合理的方面。霍曼斯在发达的市场经济条件下建立他的社会交换理论，市场经济的本质规定性必然要反映在他的理论中。在市场经济中，人们的社会交往活动无不受物质利益和经济矛盾的规定和制约。霍曼斯用经济学术语来阐述人们的社会交往活动，确实在很大程度上反映了市场经济条件下人们社会交往活动的基本特点。如果他能在强调经济因素在社会交往活动中的地位和作用的同时，也论及政治和文化等因素的作用，那么他就可以避免简单化和片面化的倾向。

① 特纳．社会学理论的结构．吴曲辉，等译．杭州：浙江人民出版社，1987：274.

二、小群体的结构与功能

1950年，霍曼斯出版了《人类群体》一书，这部著作对小群体的内部结构和系统功能做了描述性分析。正如玛格丽特·波洛玛指出的那样，霍曼斯的小群体研究是在结构功能主义的影响下开展的。在他写作这部著作时，以帕森斯为代表的结构功能主义在美国已经产生了广泛影响，《人类群体》中关于小群体的结构分析和功能解释，基本上采用了结构功能主义的方法。然而，霍曼斯关于小群体的结构功能研究又与结构功能主义有很明显的区别。在他看来，结构功能主义的一些概念过于抽象，如制度、角色、文化、地位和权威结构等等，都是思辨的产物，而不是对人们的社会行动进行直接观察得出来的，因而形成了抽象理论同具体社会现象的分离。所以，霍曼斯坚持从可观察的外显行为出发，对小群体的行为结构和运行功能做出描述性分析，借此而阐述的小群体理论同帕森斯高度概括的结构功能理论有明显区别。

活动、互动、情感，这三个概念是霍曼斯分析小群体行为结构的基本概念。活动是指在具体的经验层面上的实际行为，只要研究人类行为群体，都必须从这种可观察的经验活动开始。群体内的个人之间或不同群体之间，都可以根据其活动的形式和完成各种活动的速度进行比较分析。互动是指发出刺激或接受刺激而发生的活动，它明显地表现出群体成员在活动中相互影响、相互作用的动态关系。同对活动的研究一样，个人之间或群体之间可以根据互动的频率、互动的主动性与被动性、互动的途径与结果进行比较分析。情感是指某种内部状态的外部显现或行为符号，可见这一概念与一般的理解是不同的。在其他社会学著作中，情感大多指人们的心理活动，是内在的情绪和情感运动变化过程，而霍曼斯在这里强调了情感概念的可观察性。在他看来，情感是通过外显行为表现出来的，饥饿和疲劳、舒适和满足等生理感受则是情感发生或显现的基础。情感的比较分析主要表现在情感强度（高或低）与情感方向（积极或消极）两个方面。

活动、互动和情感是相互联系的，不仅人们的活动可以引起群体内部的互动与情感发生，而且互动与情感也相互影响，并且又都能影响人们的活动。活动、互动和情感的相互关联、相互转化，构成了群体内部的行为结构或群体自身的社会体系。三种群体内部行为的相互关系所展开的范围，是群体的边界。在这个边界之外是社会环境，群体存在于环境之中，而且必须适应环境。群体的环境包括自然环境、人格模式、群体成员对群体所持的态度，以及群体在其运行过程中的社会组织背景与文化背景。

群体的一些活动、互动和情感是在环境的影响下发生的，由此而形成了群体的外部系统。所谓群体的外部系统，不是指群体之外建立了什么系统，而是指受外部环境影响产生的内部结构。像结构功能主义那样，霍曼斯把群体对环境的适应看作不可缺失的，而且适应环境就必须接受各种环境因素的规定和限制，并对活动、互动和情感做出相应的调整。例如，在工业生产中，劳动群体的成员必须遵守企业各项规章制度，接受为完成某项工作任务而必须进行的专业训练，他们的活动方式、互动模式和情感表达方式，都不得不受生产环境和生产过程的限制。如果他们打破了环境的限制，不仅完不成他们的生产任务，甚至面临从群体中被清除出去的危险。

群体的另一些活动、互动和情感是超出环境限制而发生的，这时活动、互动和情感所构成的联系被称为内部系统。在霍曼斯看来，受环境压力而产生的活动、互动和情感是被动的，是出于维持生存的需要而做出的顺应环境、服从环境的群体行动，这是群体成员社会行动的基本内容。但是，群体成员不仅可以在工作之余摆脱劳动环境的种种限制，开展一些消遣性的社会活动，进而建立成员之间更密切的、非功利性的活动、互动和情感关系，而且在劳动过程中，也有超出生产规章制度限制范围而发生的、旨在加强友谊和密切相互关系的活动、互动和情感。这种不受环境压力而形成的内部系统，是群体成员主动性的活动、互动和情感关系，是在群体任务之外的群体关系，因此霍曼斯又称之为附加系统。

霍曼斯还论述了外部系统和内部系统的相互关系。任何一个群体都有外部系统和内部系统，并且两个系统始终存在相互影响、相互作用的关系。无论哪一个系统发生了变化，都会直接影响另一个系统。霍曼斯举例说，如果某个劳动群体的工作任务发生变化，成员的劳动地点由集中变成分散，这时不仅对成员的管理方式会发生变化，而且成员间的娱乐活动和感情交流也会随之发生变化，这说明了外部系统的变化使内部系统也发生了变化。同样，内部系统的变化也能影响外部系统。例如，某个班级的学生违背学校的管理规则而进行某种恶作剧，原有的规则难以对学生的恶作剧起到有效限制，这时学校将采取新的更严格的规则来管理学生之间的交往活动，使学生的自由活动受到更严厉的限制。这实质上就是内部系统的变化引起了外部系统的变化。

霍曼斯的这些论述都是以小群体为对象而展开的。像库利论述的初级群体那样，霍曼斯所指的小群体不仅规模小，而且成员之间是面对面的直接互动关系。不过，霍曼斯的小群体概念同库利的初级群体概念也有一定的区别：霍曼斯的小群体是有特定规则和特定任务的，一般情况下是具有明确功利追求的；库利的初级群体则不具有明确的规则和功利性的目的与任务，他强调了群体成员之间的感情依赖关系。然而，无论有何明显区别，小群体和初级群体都是人们通过经验活动而直接交往的小型群体。霍曼斯认为，只有把社会交换行为研究聚集在小群体上，才能观察到人们真实而具体的交换行为。并且，由于各种复杂的社会组织和社会结构都是在小群体基础上建立起来的，所以对小群体的内部结构和系统功能的研究也就在社会学研究中获得了基础性地位。

由于霍曼斯关于小群体的研究是描述性的，所以他避免了过多的抽象讨论，挑选了别人已经研究过的一些个案进行再研究，以此来避免研究的抽象性。他进行再研究的个案包括："西部电气工厂中的接线组装小组（它作为霍桑研究系列的一部分，已经被作了精细的观察）；诺顿街的帮伙（它是一个城市街角上的友侪群体，已由 W. F. 怀特进行了细微的研究）；提克皮亚岛的家族系统（R. 弗尔斯描述和分析过的一个玻利尼西亚小岛）；希尔镇（一个正在衰落的新英格兰社区）以及电气设备公司（一个由于存在人际关系紧张和麻烦而最终导致改组的公司）"[①]。从霍曼斯挑选的这五个研究个案中我们可以进一步明确他所指的小群体的性质和特点，并且还可以发现，当霍曼斯强调社会交换研究的描述性时，他指的并不一定是要亲自观察那些当下发生的社会事实，借助别人的观察材料也可以进行描述性研究。

尽管霍曼斯的小群体研究表现出借助别人观察材料的间接性，但是强调从经验事实出发，在经验事实基础上开展逻辑演绎性的理论解释，是他一贯坚持的基本原则。他指出："如果说社会学是一门科学，它就必须认真从事这样的一种科学工作，即对所发现的经验性关系做出解释。解释是一种理论，其形式是一种演绎体系。虽然功能主义学派都在谈论理论，但他们并没有进行足够的理论工作。……如果认真地努力以构造理论，这就是解释社会现象的开端，而最终的结果是关于人的行为而不是关于社会均衡的一般性命题。"[②] 霍曼斯并不反对演绎性的理论解释，但是它必须是以经验事实为对象的逻辑推论，并且推论的结果也不能脱离经验事实，这个原则使霍曼斯同从概念到概念的哲学推论明确划清了界限。

三、社会交换的基本形式

在《人类群体》中，霍曼斯关于群体成员行为的研究是描述性的，其宗旨在于说明群体成员之间的活动、互动和情感的变量关系，而不在于揭示这些相互作用的变量为什么产生，即不作演绎性的因果论解释。在十年后发表的《社会行为的基本形式》中，霍曼斯由描述性的研究转入解释性的研究。正如他自己申明的那样，解释性的研究是以社会交换行为的经验事实为基础的，但是要上升到逻辑形式的演绎层面，还要对各自的变量关系做出因果解释。因此，在《社会行为的基本形式》中，霍曼斯不仅概括出一些社会交换行为的基本形式，而且还对这些基本形式的发生变化的原因做出推论，推论的结果是揭示了社会交换基本形式的心理基础。

如前所述，成本和报酬是霍曼斯从古典经济学引来的两个概念，它们成为解释社会交换形式最基本的范畴。成本指人们在社会交换行为中为获得某种利益或为实现某种目的而预先做出的支付。例如，为从事某种工作而接受专业训练，为达成恋

---

① 约翰逊．社会学理论．南开大学社会学系，译．北京：国际文化出版公司，1988：445.

② 波洛玛．当代社会学理论．孙立平，译．北京：华夏出版社，1989：39.

爱关系或婚姻关系而采取的争取好感、培养感情等行为，都可以被理解为交换行为中的成本。报酬是付出一定成本之后而得到的回报。像成本支付一样，获得的报酬既可以是物质方面的利益，也可以是声誉上的赞同，还可以是情感上的体验。在社会交换行为中，每个人都试图以较小的成本获得较大的报酬。这就意味着人们在交换行为中支付成本和获取报酬都是有预期性的，并且为了达到最佳值，实现预期目标，人们又都要做出一定程度的选择，即通过某种途径、手段和方式来实现低成本、高报酬的预期目标。

惩罚与强化是同成本与报酬直接联系的两个概念。惩罚与强化是从行为主义心理学借鉴来的。就对交换行为的作用而言，惩罚与成本相对应，强化与报酬相对应。由于付出成本对行为者来说是支付、劳作，是体力、精力、情感或物质利益的付出，因此是否定性的，行为者的心理体验便是消极性的惩罚；而报酬对行为者来说是获得、奖赏，是名誉、地位、情谊或物质利益的获得，因此是肯定性的，行为者就会把获得报酬的行为在心理体验中强化起来，形成积极的印象和态度。

霍曼斯认为行为主义心理学家斯金纳的实验充分地证明了成本与惩罚、报酬与强化的关系。斯金纳在实验室里观察鸽子的条件反射，他发现每当鸽子啄到某一目标就能得到一粒小米时，它在那个目标上用嘴啄的频率就会增加；相反，每当鸽子啄到一个特定目标就受到电击时，它重复几次就会因感受到了痛苦而避开这个目标。霍曼斯用斯金纳的实验结果来解释人类交换行为，认为人类交换行为虽然复杂，但在实质上同鸽子的行为是一致的。如果霍曼斯的这种解释是成立的，那么这意味着成本与报酬、惩罚与强化等交换行为和心理活动是植根于人的本能之中的。

数量和价值也是解释社会交换基本形式的两个基本概念。数量是指某一具体行为在一定时间内所表现的频率，或者指某一行为的总量；价值指某一具体行为被强化或受惩罚的程度。把价值同强化和惩罚联系起来，使价值概念变得复杂起来。霍曼斯的意思是：惩罚是支付成本的心理体验，而强化则是获得报酬的心理过程，成本和报酬都是有价值的。就此而言，价值概念是指行为者获得的利益，如同成本和报酬一样，价值既可以是物质性的，也可以是精神性的。价值是变量，有数量规定性的价值可以计量。但有些行为中的价值是无法用数量来计量的，例如与情感、名誉和地位等相关的行为，其中的价值是无法计量的，因此价值概念在解释某些交换行为时就具有很大程度的模糊性。

失落和满足是与报酬和价值直接相关的两个概念，它们的意义是揭示行为者获得报酬后的心理状态。失落是在行为者获得某种报酬后产生的心理状态。行为者自上次获得某种报酬后的时间越长，失落感越强，对行为者的作用也越大。失落又是交换行为的功能之一，在获得某项报酬后，延续的时间周期同行为者付出的成本成正比，因此失落时间的延长则意味着成本增加，对行为者的精力、体力和其他方面的利益发生剥夺作用。满足这个概念有两层含义：一是指行为者获得报酬的预期目标较低；二是指行为者获得某种程度的报酬后不再有新的要求。满足可以使行为者安于现状，不再采取新的交换行为；失落则不然，失落感越强，行为者对某种报酬的要求就越强烈，报酬所含的价值也就越高，他为再次获得这种报酬或价值而采取行动的可能性和积极性就越大。

投资与公平分配也是霍曼斯讨论交换行为的两个基本概念。投资概念与成本概念相近，但成本概念是支付性的消耗，而投资是在保持行为者原有成本基础上以获取利润为目标的交换行为。投资的积极性和投资额度都与可获利润成正比关系。在社会交换活动中，每个人都以一定的成本在投资，都期待获得与自己投资量成适当比例的报酬。在群体中成员获得报酬是通过分配实现的，如果坚持了投资与报酬的正比关系原则，那么分配就坚持了公平性。但是情况往往十分复杂：一方面，参与交换行为的群体成员支付的成本和投资的性质是不同的，经济、政治和文化教育等方面的成本投入，不仅难以计算，而且也难以比较；另一方面，报酬分配者如何评价参与交换者的行为价值、如何确定分配标准，也是难以确定的；还有群体成员对报酬的认可与评价也是不确定的因素。这些因素都使公平分配变得十分困难。

在霍曼斯关于公平分配的论述中可以发现，他对公平分配的评价因素十分重视。在他看来，分配是否公平，不仅关系到成本投资与报酬获得的比例关系是否合理，而且更复杂的问题是关系到参与交换行为的群体成员如何评价自我和他人。这说明霍曼斯认识到：公平分配不仅是客观的报酬分配过程，而且还是评价自我与他人的主观心理过程。

那么如何使公平分配尽可能地实现呢？霍曼斯提出应当注意两个原则：一是经验性原则。由于投资与报酬的比例很难确定，人们心里往往没有固定标准，但是比较确实的衡量参照是过去的经验。如果一个人现在的投资在相近条件下获得的报酬比过去同样投资获得的报酬减少，这时他就会感到不公平。在工作与工薪的比例关系中这种反应最明显。如果某人工作性质与工作量不变，他的工资稍有下降，即便是形式工资未降，但物价上涨等因素造成其实际工资下降，他也会产生明确的分配不公观念。因此，在一个平稳发展的企业或国家里，职工的工资应当是逐渐提高的。二是比较性原则。人们在交换行为中衡量分配公平的另一个参照，是与自己在成本投资和工作上相似的人的报酬。人们总是要把自己同周围的人进行比较，不仅比较工作性质、条件、劳动强度和复杂程度，而且比较年龄、专长、文化程度、社会地位等等。如果这些因素大致相近，那么所获报酬就应当是相等的。因此，在调控分配关系时，就应当充分注意社会交换关系密切的人们的报酬比较分析。

总之，霍曼斯用上述概念分析了社会交换行为的基本形式和基本内容。从他对这些概念的界定和使用中，我们可以更清楚地了解他在对行为主义心理学和古典经济学的综合中开展的对社会交换行为基本形式的研究。这种研究使他的社会交换理论具有很特殊的意义。同米德、库利等人的社会心理学相比，霍曼斯的社会交换基本形式研究具有以外显行为作为主要对象的经验论意义和实证主义色彩；但同迪尔凯姆等实证主义者相比，霍曼斯不断地从心理分析的角度来解释外显的社会交换行为，这又是反实证主义的心理还原论。

四、群体凝聚力与交换权力

霍曼斯关于社会交换活动的这些概念，既是对社会交换活动基本内容和基本关系的理论概括，同时又是他用来解释更为复杂的社会现象的基本原则。D. P. 约翰逊在分析这点时指出："以上命题为社会等级、规范性遵从、创新、影响、评价、地位以及权威等许多标准社会学概念提供了分析的基础。"① 正如约翰逊所指出的那样，霍曼斯以上述概念为进一步解释其他社会学问题的基本原则，讨论了群体凝聚力、社会地位、交换权力和社会制度等一般社会学问题。

一般情况下，社会学家往往用宗教情感、权威魅力或功能性依赖等因素来探讨群体凝聚力问题。与众不同的是，霍曼斯用成本与报酬来讨论群体凝聚力问题。在他看来，群体凝聚力的强弱首先是由成员获得报酬的途径决定的。凝聚力较强的群体，其成员在群体内部获得的报酬较多，包括成员之间的相互赞许都是增强群体凝聚力的因素。这时，成员遵守群体的规范和制度就不必支付较高的成本，成员的向心力和群体的凝聚力都会不断增强。凝聚力较弱的群体，其成员在群体外部获得的报酬较高，由此而把成员的注意力转移向外，而对群体的向心力和群体对成员的凝聚力都将减弱。与此同时，对群体规范和制度的坚持就会遇到较大困难。因为群体成员从外部可以获得较高报酬，当成员迫于群体内部压力而遵守群体的规范与制度、维护群体的团结时，他们就会减少对外部报酬的获取，那么就意味着他们以较高的成本来被迫维持群体的团结。成员为维持群体团结付出的成本越高，群体凝聚力的强度和持续性都将越来越弱。

群体凝聚力还与成员在群体内活动获得的报酬与他个人独立活动获得报酬的差别相关。成员在群体中开展各种合作，他们在合作时获得的报酬往往不是相等的，这可以在一定程度上造成群体内部交换行为的不平衡，但这不足以瓦解群体的凝聚力。重要的是，如果成员在群体活动中所获得的报酬，小于成员个人独立活动所能获得的报酬，那么群体凝聚力将减弱；如果成员在群体中活动所获报酬大于他个人独立活动所能获得的报酬，或者在群体活动中所获报酬的成本小于他个人活动获得同样报酬的成本，那么群体凝聚力将增强。

降低成本且增加报酬，甚至可以维持在某些方面对立的人们之间的交换行为。霍曼斯举例说明这种情况：一个雇员非常讨厌他的老板，在情感上常常难以容忍老板对他的管束，但是，这个雇员很难找到另一个以同样成本获得同样报酬的职位，他就不得不忍受让他感到厌恶的老板，并且注意维持他和老板之间的交换行为。这里可以看出，霍曼斯把经济利益看作决定交换行为的根本因素。

① 约翰逊．社会学理论．南开大学社会学系，译．北京：国际文化出版公司，1988：452.

霍曼斯还用成本与报酬的关系来解释社会交换权力的形成。他认为，在社会交换行为中，如果一个人在交换中付出的成本大于对方，而获得的报酬却小于对方，那么他在交换中将获得支配对方和控制交换行为的权力。霍曼斯称之为“利益最小原则”，即在社会交换行为中，谁获得的利益最小，谁就能获得控制交换的权力。例如，一个容貌平常的姑娘追求一个很有名望的足球明星，那么足球明星在这种交换行为中处于成本高、利益小的优势，他将获得足够的支配那位姑娘、并控制交换行为过程的权力。在家庭关系中也这样，如果一方的素质和能力明显优于另一方，特别是当处于优势的一方不愿意再维持家庭关系时，他在家庭中就处于高成本、低利益的地位，对家庭的支配权也由此掌握在他的手里。

霍曼斯用来解释获得交换权力的另一个原则是“稀有资源原则”。在他看来，如果一个人在交换行为中提供给其他人的东西是很难得的资源，他就能获得较高的交换权力，尤其是当他提供的资源具有普遍性的需求时，他获得的交换权力就更大。例如，摇滚乐歌星可以把自己的演唱录音带向广大摇滚乐听众发行，因此而获巨额报酬，并且他的声望也随之提高。一个人能够成为歌星，除了要有一定程度的训练外，更重要的是要有嗓音等方面的天赋。因此并非大部分人都能成为歌星，只有那些有天赋且经过必要专业训练的少数人才能成为歌星，他提供给社会的服务也自然就是稀有资源并因此受到普遍欢迎了。

交换权力的不平衡造成了交换行为者间的地位差别，地位也是霍曼斯用交换基本原则认真分析的一个问题。他给地位下了一个定义：地位是“一个人向其他人（和他自己）发出的刺激”[①]。地位是多元性的概念，它可以表现为人的等级、声誉、权威、专长、优势等等。由于每个人都在一个比较复杂的社会关系中存在，个人的家庭出身、文化背景、政治关系、职业关系、经济收入、心理素质，甚至举止言谈和容貌体态等等许多能对别人产生刺激的因素，往往有很大差别。这些因素的差别不仅在不同的人那里有明显的表现，而且在某个人自身的各种因素间也往往是不平衡的，并不一定都具有对别人产生较强刺激的明显优势。具体地说，在交换行为中，一个人有些方面的特征是强于别人的，而另一些方面的特征可能又弱于别人。这就是霍曼斯所说的“地位不和谐”问题。

霍曼斯认为，为了取得交换中的权力和地位，人们应当注意协调与自己地位不和谐的因素，尽可能在社会交换中突出自己的优势特征，让自己强于别人的那些因素有效地对别人发出明显刺激，这样可以抵消弱于别人的因素的消极作用，并获得交换行为中心主动权和稳定的优势地位。霍曼斯认为，地位不和谐会减少一个人在社会交换中的安全感和地位的稳定性。因为，不仅别人对自己的评价和认同，究竟是以自己的优势特征还是劣势特征为根据，是不确定的，会给自己造成一定的心理压力；而且在社会交换中如何自我评价，也会因地位不和谐而变得模糊或自相矛盾。这两方面情况都将影响社会地位的稳定性。因此，努力地发挥优势特征，以优

① 约翰逊．社会学理论．南开大学社会学系，译．北京：国际文化出版公司，1988：455.

势特征的刺激作用来淡化劣势特征，在社会交换中就十分重要了。

霍曼斯还讨论了社会交换中的基本行为和制度行为的关系。基本行为即受到成本和报酬等因素直接制约而展开的交换行为，而制度行为是突出伦理规范和法律规章制约的交换行为。后者是比前者复杂的具有一定间接性的交换行为，即直接以制度制约交换而不是直接以成本和报酬制约交换。不过，霍曼斯认为，无论制度行为在社会交换中有何种程度的复杂性和间接性，它都要以基本行为为基础，成本与报酬的关系仍然从根本上制约着制度行为。因此，确定社会制度必须以人们的成本与报酬的交换为根据，社会制度必须维持和保障社会交换基本行为的公正性、和谐性。如果社会制度有碍于社会交换基本行为的正常开展，人们遵从制度规范只能获得较少报酬，却要付出很多代价，那么社会越轨现象将越来越多地发生，社会不安定因素也将不断增多，最终各种社会矛盾和社会冲突将引起社会制度的变更。

思考题

1. 怎样理解霍曼斯关于小群体行为结构的理论观点及其研究方法?
2. 霍曼斯怎样用经济学的理性选择方法研究交换行为? 如何评价?
3. 霍曼斯对人的交换行为做出了哪些理论概括? 有何理论意义和局限性?
4. 如何理解霍曼斯关于群体凝聚力和交换权力的论述?

推荐阅读书目

1. 特纳. 社会学理论的结构: 上册. 邱泽奇, 等译. 北京: 华夏出版社, 2001: 274-282.

2. 亚历山大. 社会学二十讲. 贾春增, 等译. 北京: 华夏出版社, 2000: 115-143.

3. 华莱士, 沃尔夫. 当代社会学理论. 刘少杰, 等译. 北京: 中国人民大学出版社, 2008: 278-297.

第十三章
布劳的交换结构论

本章要点

本章介绍了布劳社会交换理论的特点、同霍曼斯小群体交换理论的联系与区别，阐述了布劳为实现社会学微观研究同宏观研究相结合所做的努力的意义，对布劳关于社会交换的结构、社会交换中的权力结构以及社会交换与社会宏观结构等方面的理论观点做了比较充分的论述。

关键概念

交换结构；权力结构；社会宏观结构

社会结构问题一直是经典社会学的中心议题之一，孔德、迪尔凯姆和韦伯等人都不断地探索了这个问题。自社会学的研究从宏观趋向微观后，在米德、库利的社会心理学中，也包括在霍曼斯的社会交换理论中，社会结构问题已经被逐渐淡化，他们专注于心理活动分析和对具体行为的表面观察。而同米德、库利和霍曼斯有着各种学术关系的布劳，却通过社会交换行为的研究，把对社会结构问题的研究重新展现在社会学领域，社会学理论也似乎走过了一个循环，又从微观返回到宏观。

一、学术背景

布劳（Peter Michael Blau，1918—2002）是出生于奥地利维也纳的美籍社会学家。青年时期就读于美国艾姆赫斯特学院和哥伦比亚大学，曾在中层结构功能主义社会学家默顿的指导下攻读社会学研究生，先后获得社会学硕士和博士学位。毕业后曾在韦恩州立大学和康奈尔大学任教，后转入芝加哥大学任教。1970 年应聘为哥伦比亚大学社会学教授并任社会学系主任，1973—1974 年当选为美国社会学协会主席。

布劳长期从事社会学的研究和教学工作，著述甚丰，其中主要的论著有：《社会整合理论》（1960）、《科层制的动力》（1955）、《社会生活中的交换与权力》

(1964)、《互动：社会交换》(1968)、《社会交换中的公平性》(1971)、《社会结构研究的途径》(1975年)、《不平等和异质性》(1977)、《比较理论的观点》(1984)、《相互关联的社会属性》(1984)等等。在这些著作中，最有代表性的是1964年出版的《社会生活中的交换与权力》。在这部著作中，布劳论述了社会交换结构的形成和发展，社会权力、地位、制度和宏观社会结构等问题，使社会交换研究由微观进入了宏观。

人们在考察布劳的学术背景时，往往把他同霍曼斯等人放在一起揭示他们的思想来源。作为社会交换理论的主要代表人物之一，布劳在学术背景尤其是思想来源方面，无疑同霍曼斯等人有共同之处。马林诺夫斯基的人类学理论、英国古典经济学理论等作为社会交换理论的思想来源，在布劳的学说中同样可以清楚地看到它们的影响。布劳不仅像马林诺夫斯基那样把人们的社会关系理解为交换关系，而且也像亚当·斯密那样，把人们的交换关系的实质理解为利益交换，成本、报酬、价格等经济学术语也是揭示社会交换问题的基本概念。然而，仅仅看到这些还是不够的。布劳的学术背景或思想来源也有不同于霍曼斯等人的方面，特别是，结构功能主义对布劳的影响不仅同它对霍曼斯的影响有明显不同，而且在布劳的学术研究中有十分重要的地位。

以帕森斯为代表的结构功能主义，是高度概括的宏观社会学理论，不仅经济、政治和文化等各方面社会现象都被他纳入自己的理论视野，而且他还建构了各种分析社会结构动态变化的结构功能模式。结构功能主义认为，社会是作为系统存在的，社会系统的各种构成要素相互联系地发挥自己的功能。研究社会生活最重要的是把握这些构成要素的内在联系，即社会系统的结构，也只有把握了这些联系或社会结构，才能抓住社会系统各方面运动变化的实质及功能作用发挥的机制。这些思想显然在布劳的社会交换理论中得到了认可或继承。

与霍曼斯不同，布劳研究社会交换问题的方式不是重视它的心理基础，而是重视各种交换行为的相互关系；不是简单地停留在个人之间的交换行为上，而是通过社会层面的交换行为的分析，例如对群体交换关系的分析，揭示出社会权力、社会制度、社会演化等宏观社会结构。正是在这些不同特点的基础上，霍曼斯的交换理论被称为人际交换理论，而布劳的理论则被称为社会交换结构理论。

布劳的大部分理论著述发表于20世纪六七十年代，这时结构功能主义不仅完成了建立理论系统的任务，而且也培养了一大批学术骨干，迅速扩大了学术影响，确定了它在战后美国社会学的统治地位。任何学术研究、特别是那些有成就的学术研究，都不可能对自己所处的学术氛围麻木不仁，总是要同正在流行的那些学术流派对话沟通，在相互借鉴、相互渗透中发展自己。对于布劳来说尤为如此，因为他不仅在结构功能主义处于统治地位的时期进入学术活动高峰期，而且他师从结构功能主义的另一位主要代表人物默顿，结构功能主义对他的影响就更为直接并且更加强烈了。

默顿同帕森斯在结构功能主义中站立的层次上有明显分歧，甚至默顿尖锐地批评了帕森斯的理论，认为帕森斯的理论抽象过度、空泛有余，那些高度概括的结构功能模式，不仅远离社会现实，而且也夸大了社会结构功能的一般性或共同性。默顿主张建立一种同社会经验事实直接联系的、具体反映社会问题和解决社会问题的中层功能理论。但是，无论默顿同帕森斯有何种程度的分歧，他还是把社会结构及其功能作为其社会学研究的基本内容，他同帕森斯的区别不过在于对理论概括程度的高低不同罢了。

作为直接受教于默顿的学生，布劳坚持对社会结构与功能进行中层分析。像默顿那样，布劳从经验事实或人们的社会交换行为出发论述社会结构的产生与发展，并且他做出的理论概括都与经验事实发生直接联系。在中层分析原则指导下的社会交换结构研究，既超越了霍曼斯对人际交换行为的简单描述性和理论解释上的心理还原论，而且也避免了帕森斯宏观社会学的高度抽象性，使社会交换结构理论具有了自己的特殊地位。

二、社会交换的结构

概括地说，布劳论及的社会结构概念是指人们在社会交换行为中结成的各种社会关系，包括参与交换的人与人之间的关系、人与群体的关系和群体之间的关系。由于社会交换的目的、内容和展开形式不同，社会交换呈现出不同的类型和不同的社会关系，亦即形成了不同的社会结构。

像霍曼斯那样，布劳也把报酬与成本作为讨论各种社会交换的基本概念，但是布劳不像霍曼斯那样一般性地讨论交换活动的报酬，而是把报酬区分为不同种类，并进而区分不同类型的社会交换行为。布劳首先做出的划分是内部报酬与外部报酬。内部报酬是从社会交换关系本身获得的报酬，外部报酬则是从社会交换关系之外或社会交换的外部关系中获得的报酬。这种解释似乎很抽象，布劳的进一步解释是：内部报酬从内部交换获得，外部报酬从外部交换获得。内部交换是带有非功利色彩的情感方面的交换，例如友谊、恋爱就属于内部交换；而在市场经济活动中以从交换对方那里获取物质利益为目的的社会交换则属于外部交换。如果内部交换是非功利的情感交换，那么从中获得的报酬也就具有了非功利的情感性质；而外部交换是功利性的物质利益交换，那么从中获得的外部报酬也就一定是功利性或物质利益方面的。

为了使问题变得更为明确，布劳又把内部交换和外部交换称为社会交换（狭义的）和经济交换。他在说明社会交换与经济交换的区别时，除了重申社会交换的非功利性以外，还指出它具有一定程度的模糊性。在经济交换行为中，人们对自己的付出成本和收入报酬都要进行精确的计算，在交换过程中也要开展一系列严肃认真的谈判、签订责任明确的合同等等。而在社会交换中情况却十分不同，虽然人们在社会交换中也要求获得某种报酬，但是这些报酬能否获得，在多大程度上获得，都不是靠具有某种确定性的协议合同保证的。并且，尽管参与社会交换双方也要对自己在交换中的投入与获得进行衡量与评价，但这都是很模糊的，甚至要把所获的报酬和提供报酬人的动机联系起来。如果对方提供的报酬是赞扬或恭维方面的，但是当发现赞扬的背后是其他方面的获利动机时，对方提供的报酬将因它隐藏的动机而被否定。这说明社会交换要比经济交换更为复杂。

布劳认为，更为复杂的情况是：在错综复杂的交换行为中，内部报酬与外部报酬往往是混合在一起的。长期在一起工作的同事，能形成较深的私人感情，双方在交换中获得的报酬较大程度上是内部报酬。但是，同事之间也有外部报酬关系，因为处于同一工作单位或利益群体之中，不可能不发生各种经济关系，相互之间不可能没有物质利益上的往来，所以，无论能够获得多少内部报酬，也不可能排除同事间的外部报酬关系，并且，二者往往是难以区分地交织在一起的。

布劳还指出，在现实生活中地位不同的人之间也有内部报酬和外部报酬错综交织的复杂关系。一个人可能愿意同地位比他高的人交往，并且地位低的人常常以获得内部报酬来掩盖获得外部报酬的动机。当一个人身处高位时，同他开展内部交换、寻求内部报酬的人似乎很多，情感也很真挚。可是，当他从社会高位上下来时，他才会发现原来那些朋友并不是在同他开展内部交换，而是在为获得物质利益开展外部交换。随着自己社会地位的丧失，门庭若市转变为门可罗雀。所以，一个身居高位的人应当清楚地识别那些比他地位低的人究竟是为了什么而乐于同他交往，他与那些对他百般恭维的人究竟是何种交换关系。

如果是外部交换，那么就应当认真鉴别、比较、测算、考核和选择；如果是内部交换，那么就应当追求真挚的情感交流。即使这两种交换及两种报酬交织在一起，也应当慎重待之。从这里可以看出，布劳所说的外部交换相当于韦伯所讲的工具理性行动，即以功利为目的，对目的、手段和结果都要进行分析、测算、比较和选择，以求最佳效益；内部交换相当于韦伯所说的价值理性行动，追求某种超功利的目的。不过，需要说明的是，内部交换同价值理性行动还是有明显区别的：韦伯的价值理性行动追求超现实的理想目标，布劳的内部交换追求的是主观内在的情感，不是在现实之外，而是在现实生活之中。但是，在超功利性和目标的不可选择性上，价值理性行动同内部交换行动还是明显一致的。

明确了内部交换与外部交换、内部报酬与外部报酬的相互区别与相互联系后，布劳进一步提出的问题是如何积极有效地开展社会交换，实质是回答社会交换结构理论如何有效指导实际交换行为的问题。

布劳认为，不仅大量的经济活动是外部交换，而且以获取内部报酬为根本目的的社会交换最初也是外部交换。以谈恋爱为例，在即将达成婚姻关系包括进入较深的恋爱关系之前，男女双方处于外部交换阶段，每一方都有认识、测量、比较和选择对方的必要，这不仅是双方的权利，而且也是为形成稳定的内部交换和获得真实的内部报酬而必尽的义务或必须进行的环节。考察、测量、比较和选择的实质是计算成本和预测报酬的过程，这些活动对恋爱关系来说似乎有些冷酷和严峻，但是，没有经过这些环节的情感交流或内部交换是缺乏稳固基础的。并且，这个基础不仅仅是物质利益方面的，而且还有心理方面的。因为内在的情感交流，同双方的举止言谈、容貌体态、装饰仪表等外部形象都有直接联系，在初识阶段对不同的人做出充分比较后做出选择，这可以使双方的交换从外部转入内部获得一个坚实的心理基础。而一旦进入较深的恋爱关系，特别是达成了婚姻关系，就不应再左右环顾、把自己的恋人同其他人比较甚至另作选择了。这里可以看出，布劳认为外部交换遵循经济原则，而内部交换则应当遵循道德原则。

促成有效交换的另一个环节是提高对交换对方的吸引力。布劳认为，人们总是因为一定的吸引力而开展交换活动的。如果发现对方对自己有吸引力，那么则意味着这种交换关系是值得维持并开展下去的，特别是如果对方对自己有较强的吸引力，那就有必要增强自己对对方的吸引力。布劳把在外部交换中的吸引行为称为外部吸引，而把在内部交换中的吸引行为称为内部吸引。无论是外部吸引还是内部吸引，也无论吸引采取的形式是多么巧妙和复杂，吸引的实质都是向对方显示，对方在交换中能以较小的成本获得较大的报酬。只有抓住吸引的这种实质，并根据它来设计和开展吸引活动，才能使吸引及交换行为变得有效。

吸引对交换行为的作用比较复杂，当吸引力过强时，往往产生消极作用。布劳认为，如果一个人的吸引力表现得异常强烈，那倒有可能使别人失去同他建立交换关系的愿望。因为强烈的吸引力会给对方造成一种心理压力，对方会感到要建立这种交换关系，虽然可以获得很高的报酬，但是同时要付出较大的代价，而且很可能是最大的代价——失去自主地位，以从属地位而同吸引者保持依附关系。一般情况下，人们轻易不会以丧失自主地位为代价去获得某种较高的报酬。因此，如果吸引力较强的人乐于同别人形成交换关系，就要尽量使对方感到：虽然可以从他这里获得很高报酬，但是不必因此而付出很大代价，如能形成交换关系，对方将以平等的身份在交换中获取很大报酬。这就是布劳所说的“平等互惠准则”。

布劳还论述了在社会交换中，接受帮助与回报感谢之间的时间距离对促进交换关系的意义。在他看来，由于社会交换的复杂性，接受帮助者对施惠者的帮助并不一定立即做出回报反应，在经过一段时间间隔后，尤其在接受帮助者获得了较高而确实的报酬后，再做出回报感谢，将对交换关系的巩固与发展起到很积极的作用。因为帮助与回报之间的距离，不仅可以使交换双方在心理上延长相互吸引的时间，而且还可以在相互吸引中产生更进一步的交换，使交换关系向新的高度发展。

从上述内容可以看出，布劳的社会交换理论具有明显的中层理论特征。他通过对社会交换各种因素和复杂关系的概括，建立了关于社会交换结构的一些基本概念，这些概念虽然具有某些普遍意义，但是它们不仅没有脱离经验事实，而且还可以直接用来解释经验事实，在这些基本概念基础上形成各种交换策略，直接指导人们的实际交换行为。

三、社会交换中的权力结构

社会交换的权力结构是布劳学术研究的一个重要内容。在他看来，社会交换的不平衡是普遍情况，这是产生权力结构的根源。特别是当一个人需要不断地从另一个人那里得到帮助时，由不平衡的社会交换产生的权力结构就更加清晰可见。当一个人最初获得帮助，或者得到的帮助不是太大时，可以通过一些简单的方式甚至是口头致谢来表达感激之情。此时，交换双方尚未出现权力结构。而当帮助持续下去或者受惠者得到的报酬较大时，简单的致谢方式已经使交换双方难以维持平衡关系。不仅受惠者感到难以回报施惠者的帮助，而且施惠者对受惠者的简单致谢也越来越觉得没有意义。如果受惠者没有能力以相当的报酬回报施惠者的帮助，同时又需要继续得到帮助，那么受惠者只有降低自己在交换中的地位，对施惠者产生顺从和依附的关系，施惠者获得了支配受惠者和交换过程的权力。于是，社会交换中的权力结构就形成了。

根据社会交换权力结构形成的原理，布劳认为，一个人要想在社会中获得权力，最有效的途径就是向别人提供帮助。并且，提供的帮助越多，其中所含的报酬或价值越大，得到的权力也越大越牢固。不仅那些为谋取权力而投机钻营的政客们可以利用布施恩惠的方式赢得支配普通群众的权力，而且那些仗义行善的君子义士也在帮助别人时得到了影响别人甚至有更强支配力的权力。在政治家和资本家的交换关系中，通过帮助对方而获得权力表现得最充分。一些大企业或金融集团，总是要同某些政治势力建立联系，他们不仅以物力和财力支持那些掌握权力的政治势力，而且还要审时度势地给那些在野政治势力以经济上的帮助，以便既能获得现有掌权者的政治支持，也能在政治上有了变化时仍然有政治上的依靠；同时，政治势力也只有通过对经济界给予某些政治上的支持，才能把手中的权力转换为经济利益。这就是所谓的官商勾结式的社会交换。

布劳揭示的这种现象无论在什么社会形态中都存在，关于布施恩惠而获得权力的阐述在哪个时代都能见到，因此布劳的这些论述也谈不上什么创见。不过，值得注意的一点是：布劳强调，只有更多地帮助别人才能获得更大更稳定的权力，其中包含了市场经济条件下，以利益平等交换为原则的民主精神。同极权专制者主张用法律制度的强制力、军队警察的暴力来压迫社会并且掌握和行使权力的观念相比，布劳的主张还是进步的。在布劳这里，付出报酬，施惠于人，是获得权力的前提，他实质上提出了恩惠与权力的等价交换原则。

如果一个人不愿受别人支配，或者不愿意向别人让渡自己的权力，布劳认为有效的策略第一是避免接受别人的帮助，或者在得到某些帮助时应尽可能以大致相等的报酬回报对方，以便寻求交换关系的平衡；第二个策略是在接受某人帮助的关系之外，再建立其他能够接受帮助的关系，这样可以降低甚至抵消对某一方面的依附性，在多元的帮助中获得自主地位的平衡；第三个策略是行使强力，强迫对方帮助自己，同时又对帮助者保持支配地位。布劳不赞成后两种避免失去权力而又获得帮助的策略，认为这两种策略虽然可以达到目的，但是它维持的不是平等的交换关系，而是靠心术、计谋和强力来攫取别人的报酬。

在分析了个人之间的交换权力结构的基础上，布劳进一步分析了群体中权力结构的产生。他认为，个人之间通过提供帮助而获得权力的道理，同样也适用于群体。他以新建立的任务群体为例来分析权力结构产生的过程。最初，群体成员相互间没有什么相互了解，经过初步接触后，人们试探性地开始交谈。那些能力强、素质高的人，或者具备完成群体任务需要的某些优势的人，在交谈中逐渐显露头角、引人注目，形成了对其他人的吸引力。随着群体内部交往活动的发展，成员之间的接触逐步深入，那些起初已经获得人们注意的人开始竞争。最终，一个在几个方面都具有优势的人引起了人们更多的注意，说明他具有了比任何人都强的吸引力。当群体成员公认这个人可以给他们提供比别人多的利益或报酬时，这个人便成为群体的领导，群体内部的权力结构也就初步形成了。

如果领导的工作能力较强，并通过明显的业绩证明他的能力是卓越的，那么群体成员在获得了利益和报酬后，将更加认可这位领导，群体的内部权力结构也进一步巩固。否则，情况将相反，领导者到手的权力会因他能力有限和无实际业绩而丧失。在布劳看来，假如领导者能让成员认识到，只有服从他的领导才能顺利完成任务，才能获得很好的报酬，这不仅会强化成员对领导者的顺从和依附，而且也能增强领导者开展工作的信心。对于领导者巩固自己地位、顺利行使职权来说，最有利的情况是在群体成员中产生一种对领导的“欠情感”，即成员感到领导对他们的贡献大于他们给领导的回报，有必要做出更大的努力和对领导更多的服从，以便感谢领导的恩情。

布劳认为，群体内部的权力结构有一种加权效应，即领导者的一次成功可以引起其他方面的成功；领导者越有效地使用手中的权力，他越能获得更大权力。不过这种加权效应是以领导付出恩惠和成员获得报酬为基础的，如果没有这种实际利益关系，那么群体的权力结构将是虚设的。因此，领导者要巩固和扩大自己的权力，必须时时注意处理好成员的利益期望与报酬需求。

布劳分析的对象是科层制管理模式中的任务群体，从他的论述中可以看到，在科层制管理下的任务群体，并非像韦伯所概括的那样是完全排斥人际关系、排斥人的情感联系的。如果布劳的描述是确实的，特别是关于群体内部的注意、吸引、欠情感和依附效应等观点，那么就说明科层制管理模式中的群体关系也充满了人情味，像韦伯所说的那种严格按照规章制度运作的任务群体只不过是一种理想模式，在实际生活中是不存在的。

不过，尽管布劳论述了科层制管理模式中任务群体存在着大量的非科层制因素，但是他还是对科层制的一些基本原则给予了高度重视和充分肯定。布劳认为，群体权力结构的稳固仅靠领导者给予成员恩惠和报酬还不够，应当把已经形成的权力结构合法化，即在群体内部形成明确的规章制度，使领导者的权力通过各种纪律、规则和制度体现出来并具体实施。这是科层制的一个最基本的原则，布劳认为落实了这个原则，就可以使群体的权力从领导者个人的权力地位转化为一般性的权威模式。这既可以使群体的权力结构规范化，也可以避免权力结构中发生的一些冲突。例如，在权力结构尚未合法化时，如果领导者给予成员的报酬因某种影响而减少或出现其他方面的问题时，成员将对领导提出批评意见或产生不满情绪，这时将直接威胁群体权力结构的稳定和运行。而当权力结构合法化后，即使出现比这种情况更严重的问题，成员对领导者个人的不满也不会损害群体的权力结构，因为合法化的权力结构是以非人化的原则和制度的面貌出现的，它们具有超越个人变化的稳定性和普遍性。

布劳把在群体内形成共同价值观念和伦理规范也看成是保持群体权力结构稳定的必要条件。指向某种理想目标的价值观念和维持人际有序交往的伦理规范，一般来说是超越直接利益的，具有非功利性。虽然权力结构从根本上说是靠领导与成员之间的物质利益关系维系的，但是，任何一个群体及其权力结构都是在特定文化背景和伦理关系中存在的，群体成员的价值观念和道德准则，不仅制约着他们的信念、意志、选择和交往方式，而且也影响着他们对权力结构和领导者的认同和评价，还影响着权力的效力和结果。因此，在群体内部形成共同价值观念和伦理规范是十分必要的。

形成共同价值观念和伦理规范，也是群体权力结构合法化的基本内容。这就是说，布劳讲的群体权力结构合法化实质是控制方式的规则化和价值伦理观念的共同化。可见，布劳使权力或权威的合法化概念的内涵变得丰富多了。在迪尔凯姆和韦伯那里，权威合法化主要指控制模式的原则化和法律条文化；而在布劳这里，权力与权威的合法化，不仅要实现控制模式的原则化、法律制度化，而且还要在群体内部确立共同的价值观念和伦理规范。

四、社会交换与社会宏观结构

人们在社会交换行为中结成了无数个群体，群体之间发生的相互作用关系就是社会的宏观结构。同讨论群体内部的权力结构一样，布劳对群体之间的宏观结构的讨论也是集中在权力结构方面，其基本内容是宏观层面社会权力结构的形成、发展和制度化问题。

无论是在一个城市还是在一个社区，都存在很多各种类型的群体，并且是有明确目标和权力结构的任务群体，或者说是各种类型的组织。虽然各种群体都有自己的工作任务和努力目标，发挥着不同的社会功能，具有一定程度的相对独立性。但是，由于所有的社会群体都要在一定的社会环境中存在，要同周围的群体开展经济、政治和文化等方面的交流，孤立封闭的群体是不存在的。所以，处于同一个社会环境中的群体，相互间一定存在错综复杂、千丝万缕的联系。像个人之间的交换关系是不平衡的一样，群体之间的交往关系实质上也是一种不平衡的交换关系。个人之间不平衡的交换关系产生了个人之间或群体内部的权力结构，同样，群体之间的不平衡的交换关系也会产生群体间的权力结构，亦即宏观的社会权力结构。

布劳认为，群体之间的交换的实质内容也是支付成本和获取报酬的关系。而群体之间的权力结构正是在这个关系之上形成的。如果一个群体在同其他群体的交换中，能使其他群体以较低的成本获得较高的报酬，并且这种结果是其他群体难以做到的，那么这个群体就能取得优势地位，取得对其他群体的领导权力。其他受惠群体也能因为有满意的成本—报酬关系而信服和支持这个群体的领导地位。于是，这几个群体之间就形成了一种权力结构。

群体是由人组成的，群体的领导权力也要由人来行使。如果一个群体取得对其他群体的领导权力，那么这个群体的领导人也就掌握了领导其他群体的权力。在布劳看来，领导人的作用十分重要，不仅一个群体能否取得对其他群体的领导权关键在其领导人的素质与能力，而且取得权力后能否有效地运用权力更在于领导人的水平与才干。一个卓越的领导人，可以把自己管辖的群体同其他处于从属地位的群体联系成一个具有高度凝聚力的大社团，那些被联系起来的群体则成为这个大社团中的亚群体。

在由不同亚群体构成的社团中，领导人面对着各种矛盾关系，并且现代社会是开放的系统，社团内的各种亚群体可以同其他社团及其亚群体发生交换关系，同时社团的亚群体还有增入和退出的情况，尤其是亚群体之间还有权力竞争和利益冲突等矛盾，这些问题都使领导人掌握权力和行使权力遇到很大困难。领导人为了保持自己及其所在群体的统治地位，要在共同目标、行动路线、互惠原则、价值认同、交往规范等各个方面细心筹划、精心运作，否则，很容易发生社团关系瓦解或领导权易位等预料之外的事件。

布劳认为，保持宏观社会权力结构稳定的根本条件是：维持各社会群体及其成员对成本和报酬关系的公平感。就一个较长的时期看，各种能使权力结构发生变化的因素都未能像成本和报酬关系那样处于根本的地位。如果各群体及其成员都能对成本和报酬关系有一种公平感，即人们付出的成本和获得的报酬与他们所期望的接近，此时人们将认为在这个社会中的交换关系是公平的，并在此基础上形成对社会其他方面的公平感。在这种情况下，即使有一些不稳定因素存在，也不至于危及权力结构的存在与运行。相反，如果各群体及其成员都对成本和报酬关系有一种不公平感，人们付出成本与所获报酬的比例同他们的预期差距太大，此时权力结构稳定的根基就被动摇了。这种情况如果得不到解决，社会各种因素都有可能引发人们对领导群体或领导者的不满，改变权力结构的要求就会日趋强烈。

成本和报酬之间的关系不公平，亦即社会分配不公，可以引起情况十分复杂的反抗现存权力结构的运动。处于领导地位的群体和领导者，其基本职能或责任之一是协调各群体及其成员的成本—报酬的分配关系，这也是其他群体及其成员对领导群体及其领导者的基本期望。当人们普遍产生了成本—报酬不公平感后，要求改变现有权力结构的运动将以各种形式发生。一些人直接投入反抗权力结构的运动，游行、示威、罢工、政治集会等是反抗运动的基本形式；另一些人不直接参加反抗运动，因为他们担心，如果改变现有权力结构的愿望落空，付出的代价会大于可能获得的利益。不参加激烈反抗运动的人有可能从一个群体向另一个群体转移，以此改变分配不公的待遇。

布劳认为，在复杂的反抗运动面前，领导者应当积极地利用各种有利因素来缓和与化解矛盾冲突。当充满激情的反抗运动爆发后，领导者不应当凭借手中的权力向反抗者施加更大的压力，因为在情绪激动的群众面前，压力会引起更强烈的反抗，将有越来越多的人投入反抗运动，甚至出现暴力行为。积极的措施应当是领导者同反抗者对话、沟通，分析反抗运动的根源，采取及时而有力的措施来解决社会分配不公问题，逐渐疏导、平息反抗运动。

普遍性的反抗运动与领导者把持的权力过大有关。领导者权力过大表现在两个方面——控制的层面广；行使权力的力度强。一般情况下，控制层面被视为领导者掌握和行使权力的资源，似乎控制的领域越多，权力存在的基础越牢；行使权力的力度被视为权力的效能，权力作用的力度越强，权力行使得越有效。在布劳看来，实际情况不是这样简单的，往往是控制的层面越广，占有的资源越多，引发反抗的可能性越大，参与反抗的人也越多；权力行使的力度越强，对社会成员压制得越有力，遭到的反抗也越强烈。因此，布劳认为，领导者应当适度占有权力资源和调控权力行使的力度。

布劳还讨论了反抗运动如何能够成功的问题。他认为，反抗运动能否达到目的，关系到的因素固然很多，但是最关键的还是反抗群体能否形成新的权力结构。大部分声势浩大的反抗运动皆因未能及时形成新的权力结构而自行瓦解。在一哄而起的反抗运动中，形成一个公认的领导群体是十分不易的。布劳认为，一个十分重要的条件是，反抗群体之间要形成不平衡的交换关系。只有某个群体及其领导人以明显的优势出现在众多群体之中，其他群体及其成员都认识到这个占优势的群体和领导人能够给他们带来优厚的报酬，一致愿意服从占优势的群体及其领导人，承认其支配权力和领导地位，这时才有可能形成新的权力结构，反抗运动才能从无序状态进入有序状态，才能取得最终的胜利。

在反抗运动的发展过程中，形成新的意识形态也很重要。布劳所说的意识形态的主要内容是价值观念、伦理规范和行为准则。因为原有权力结构都有其价值观念、伦理规范和行为准则等方面的基础，并且这些因素已经被内化到社会成员之中，成为约束人们行动的主观因素，对现有权力结构起着心理上的支持作用。如果不能有效突破这些消极的主观因素或保守的心理基础，想改变现有权力结构是不可能的。但是要突破这些主观因素和心理基础，必须形成新的意识形态，用新的价值观念、伦理规范和行为准则去冲击和替代旧的意识形态。否则，仅仅对旧的意识形态进行批判、否定，是无济于事的。

布劳十分重视价值观念在大型社团中的作用。在他看来，无论是从统治者控制大型社团的角度看，还是从被统治者反抗控制，试图建立新权力结构的角度看，价值观念的作用都不可低估。他把宏观社会结构中的价值观念界定为四种类型："作为团结媒介的特殊主义价值，作为交换和分化媒介的普遍主义价值，作为组织的媒介的合法化价值，以及作为再组织的媒介的反抗理想。"[①]"合法化的价值"是指被群体成员认可的那些价值观念，"作为重组媒介的对立思想"就是反抗运动中建立起来的新意识形态，这两种价值观念都已经讨论过了。

"特殊性的价值"是宏观社会结构中，如一个大型社团、一个社区或一个国家，几个具有相同特征的群体共有的价值观念。共同的民族背景、相同的地位与职业、共同的居住社区、共同的宗教信仰，以及共同的利益追求等等，都可以使人们建立起这种共有的特殊价值观念。特殊的价值观念可以使具有这些相同特征的人们被整合起来，是在一个特定层面上把人们联系起来的纽带。

与特殊价值观念不同，"普遍性的价值"是具有不同特征的群体及其成员共有的价值观念。布劳认为，普遍性价值的普遍性植根于人类共同本性，这种人性不仅是多元社会中异质性群体所共有的，而且是世界各地所有民族和所有社会成员共有的。无论各民族、各种群体或每个社会成员所处的社会环境、文化传统和社会经历有何特殊性，普遍性价值对他们来说都是共同的。由于普遍性价值超越了群体和个人的特殊性，因此它对于宏观社会的交换关系和权力结构就有了十分重要的意义。如果人们都能对普遍性价值形成明晰的观念，那么它将成为把各种复杂群体和个人联系起来的最基本的纽带。

从宏观的角度来看社会交换行为，可以发现大部分社会交换都是间接性的，正是无数中间环节把人们的交换行为联系起来，形成了无限复杂的交换网络。在交换网络的每一个网结，都交织着十分复杂的特殊矛盾。然而，无论这个网络有多么复杂，也无论各个网结有多少特殊性，在一般情况下，社会交换行为都能通过各种中间环节有序展开。这其中一个最重要的原因就是人类共有的普遍价值观念。虽然普遍价值观念具有高度抽象性，例如平等、自由、民主这些普遍价值观念，并不具体指示某种交换行为应当怎样进行，但是它们作为基本原则可以具体化为一些伦理规范和行为准则，当人们按照包含了普遍价值的伦理规范和行为准则行事时，普遍价值就同人们的具体交换行为实现了统一。

布劳认为，普遍价值观念转化为具体的伦理规范和行为准则，成为在复杂的社会结构中发挥直接规范作用的交换模式，就实现了交换模式的制度化。制度化的交换模式既有主观性也有客观性。就其主观性而言，它是普遍价值观念首先内化到人们的心理结构中，然后才转化为直接规范交换关系的行为模式；就其客观性而言，它具有超越特殊性的普遍性，不依个别人的特殊意愿为转移。任何人都无法选择他

① 布劳．社会生活中的交换与权力．李国武，译．北京：商务印书馆，2008：359－360.

一出生就面临的已经制度化的交换模式，它的发展变化具有自身的相对独立性。

布劳强调制度化交换模式的客观性。他认为在现代社会体现着人类价值观念的交换模式越来越常规化、形式化和程序化。这不仅提高了交换模式的普遍性，而且也提高了它的客观性，特别是提高了它在宏观社会结构中的作用。不仅取得统治地位的群体与领导者要依靠这些客观化的交换模式实现自己的主观意志和保护自己的统治地位，而且被统治群体也难以抗拒这些具有普遍性的交换模式，它们必须首先适应这些交换模式，然后才能获得生存与发展的条件。

思考题

1. 布劳关于交换行为的观点同霍曼斯的观点有何异同？
2. 布劳怎样论述社会交换中的权力结构？其理论意义和局限性如何？
3. 布劳如何论述社会分配不公问题？如何评价其理论意义和现实意义？
4. 布劳是怎样把微观的交换行为研究同宏观的社会结构研究联系起来的？

推荐阅读书目

1. 特纳．社会学理论的结构：上册．邱泽奇，等译．北京：华夏出版社，2001：283-295.
2. 华莱士，沃尔夫．当代社会学理论．刘少杰，等译．北京：中国人民大学出版社，2008：297-305.
3. 布劳．社会生活中的交换与权力．李国武，译．北京：商务印书馆，2008.

第十四章
帕累托的非理性实证论

本章要点

本章介绍了帕累托非理性实证论的思想来源和基本立场，阐述了帕累托研究非逻辑社会行为的理论意义与现实意义，深入分析了帕累托关于派生物和剩余物在支配人们社会行为中的地位与作用的论述，评析了帕累托关于精英统治循环的思想观点。

关键概念

非逻辑行动；派生物和剩余物；精英循环

自孔德提出要建立一门同物理学一样的社会科学——社会学以来，绝大部分社会学家都是以阐述科学的社会学理论作为自身的任务并为之感到荣耀的。不仅孔德、斯宾塞和迪尔凯姆等实证主义者是这样，而且反实证主义的韦伯、哈贝马斯等人也认为自己是在建构科学的社会学理论。实证主义社会学、人本主义社会学，甚至包括马克思主义社会学，无论它们之间有多么严重的分歧，但是在相信理性、崇尚理性这一点上是共同的，因此，可以说西方社会学的主流是理性主义社会学。不过，在理性主义社会学奔腾向前的主流中，不时激起阵阵非理性主义（irrationalism）的浪花，其闪烁着奇异的色彩，把人们引入另一种理解人生现实的境界。帕累托的社会学理论就是西方社会学思潮中较早泛起的一束非理性主义浪花。

一、学术背景

维尔弗雷多·帕累托（Vilfredo Pareto，1848—1923）出生于巴黎。帕累托的父亲出身于18世纪被册封的意大利热那亚贵族家庭，长期在法国生活，曾经追随马志尼的自由主义事业，做过土木工程师，1855年带着全家返回意大利。

受父亲影响，帕累托读完中学后到都灵工艺学校学习土木工程。读书期间花了大量时间专攻数学。1870年，他完成了题为《固体均衡的基本原理》的论文而从学校毕业。这篇论文已经显露出他对经济学和社会学的兴趣。

大学毕业后，帕累托用了近20年的时间从事商业活动。他最初在罗马铁路公司当经理，后来又到佛罗伦萨的一个铁制品公司当经理。在平时的商业活动中，帕累托不仅从事为获取经济效益而开展的各项业务，而且还参与很多与经济利益有关的政治活动。帕累托主张自由贸易，反对政府对商品贸易和经济往来的干预。1876年，民主左派政党开始长期把持意大利政权，经济领域受到左派激进政治的严厉控制。帕累托对左派政党的所作所为十分厌恶，认为他们通过官方职权干预经济生活的实质是为自己掠夺更多的物质财富。帕累托尤其反对左派政党向海外扩张的军事政策，经常发表文章严加抨击。

1889年，帕累托在父母去世后放弃了商业活动，开始学术生涯。同一位贫穷的俄国姑娘亚历山大·巴枯宁结婚后，帕累托从佛罗伦萨迁至非耶索莱城，在一所别墅中过着半隐居式的生活。在那里，他孜孜不倦地阅读了大量书籍，学术兴趣从史学向经济学转移。由于脱离了商业活动，在不受经济责任和经济利益限制的情况下，他以更激烈的态度对政府的经济政策和政治政策予以尖锐批判。在1889—1893年，他至少写了160多篇文章，其中多半是攻击政府现行政策的檄文。

1891年，经著名自由主义经济学家马费奥·潘塔莱奥尼介绍，帕累托结识了洛桑大学政治经济学教授瓦尔拉。1893年，潘塔莱奥尼说服瓦尔拉接纳帕累托为他的教授继承人，帕累托即被聘为洛桑大学终身政治经济学教授。在洛桑大学，他不仅从事政治经济学教学，而且坚持每月为《经济学家报》撰写反对当时意大利政府经济政治政策的文章。他关于政治经济学的一系列观点，在意大利学术界产生了很大影响，人们逐渐认识到他确实不愧为瓦尔拉教授的继承人。

19世纪末期，意大利的经济状况和政治局势越来越糟。企业破产，工人失业，人均收入仅为法国的三分之一、英国的四分之一，经济问题十分严重；政客党派的争夺更加激烈，腐败的政府已无力控制政局，为了转移国内危机，意大利发动了大规模殖民战争。面对极度混乱的经济政治局面，意大利的知识分子灰心丧气，悲观失望的情绪迅速蔓延。在这种形势下，帕累托也一改往日积极进取的姿态，变成一个满怀怨恨、玩世不恭、消极颓废的孤独者。尤其当他发现自己的妻子携带30箱细软同厨师私奔时，他对现实生活的憎恨情绪更加强烈，对伦理道德、理想信念等观念的鄙视态度越加明确。

20世纪初，帕累托的学术兴趣扩及社会学领域。1900年，他首先在一篇名为《意大利社会学评论》的长文中阐述了非理性主义社会学观点。1916年，帕累托的社会学代表作《社会学通论》发表，在这部洋洋百万言的巨著中，他全面而深入地论述了情感、本能等非理性因素在社会行动中的作用，系统地阐述了他的非理性主义社会学理论。

帕累托的非理性主义社会学观点，受到了墨索里尼（Benito Mussolini，1883—1945）的赞赏，他不仅授予帕累托很多荣誉，而且还自称是帕累托的学生或信徒。帕累托被选为由法西斯主义控制的意大利王国参议院的议员，被指定为日内瓦军事会议的代表，并被邀请为墨索里尼的私人期刊《阶级组织》撰稿人。墨索里尼确实在一些方面吸纳了帕累托的经济政治主张，许多意大利法西斯主义者宣称帕累托的学说是他们的思想来源。这些足以说明帕累托同法西斯主义者已经有了许多比较密切的联系，然而帕累托自始至终也没有参加意大利法西斯主义组织。

帕累托的学术视野比较宽阔，他的思想来源也因此比较丰富。其中较早对他产生影响并在后期的学术活动中也发挥作用的思想来源主要有三个方面：古代史学、现代数学和现代数量经济学。古代史学方面的知识是帕累托在中学读书期间作为基础教育而吸收的，在他后来的许多论述中，例如《社会学通论》，经常可见关于古希腊和古罗马历史的一些经典著作中的事例。现代数学是帕累托在都灵工艺学校学习的主要课程，他在许多社会学论文中都运用数学方法展开论述。帕累托现代数量经济学方面受到的影响主要源自洛桑大学的瓦尔拉教授。这三个方面的影响属于知识基础和实证方法方面，对于帕累托社会学观点更具体的影响来源主要有：马基雅维利（Niccolò Machiavelli，1469—1527）的政治学、斯宾塞的社会进化论、孔德的社会实证论、莫斯卡（Gaetano Mosca，1858—1941）的精英统治论以及马克思的阶级斗争理论。

马基雅维利是近代意大利社会科学学术传统的奠基人，在他看来，社会思想家的使命不是去发现那些客观不变的外在规律，而是探究人的本性怎样规定着人类行动及社会事件的发生。他认为，在现实生活中，理性原则和道德信念都是实现统治的借口和手段，而那些“负义、无常、欺骗、虚伪、胆怯和贪婪”的人的本性才是社会政治生活的支配者。不要迷信社会生活自己会表现出什么内在稳定的规律，社会生活的变化都是由凌驾于其上的强制力量造成的。为了实现对社会的统治，不仅要充分肯定人们的私欲，而且要采取一切有效的手段，玩弄权术、阴谋陷害等都是有效统治的政治手段。虽然有些意大利现代社会思想家也像马基雅维利这样赤裸裸地蔑视理性和道德，但是，注重从人的那些非理性的本性来分析社会问题，确实是从马基雅维利那里传承下来的意大利学术传统之一。帕累托从非理性方面来解释社会现象，无疑是对这个传统的继承和发扬。

帕累托在斯宾塞和孔德那里受到的影响是矛盾的。一方面，他对斯宾塞的社会进化论观点表示赞同，认为“除了暂时的动摇之外，如果承认一个社会的习俗总能够最完美地适应该社会所面临的环境，如果承认不具备这些习俗的社会最终将灭亡，我们就可以得出一种赖之创建一门科学的原则。”[①] 尤其斯宾塞关于社会环境变化可以引起个人与群体变化的观点、社会现象与自然现象相类似的观点、社会各种现象相互联系或社会有机体观点等，帕累托都不折不扣地继承下来。不过，帕累托最终还是放弃了社会可以进化的观点，转向了马基雅维利的历史循环论。帕累托不仅从孔德那里继承了实证原则，而且也肯定了孔德关于宗教情感在社会生活中起凝聚作用的观点，但是他又反对孔德试图为现代人创造新宗教的做法。

---

① PARETO V. A Treatise on General Sociology. New York：Dover，1963：828.

帕累托从莫斯卡那里吸收了阶级划分理论，并且莫斯卡关于统治阶级和被统治阶级之间的对立与冲突的理论，也使帕累托受到很大启发。莫斯卡曾指责帕累托抄袭了他的理论，但是斯图尔特·休斯经过比较研究，发现二者存在一定区别："莫斯卡的理论提出得最早，最具有普遍性。但它仅限于特定的正当范畴，充其量不过是对整体社会学发展提出线索"[①]；而帕累托则是使这些普遍性的一般理论同比较具体的现实问题结合起来，进而对问题的揭示更加深入与明确。特别是帕累托还接受了马克思阶级斗争学说的许多观点，对统治阶级和被统治阶级之间的斗争做了更丰富的论述。

无论帕累托从哪些思想家那里吸收了多少思想资源，都要经过一种转换，即从非理性主义的立场上重新解释和运用这些观点。需要指出的是，当帕累托不断地从本能、欲望等非理性因素提出问题和回答问题时，弗洛伊德关于本能精神分析的理论已在欧洲产生了广泛影响，作为一个学术兴趣十分广泛且阅读了大量书籍的社会学家，应当对弗洛伊德的学说有所了解。但是，人们还没发现帕累托是如何受到弗洛伊德的影响的。这也许像许多人指责的那样，帕累托在引用或吸收别人的观点时，一般不加说明地将其作为自己的观点正面论述，对待弗洛伊德的精神分析理论恐怕也是如此，不过，如果把帕累托的非理性主义分析同弗洛伊德的精神分析理论作比较，我们会发现帕累托关于本能因素在社会生活中作用的论述，同弗洛伊德相比逊色得多。

1923 年 8 月 19 日，75 岁的帕累托因病逝世。帕累托逝世后，他的学术影响却逐渐扩大。值得注意的是：帕累托的社会学理论不仅在意大利引起了重大反响，而且在美国社会学界也产生了很大影响。1935 年，帕累托的《社会学通论》传入美国，在美国引起了一股"帕累托热"，哈佛大学社会学家 L.J. 亨德森对《社会学通论》评价道："这可能是思想史上一个新时代的开端……称这种理论壮观而非凡不需要任何犹豫。"[②] 他还主持哈佛讲座专门研究帕累托的学术思想，帕森斯、默顿、霍曼斯、克拉克洪等著名社会学家出席了讲座，并给予了高度评价。

帕累托的非理性主义社会学之所以能够产生如此广泛的影响，不仅在于它开辟了同所有理性主义社会学完全不同的理论视角，更重要的还在于它是对两次大战期间在西方和苏联出现的一系列非理性主义思潮与非理性政治现象的理论概括。

二、非逻辑的社会行为

帕累托对社会学的兴趣是在深入研究经济学的基础上发生的。如同韦伯所指出

---

① 科塞．社会思想名家．石人，译．上海：上海人民出版社，2007：366.

② 科塞．社会思想名家．石人，译．上海：上海人民出版社，2007：375.

的那样，经济学所关注的经济行为都是按照一定的功利目标、遵循一系列可测算的规则而开展的。随着对经济行为量化研究的深入，帕累托越来越清楚地感到经济学特别是现代经济学的局限性。他发现，不仅就人们全部社会生活而言，哪怕仅就经济生活而言，大量发生的社会行为也都是不合逻辑的，把经济行为都归结为经济人的理性选择行为是不符合实际的，因此应当超越经济学的视野去研究那些被排斥的非逻辑或非理性的社会行为（illogical behavior）。

韦伯在论述社会行为的主观根据时曾论述了不合理性的情感行动，这类似于帕累托所指的非逻辑行为。然而，帕累托的研究方法同韦伯却是鲜明对立的。韦伯站在人本主义立场对社会行动开展了反实证论的理解论研究，而帕累托则站在科学主义立场对社会行为开展了实证论的认识论研究。帕累托在晚年时指出："被必须补充政治经济学研究的愿望所驱使，受自然科学的典型所激励，我决心下笔撰著我的《社会学通论》，其唯一目的——我声称并肯定这是唯一的——是应用在物理学、化学、天文学、生物学以及其他科学中自我证实了的社会科学方法，去探求实验现实性。"[①] 这里十分明确地显示，帕累托的目标是像孔德和斯宾塞那样，用物理学、生物学的实证方法来研究社会现象。

帕累托认为，由人们的社会行为构成的社会是一个像自然系统一样的相互联系的体系。组成自然系统的各种要素是自在的、相互依存的。而组成社会系统的各种要素是与个人的情感欲望和利益追求分不开的，但是它们也像自然要素一样是自在的、相互依存的。因此，不仅应该而且也可以像物理学和化学那样去在各种变量关系中研究社会系统及其要素。

虽然帕累托把各种社会因素都囊括在社会系统概念之内，但是他并未全面研究社会系统的全部要素，而是重点研究社会系统中的非逻辑层面。这不仅因为非逻辑的社会现象被在理性主义传统下的学术研究忽视了，而且因为大量的社会行为或社会事件都是非逻辑的。

非逻辑行为是一个剩余范畴，即除了合逻辑行为以外的一切行为。于是，欲明确非逻辑行为概念首先需要明确逻辑行为（logical behavior）概念。帕累托把逻辑行为定义为"使用适合于目的的手段并将手段与目的逻辑性地联系起来的行为"[②]。这个定义有两层基本含义：其一，逻辑行为所采用的手段是符合目的的，即根据目的来选用手段；其二，手段与目的之间的联系是符合逻辑推论或有逻辑根据的。凡是满足这两个条件的行为就是合逻辑的行为，凡是不能满足这两个条件的行为都是非逻辑的行为。

在帕累托看来，大量的社会行为似乎是合逻辑的，但是这些社会行为并非真正立足于逻辑推论的基础上，而是披上了"逻辑化"伪装的非逻辑行为。在现实生活中，大部分人都有给自己那些非逻辑行为找出逻辑根据的强烈意愿。这不是人们对

① 科塞．社会思想名家．石人，译．上海：上海人民出版社，2007：344.

② 科塞．社会思想名家．石人，译．上海：上海人民出版社，2007：345.

逻辑合理性的明确信念所至，而是预先就存在于人们头脑中的思维方式和基本情感所为。在弗洛伊德的精神分析理论看来，这是人类文明对人类心灵的漫长压抑所致。各种清规戒律、道德规范和法律条文对人类的思想意识和社会行为进行着越来越严格的束缚，在漫长的文明史中，这些束缚逐渐积淀到人类的心理底层，形成了人类依赖某种规范行事的深层心理结构，表现在思想活动中是遵循逻辑规则的思维方式，表现在情感体验中是对戒律和法规的感情依赖。这种思想方式和情感体验对现实生活中的人来说，不一定是自觉的意识，但却作为深层本能制约着人们的社会行为。

帕累托不排除逻辑思维在社会行为中的作用，但是他认为逻辑思维或理论观念的作用小于情感体验的作用。如果假设影响人类行为的情感因素为A，有关行为的理论为B，行为本身为C，那么A、B、C之间的联系是不平衡的，A对B、C的影响远远大于B对C的影响。如图14-1所示，A对B、C的影响是实质性的，而B对C的影响具有虚设性。

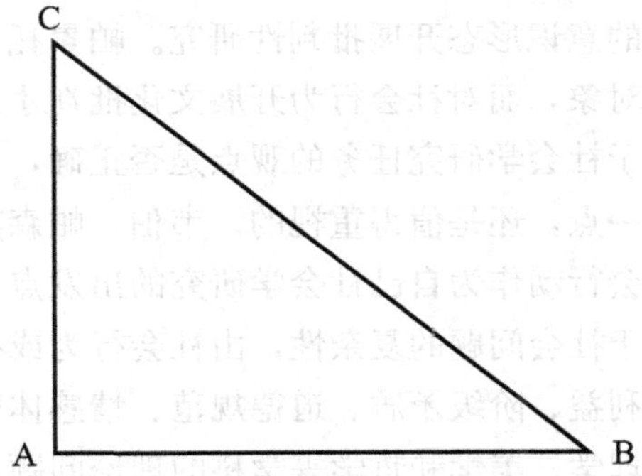

图14-1　情感因素、有关行为的理论、行为三者关系示意图

虽然帕累托认为非逻辑的情感因素是支配社会行动的主要动力，但是他并没有把自己学术研究的注意力集中在对情感因素的心理分析上，他指出："非逻辑性行动主要来源于明确的心理状态、情感与潜意识等等，这些心理状态属于心理学的研究范围。这里，我们只是将其作为事实的论据提供讨论，而并非要对其进行深入探讨。"① 这一点是帕累托同弗洛伊德的明显区别。虽然他们都把情感本能看作社会行为的主要动因，但是帕累托没去深入研究情感本能，弗洛伊德却对情感本能的深层结构作了充分的研究。

帕累托社会学研究的主要内容是对非逻辑社会行为开展文化批判。他通过对非逻辑社会行为的分析，揭示出非逻辑社会行为被扭曲、遮盖的文化因素，即揭露那些把非逻辑社会行为逻辑化、合理化的理论观念和信仰体系。帕累托揭露和批判的文化因素不包括实证的科学理论和科学原则，而是那些包含价值判断的哲学、宗

① PARETO V. A Treatise on General Sociology. New York：Dover，1963：161.

教、伦理、文学艺术和政治法律观念等。从实证主义立场出发，帕累托认为这些意识形态是非科学的，但都是借助逻辑推论建立起来的，诸如“自由”“平等”“进步”和“公民意志”等概念，就像野蛮人用神话、咒语、魔幻使自己非理性的社会行动合理化一样，现代人用它们来装饰、论证和解释自己的非逻辑行为。

帕累托把揭露这些文化观念或意识形态概念的虚假性作为社会学家的主要任务之一。他指出：“我们必须了解人们于思维作品中发现的理论及其论述对真实性歪曲的程度。物体在镜面中被扭曲了，我们就是要发现被折射改变了的物体的本来面目”①。帕累托认为，尽管非逻辑的社会行为对社会秩序有破坏作用，但是它并不可怕。可怕的是非逻辑行为披上合逻辑的外衣，在某种意识形态或政治权力的操纵下，对人类社会施行“合理性的”非理性摧残。

与帕累托的这些论述相关，他实质上已经触及西方社会学理论在演化中一直难以解决的问题——什么是社会学的研究对象？当帕累托把非逻辑的情感因素确认为社会行为的主要动因，并且认为大部分社会行为是非逻辑的时，他应当像弗洛伊德那样去深究本能层面的情感结构与功能，但是他没有这样做，而是集中注意力对社会行为及扭曲社会行为的意识形态开展批判性研究。帕累托十分明确地认为心理因素应是心理学家的研究对象，而对社会行为开展文化批判才是社会学的使命。

暂且不论帕累托关于社会学研究任务的观点是否正确，他把自己的注意力集中在社会行为的研究上这一点，还是值得重视的。韦伯、帕森斯、哈贝马斯等社会学家也都把社会行为或社会行动作为自己社会学研究的出发点，并把研究它们作为自己的基本任务，尽管由于社会问题的复杂性，由社会行为或社会行动出发的社会学研究要不断地触及物质利益、阶级矛盾、道德规范、情感体验、思维方式和世界观等经济学、政治学、伦理学、美学和哲学等学科的理论问题，但是关于社会行为或社会行动的研究始终是贯穿西方社会学研究主线的。从帕累托和其他西方社会学家关于社会行为或社会行动的一系列学术观点中，能否使社会学的研究对象进一步明确，使社会学的学科定位、学科体系、学科建设更加规范，或许在这里能得到许多有益的启示。

三、支配社会行为的剩余物与派生物

剩余物（residues）和派生物（derivations）是帕累托用来说明意识形态形成的心理基础和在这些基础上产生的各种观点、信念和评价的两个概念。如果不认真辨析，剩余物很容易被理解为无意识层面的非理性的本能直觉。其实不然，剩余物是深层的本能直觉同各种意识形态观念的中介，是模糊不定的直觉本能长期积淀而形

① PARETO V. A Treatise on General Sociology. New York：Dover，1963：255.

成的一些非理性层面中的相对稳定因素。虽然剩余物同直觉本能处于同一个心理层面，但是它又不完全等同于直觉本能。他认为不是所有直觉本能都是剩余物，而是那些直接影响着意识形态观念的比较稳定的非理性因素才是剩余物。派生物是具有意识形态性质的思想观念，包括各种信仰体系、价值判断，以及伦理学、政治学、哲学和其他包含了价值理想要求的理论形式。派生物表现为丰富多彩且动态易变的形式。

剩余物同派生物具有非理性内容和理性形式的关系。在论及二者的关系时帕累托指出："元素 a（剩余物）与人的某些直觉一致……也许正因如此，在社会现象中它实际上是经久不变的。元素 b（派生物）体现着说明 a 的思维活动，这就是为什么作为反映想象力的 b 更活跃多变的原因。但是，如果元素 a 符合某些直觉，则它远远不能反映全部直觉。"[①] 可见，帕累托认为派生物是思维层面上的活动，它以易变的活跃形式表现着稳定持久的内容——剩余物。

一般说来，人们认为理性思维具有稳定的形式，而非理性的情感因素却是多变而不稳定的。帕累托的观点正好与常人的观点相反。这不仅因为他的剩余物概念不能被等同于全部非理性的情感本能，仅指那些具有稳定性的尚未升华到逻辑理性层面的心理因素，而且更为重要的是：他认为那些非实证科学的思想观念都是不真实的，是表现着真实剩余物的虚假形式。

由于人们面对的社会生活无限复杂，人们需要以无限丰富多变的派生物去应付各种社会事件，或利用这些可以任意变化的派生物来解释自己的社会行为，使本来不合理的行动披上合理性或合逻辑性外衣。然而，无论人们运用的派生物有多么复杂易变，作为它们实质内容的剩余物却只有六种贯穿于漫长的西方历史之中，近乎永恒持久地被保存下来。这六种剩余物是：

1. 联合的本能；
2. 群体持续性（聚合体的持续性）；
3. 通过外在行为表达感情的需要（活动、自我表现）；
4. 与社会性相联系的剩余物；
5. 个人与其附属权利的整合性；
6. 性剩余物。

帕累托认为，这六种剩余物是人们最基本的尚未上升到逻辑层面的心理结构，人们的大部分思想观念和信仰体系都可以分别从这六种剩余物的作用中得到解释。在《社会学通论》里，帕累托以很多笔墨论述了这六种剩余物与人们思想观念和信仰体系的关系。例如，他指出："中国人、穆斯林信徒、加尔文派教徒、天主教徒、康德主义者、黑格尔学派信徒、唯物主义者，都禁止偷窃，但是他们对自己的行为有各自不同的解释。"[②] 那些不同的解释似乎是源自不同的伦理规范和宗教信仰，但

---

① PARETO V. A Treatise on General Sociology. New York：Dover，1963：850.

② PARETO V. A Treatise on General Sociology. New York：Dover，1963：1416.

是其真正起因却是同一种剩余物，即“个人与其附属权利的整合性”。具体说，就是维护个人利益和群体利益的需要，决定了各民族和各种思想派别都主张“禁止偷窃”的道德规范。

帕累托还举例论证了剩余物如何决定人们关于追求进步的主张和维护正义的宣言之间的区别，这些信念都是第二种剩余物——“群体持续性”派生出来的。所谓“群体持续性”是人们希求群体稳定、团结、个人在其中不受伤害的一种保守性心理，正是这些惧怕威胁、祸乱和分裂的心理，派生出了各种宗教、道德和哲学的维护秩序、规范和整合的观念。

帕累托揭示各种包含价值判断的思想观念的非理性基础——剩余物，其目的之一是戳穿那些以逻辑形式存在的思想理论的不合逻辑性，他把这种思想理论称为“伪科学理论”。在他看来，“伪科学理论”同宗教神学一样以某种剩余物为存在的根据，但是宗教神学直接表明它的反科学性质，以超现实的“先验论”自居，因此，再揭露宗教神学的反科学性已无意义。相反，对那些以理性的或逻辑的形式掩盖自己非理性、非逻辑面目的“伪科学”却有必要予以无情批判。

帕累托这些观点的实质是要真实地揭示出社会行为的根据。他立论的前提是：大多数社会行动是以非理性因素为根据的，但是人们却非要用合理性与合逻辑性的信念与观点来解释自己的社会行为，这样造成的后果是人类无法建立清楚的自我意识，不仅为那些谎言欺骗世人提供了条件，而且人们也不自觉地在为那些谎言的传播推波助澜。如果人清楚地知道自己大部分行为是以非理性因素为根据的，祛除种种“伪科学”的迷障，那么人们的社会行为就会变得自觉，社会秩序也会变得和谐起来。

四、精英统治循环论

帕累托对社会统治问题高度重视，在《社会学通论》中，有十分丰富的关于社会统治问题的论述。他的基本观点是：社会是由精英统治的，精英统治社会是充满矛盾斗争的，在精英统治下的社会不是一种进化过程，而是一种周而复始的循环过程。

所谓精英是指那些在某个团体或某种活动范围里显示出最高才能的人。帕累托指出，精英仅仅表示“一类在自己的活动圈子中具有最高才能指数的人”[①]。判别一个人是否为精英，不必考虑他的名声和道德，仅仅看他的才能如何就可以了。他说：“给从事不同人类活动的每个人一项标志其能力的指数，比如，给最高等级的律师 10 分，给找不到委托人的律师 1 分，而将 0 分留给那些十足的白痴。不论诚

① PARETO V. A Treatise on General Sociology. New York：Dover，1963：2031.

实与否，我们给百万富翁10分，给收入几千元者6分，给那些只是设法不住陋室者1分，而把0分给予居住陋室者。对那些使强者神魂颠倒并左右其事业的女人，我们给分稍偏高些，例如8分或9分，对仅仅满足男性感官需要而对公共事务丝毫不产生影响的妓女，则给0分。”[①] 这些话十分清楚地说明，帕累托判别精英的标准不包括道德、声望甚至社会地位，唯一的标准就是他的才能或作用。

帕累托认为，只有在流动性的开放社会中才能涌现出较多的确有才干的精英。社会流动可以使社会成员获得较多展示和发挥自己才干的机遇，那些获得优秀业绩的人进而被人们认同。流动性强的社会必然是一个开放的社会，不仅社会各阶级和阶层之间是开放的，精英们可以凭借自己的才干与业绩在不同等级的阶级和阶层之间流动，而且精英阶层本身也是开放的，要不断地从社会各阶层甚至是较低的平民阶层中吸收人才，借以充实或调整精英阶层，使其始终名副其实。根据这些观点，帕累托热情宣扬社会流动和社会开放的益处，反复论述社会流动与社会开放对发现精英、发挥精英聪明才智的积极作用。

面对现实，帕累托知道自己的这些观点还仅仅是理想，在现实生活中很难实现。等级观念、遗产继承权、家庭关系和职业与地位界限等方面的因素都制约和束缚着社会流动与开放，进而影响精英的出现和精英才干的发挥。他指出：“最初，军事、宗教、商业的贵族，富豪统治集团……必须由部分、有时由全部统治者精英组成。战无不胜的武士、生意兴隆的商人、腰缠万贯的富豪，就是在各自领域中出类拔萃的精英。在这种情况下，称号与实际才识相符。但随着时间推移，两者之间会出现相当大的、有时极为明显的差别。”[②] 如果具有精英称号的人或集团的才干与业绩逐步降低，他们将失去对社会的统治力量，社会关系就会失衡。此时，如果统治者精英不设法去吸收平民阶层中的卓越人才，充实和保持精英统治的能力与地位，社会动乱就会发生。

帕累托还论述了统治者精英内部的斗争。他认为有两种统治者精英：一种是受“剩余物1”支配的精英，即受“联合的本能”支配的精英，他们热衷于建立某些新理论体系和政治、经济、文化新秩序，追求经济利益、政治权力，致力于企业兼并、生产规模扩大，善于在比较复杂的政治关系和社会矛盾中施展权术，敢于创新、敢于改革，他们是统治者精英中奸诈但却富有革新精神的力量，是马基雅维利所称的“狐狸”；另一种统治者精英是受“剩余物2”支配的人，即受“群体持续性”支配的精英，他们是统治者精英中的保守力量，忠实于家庭、宗教、都市和国家，不愿意轻易改变现状，乐于维持相对稳定的社会秩序与政治氛围，当社会出现紊乱或危及他们统治利益时，将不惜使用武力与暴力，这就是马基雅维利所称的“狮子”。

因历史条件的变化，狮子和狐狸的关系在斗争中经常发生变化。当社会矛盾不

---

① PARETO V. A Treatise on General Sociology. New York：Dover，1963：2077.

② PARETO V. A Treatise on General Sociology. New York：Dover，1963：2052.

尖锐，社会处于比较平稳的状态时，狮子的行为方式与统治特点适应了社会现状，他们进而获得了较为稳固的地位，此时，计谋多端、不甘寂寞的狐狸受到了限制。而当社会不稳定因素增多，社会矛盾日趋复杂时，狐狸迅速活跃起来，他们机敏而狡黠地提出各种蛊惑人心的社会改革方案，千方百计地引发社会动荡，以便在社会冲突和社会混乱中攫取权力，狮子趋向保守的统治地位最终被狐狸夺取。

狮子与狐狸的斗争是统治者精英中保守力量与改革力量的斗争。但是，帕累托并不认为作为改革力量的狐狸扮演了推进社会发展的积极角色。在他看来，狮子同狐狸之间的政治斗争和权力易位，并不能促进社会向更高的水平上发展，其结果不过是周而复始的循环。当狐狸用阴谋诡计夺取了狮子的统治地位后，他们求异创新的意愿和能力就随之逐渐消失，"剩余物 1"的支配作用终将为"剩余物 2"所取代，狐狸的面目与伎俩转变为狮子的嘴脸与品格，社会又重新转入狮子的保守控制下。新的狐狸产生后，又将开始另一场狐狸与狮子争权夺势的斗争。社会秩序和政治格局就是这样循环往复，根本谈不上进步与发展。

由于统治者精英中存在着狮子与狐狸的斗争，因此，要想建立稳定高效的统治，就应当设法协调"剩余物 1"和"剩余物 2"对统治者精英的支配作用。帕累托说："如果狡诈、诡辩、勾结就是政治统治的全部内容，则第一种基本元素在其中获得压倒性优势的阶级统治，将会持续漫长而悠久的时期。……但是，统治又是一种强权，随着剩余物 1 的逐渐增强和剩余物 2 的逐步减弱，当权者就会日益丧失行使强权的能力。这样，均衡就会打破，革命就会产生。"① 所以，为了避免以革命破坏均衡，就应当协调"剩余物 1"和"剩余物 2"在统治者精英中的支配作用。

帕累托认为，理想的统治者精英应当是由狐狸与狮子搭配形成的统治集团，这样既解决了"剩余物 1"和"剩余物 2"的协调性问题，又使富于理想、敢于革新者同老成稳重、以强权压众的保守者现实地在统治集团中联合起来。以这样的统治集团来统治社会，既可以使社会维持稳定的秩序，又可以使社会保持一定的活力。在帕累托看来，由狐狸和狮子组成的统治集团结构，不仅适用于社会的政治统治，而且也适用于对经济领域的管理与控制。

帕累托把投机与控制看成是保持经济活力与经济秩序的两个基本因素，经济领域里的投机者类似狐狸，而"领年金者"(经济活动的管理者或经济秩序的控制者)则类似狮子。"在投机者群体中，'剩余物 1'占有优势，而在'领年金者'群体中，'剩余物 2'居支配地位。……这两个群体在社会中发挥不同的功能。前者主要对变革和经济政治发展负责，而后者是稳定性的有力因素，且在许多情况下防止了投机者冒险所引起的危险。"②

帕累托关于非理性因素对社会行为支配作用的论述，包括这些关于统治者精英所受支配因素的论述，从触及的深度上看逊色于弗洛伊德的精神分析。但是帕累托

---

① PARETO V. A Treatise on General Sociology. New York：Ovoer，1963：2227.

② PARETO V. A Treatise on General Sociology. New York：Ovoer，1963：2235.

把非理性因素的支配作用区分为不同类型，并在同现实政治生活和经济生活的联系中揭示了它们之间的矛盾与冲突，这比弗洛伊德从一般精神分析角度对无意识本能作用的论述显得更具体一些。帕累托的论述启示人们：作为人类自然本性的无意识本能，也因社会条件和文化背景等方面的差别而区分为不同的类别，只有在经济、政治和文化各方面的差异中把握非理性因素或无意识本能的作用，才能更切近地同社会生活联系起来。

思考题

1. 怎样理解帕累托研究非逻辑社会行为的理论意义与现实意义？
2. 为什么帕累托说非逻辑行为是一个剩余范畴？
3. 帕累托怎样论述支配社会行为的派生物和剩余物的关系？
4. 如何评价帕累托关于精英统治循环的论述？

推荐阅读书目

1. 科塞. 社会思想名家. 石人，译. 上海：上海人民出版社，2007：343－378.

2. 阿隆. 社会学主要思潮. 葛智强，等译. 北京：华夏出版社，2000：274－332.

第十五章
曼海姆的知识社会学

本章要点

本章介绍了曼海姆关于意识形态的本质与演化历史、政治意识形态中理性与非理性的矛盾、政治意识形态的分类、知识分子的地位与使命、知识社会学的研究任务以及计划重建论等思想观点。

关键概念

意识形态；知识分子；知识社会学；计划重建论

在西方社会学理论中，19 世纪和 20 世纪上半叶的社会学家大部分以社会行动和社会结构为研究的主要内容。曼海姆的学术活动开展于 20 世纪上半叶，他的社会学研究不可避免地要受到那个时代的影响。但是，曼海姆又不同于前述那些社会学家，他的目光已开始从社会行动和社会结构问题移向了知识和意识形态问题，因此，他建立了知识社会学和意识形态理论。由于曼海姆面对的社会背景和学术氛围与西方其他社会学家有很大区别，他的社会学理论不仅具有许多新内容和新观点，而且还有许多新的风格与特点。

一、学术背景

曼海姆（Karl Mannheim，1893—1947）生于匈牙利布达佩斯，父母都是犹太人。他的家中经济条件较好，过着中产阶级生活。在布达佩斯一所人文预科学校毕业后，曼海姆进入布达佩斯大学攻读哲学，并以关于认识结构问题的毕业论文获得了学位。不久，曼海姆赴德国柏林大学师从齐美尔学习哲学和社会学。1913 年他返回布达佩斯，开始了学术生涯。

20 世纪初的匈牙利，同当时欧洲其他国家一样，处于剧烈动荡时期。首都布达佩斯作为匈牙利的经济、政治和文化中心，各种社会矛盾都在这里得到了集中反映，尤其在文化领域，各种思想观念和学术思潮此起彼伏，形成了情况复杂、冲突剧烈的文化氛围。当时引起青年知识分子很大兴趣的是对旧文化传统的批判，一大批青年知识分子（其中有很多是犹太青年）从自由主义或新教改革立场出发，向保守的传统文化精神发起冲击。这些激进青年建立了许多具有政治色彩的学术团体，其中一个比较著名的团体是“社会科学学会”，曼海姆也参加了这个团体。

社会科学学会不仅经常开展讲座和讨论等学术活动，还翻译了斯宾塞等社会学家的著作，并创办了《二十世纪》这一学术刊物。学会深受孔德和斯宾塞的社会学理论的影响，呼吁实证精神，倡导科学原则。曼海姆在社会科学学会中以实证原则和科学理性的倡导者自居，试图以此来反对保守的传统文化。曼海姆社会学理论中含有的实证主义因素与这个时期的活动有关。

当时在布达佩斯还有一个更为激进的、政治色彩更浓的团体——以卢卡奇为中心的小组。1915 年，卢卡奇从德国返回匈牙利，当时他在美学和哲学领域里已经有许多著述，对学术界产生了一定程度的影响。卢卡奇在布达佩斯定期举行学术讨论会，很快吸引了一批青年知识分子。曼海姆经常出现在卢卡奇主持的学术讨论会上，卢卡奇的历史主义、辩证理性观点、批判理性原则，对曼海姆产生了很大影响。

1917 年，曼海姆做了一次题为“灵魂与文化”的讲座，其中阐述了他在当时形势下抱有的学术倾向与政治立场。他认为，欧洲文化已经开始从实证主义的保守氛围中挣脱出来，辩证的、批判的哲学唯心主义精神将重现光辉，人们应当像克尔凯郭尔等人本主义者那样，反对科学理性的压制，关怀人生、寻求人性的解放。曼海姆呼吁青年一代要为民族振兴、文化进步而重新树立起人类精神的尊严，把人类的灵魂从唯物主义、实证主义和唯科学主义的束缚中拯救出来。曼海姆的这些思想倾向都是在卢卡奇的影响下形成的，当然同韦伯和齐美尔的影响也直接有关。曼海姆社会学中的人本主义倾向最初是在这个时期形成的。

1919 年是曼海姆学术生涯的一个转折点。1918 年 12 月，卢卡奇加入匈牙利共产党，一大批青年知识分子跟随卢卡奇投入了匈牙利社会主义革命。1919 年 3 月，匈牙利苏维埃共和国成立，共产党掌握了政权。曼海姆虽然没参加共产党，但是他在苏维埃政权领导下的布达佩斯大学里讲过哲学与文学，还曾努力使卢卡奇组织起来的学术团体活动坚持下去。1919 年 7 月初，匈牙利共产党领导的革命失败，凡是与革命活动有牵连的知识分子都遭到了清算与迫害，曼海姆也毫不例外地面临白色恐怖的威胁，被迫离开布达佩斯前往德国。

在德国期间，曼海姆首先在海德堡大学研究哲学。在海德堡，曼海姆听过海德格尔的课，还受到马克斯·舍勒、阿尔弗雷德·韦伯的深刻影响，以李凯尔特等人为代表的新康德主义弗赖堡学派对他的影响也很大。1925 年，曼海姆被聘为海德堡大学讲师。两年以后又被聘为法兰克福大学的社会学和经济学教授。法兰克福大学一直是德国自由主义的中心，在二三十年代曾是德国激进思潮的摇篮。1923 年，这里建立了著名的社会研究所，形成了由霍克海默、阿多尔诺、马尔库塞等人为代表的、在哲学和社会科学领域具有重大影响的法兰克福学派。曼海姆在法兰克福大学工作了六年，完成了《意识形态与乌托邦》的写作，关于知识社会学的大部分论著也是在这个时期完成的。

20世纪30年代，法西斯主义在德国日趋嚣张。曼海姆作为犹太人出身的学者，成了法西斯主义迫害的对象，他在德国受到越来越严重的威胁。1933年，纳粹掌握了德国政权。为了逃避纳粹政权的迫害，曼海姆像其他一大批犹太人出身的学者一样逃离德国。英国著名政治学家哈罗德·拉斯基（Harold Joseph Laski，1893—1950）代表英国学者向曼海姆发出邀请，曼海姆应邀赴伦敦政治经济学院任教。第二次世界大战期间，曼海姆被聘为伦敦大学的教育社会学教授。来到英国后，曼海姆的学术兴趣和学术观点发生了很大变化。科塞评述曼海姆到英国后在学术方面发生的变化时指出："曼海姆的思想风格发生了根本性的深刻变化，'德国'的曼海姆和'英国'的曼海姆判若两人。曼海姆所处的新的学术环境使他彻底转移了他的兴趣和注意力。他似乎完全放弃了知识社会学，全心全意致力于发展一种关于民主计划和社会重建的社会学。"①

曼海姆的学术思想发生如此重大变化的原因主要在于：法西斯主义的暴行使他目睹了大量残酷而罪恶的现实问题，他深感再也不能躲在象牙塔中研究那些离现实较远的知识社会学，而应当直面各种现实问题，提出改变社会消极方面的方案，呼唤和指导社会各界为重建人类社会而努力。

在英国期间，曼海姆对宗教问题和教育问题比较关心。关心宗教问题与他同热衷于宗教研究的美国学者的交往有关。J. S. 艾略特、J. 米德尔顿·默里、温莎教堂教长约瑟·奥尔德姆——这些他在伦敦结识的朋友，都对宗教问题及宗教在社会中的作用倾注了极大热情，曼海姆受他们影响，不仅对宗教问题产生极大兴趣，而且还发表了一些关于宗教问题的论著。他关心教育的目的在于，通过研究教育问题和推进教育改革，促进教育事业进一步发展，以便为社会培养更多人才，进而实现他的重建社会的计划。

这一时期，曼海姆出版了《重建时代的人与社会》《我们时代的诊断》，还说服英国著名出版公司——劳特利奇和基根·保罗出版公司出版了由他主编的"社会学和社会重建国际学术文库"，其中都是英美和欧陆社会学家高质量的重要著作。这套书籍的出版，不仅使更多美国人和其他国家的读者了解社会学，而且也起到了推进社会改革与重建的作用。

1947年1月9日，曼海姆在英国逝世，享年54岁。曼海姆逝世后，他的学生和朋友们将他的遗著编辑成集出版，其中有《知识社会学论文集》《社会学及社会心理学论文集》《文化社会学论文集》和《保守主义》等。

---

① 科塞．社会思想名家．石人，译．上海：上海人民出版社，2007：396.

二、意识形态的本质与演化

关于意识形态（ideology）问题的研究，既是曼海姆知识社会学研究的基础，又是它的主要内容。在曼海姆的知识社会学中，知识指的是社会科学知识，而社会科学知识的绝大部分内容都属于意识形态范畴。所以，曼海姆的知识社会学从意识形态问题的研究开始，并把它作为主要内容，便是顺理成章的了。

曼海姆以马克思的意识形态理论为基础，对意识形态概念做了进一步限定。在马克思那里，意识形态是指建立在一定经济基础之上的、属于上层建筑范畴的各种社会意识形式，如政治法律思想、宗教、伦理、文学、艺术和哲学等，亦可称为观念的上层建筑，它是一定的阶级在特定历史条件下对社会存在的反映。曼海姆承认马克思把意识形态归结为一定阶级对社会存在的思想反映这个基本观点，他指出："意识形态"概念反映了来自政治冲突的一个发现，即统治集团可以在思维中变得如此强烈地把利益与形势密切联系在一起，以致他们不再能看清某些事实，这些事实可能削弱它们的支配感。在'意识形态'一词中内含着一种洞悉，即在一定条件下，某些群体的集体无意识既对其本身，也对其他方面遮掩了真实的社会状况，从而使集体无意识得到稳定。"①

可见，意识形态这个名词在曼海姆这里首先是一个评价性概念，特指那些同社会实际状况不一致的思想观点，是有偏见和局限性的意识形式。因此，曼海姆带有贬义地使用意识形态这个概念，这同马克思本人没有太大不同，但同马克思的后继者却有很大不同。在马克思那里，关于意识形态的论述大部分是针对资产阶级思想意识或封建贵族的思想意识而言的，意识形态被看成限制革命、误导人生的保守的甚至反动的思想因素。在马克思的继承人卢卡奇等人那里，意识形态不仅被用来指代资产阶级的思想理论，而且也指代无产阶级的思想理论，前者被看成是反动保守的，而后者则被看成是正确反映客观事实的科学真理。曼海姆不同意卢卡奇的观点，认为不仅是资产阶级的意识形态，连无产阶级的意识形态都是在特定的社会条件或政治斗争中产生的，没有超越特定阶级利益的意识形态，它们都具有不能真实反映社会现实的共性。

曼海姆认为，意识形态就其本质而言是特定阶级思想意识的普遍化，这从根本上规定了它不可能不具有虚假性。任何一个阶级都是在特定历史条件中存在的，不仅它的经济利益和社会地位是特殊的，而且它看问题、评价事物的视角也是特殊的，因此它的思想意识一定是特殊的。特殊条件中产生的思想意识一定是受局限的，然而统治阶级或代表统治阶级的政党，为了实现对全社会的统治，总是把本阶

① 曼海姆．意识形态与乌托邦．黎鸣，李书崇，译．北京：商务印书馆，2000：41.

级或本党派的特殊思想意识说成是普遍的，具有超越条件限制的绝对性，这是造成意识形态虚假性的根本要害。

意识形态的虚假性还可以从时间上来考察。在曼海姆看来，意识形态作为各种思想观念，不可能正好反映当下正在发生着的事物，它总是或者滞后或者超前。虽然思想观念的形成离不开对客观事物的认识和理解，但这不是照镜子式的反映。从接触某种事物，到认识和理解这种事物，再到形成理论观点，这是一个需要一定时间的复杂过程。尤其是对于含有较多内容的理论体系来说，其形成的时间更长，因此，一些意识形态落后于事物的实际发展便难以避免。至于那些超前的意识形态，曼海姆称之为乌托邦，其超越现实状况的原因在于价值要求的理想性。价值要求是意识形态区别于非意识形态的意识形式的本质特点，而以理想目标来引导和批判现实又是价值要求的基本功能，因此一些意识形态超越现实而成为乌托邦也就顺理成章了。

曼海姆认为意识形态虚假性的表现形式是复杂多样的，但概括起来可以归纳为三种：第一种是不自觉的意识形态精神，由于历史条件的限制，每个人头脑中都存在一些与现实不相符的思想观念，但是人们并未认识到这些观念已经脱离实际；第二种是已经意识到意识形态的不真实性，但迫于利益关系和社会角色等方面的限制，又不得不掩盖它的虚假，把假话当真话说；第三种是为实现某种特有的目的，故意编造谎言来欺骗人民群众。

可见，无论从何种角度看，意识形态在内容与形式上都是虚假的，但是，这不意味着人们应当彻底抛弃它。受解释学的影响，曼海姆把意识形态看成是不可抛弃的传统。在解释学看来，受各种条件限制而形成的思想观点，不仅是特定文化传统的延续，而且这些被称为成见或偏见的观点也不断地被融入传统之中，作为传统而存在。成见、偏见和传统只能被理解，而不能被抛弃。曼海姆认为，意识形态是偏见亦是传统，人们必须进入这些传统之中，而不能逃出传统之外，积极的态度应当是正确理解这些偏见和传统的不真实之处，的揭示它的虚假性得以形成和存在的前提条件，即对意识形态进行反省批判。

曼海姆把培根称为意识形态批判的先驱。他指出："培根的'偶相'理论在一定程度上可被看作是现代意识形态观念的先驱。"① 培根认为人们的思想意识中往往存在四种假相：（1）种族假相：植根于人类本性和种族本性的错误观念；（2）洞穴假相：个人因所处环境狭窄而形成的错误观念；（3）市场假相：人们在交往中因语义含混、概念虚构而产生的错误观念；（4）剧场假相：人们因盲目相信权威和教条而产生的错误观念。曼海姆认为培根四假相说是对意识形态的心理分析，因此是狭义的意识形态批判。"意识形态的特殊概念标志着介于以单纯的谎言为一极、以谬误为另一极（这是被扭曲的、错误的概念构架造成的结果）之间的现象。它指的是性质上属于心理学的谬误的领域，它不像蓄意欺骗，不是有意的，而是从某种因果

① 曼海姆．意识形态与乌托邦．黎鸣，李书崇，译．北京：商务印书馆，2000：62.

决定因素而产生的必然的和无意的结果。”①

狭义意识形态理论进一步发展后就是广义意识形态理论。广义意识形态理论是关于时代、群体或阶级的意识形态理论，是在哲学和社会学视野中对意识形态问题做出的理论批判。曼海姆认为广义意识形态理论经历了三个发展阶段：

第一个阶段是从启蒙主义到康德。在启蒙主义者那里，人类意识被看作绝对主体的主观统一性，意识作为人类主体的本质能力，不仅可以反映外部世界的结构，而且还可以把外部结构作为根据概括出支配人类行为的某些统一性原则。到了康德的意识哲学那里，自我意识更明确地被当作世界统一的根据，主体的统一性决定了世界的统一性，主体意识中的先验范畴成为建立各种人类认识的先天工具，普遍的或广义的意识形态找到了先验的逻辑根据。在曼海姆看来，这种哲学层面上的自我意识理论，是广义意识形态理论的胚胎，尽管它还没有从历史条件和社会环境出发来分析意识形态，但它已经在人类总体的普遍性上展开了意识形态分析，进而超越了个人层面的心理分析。

黑格尔关于民族精神的分析达到了广义意识形态理论发展的第二个阶段。黑格尔把人类自我意识放到历史过程中加以考察，人类意识活动的时代性、条件性和运动变化的矛盾关系得到具体的揭示，意识形态研究摆脱了纯粹的逻辑形式分析和抽象的主观反思。当黑格尔以民族精神这个概念来统观各民族的意识形态时，是“从总体的、抽象的、世界统一的主体（‘意识自身’）向更具体的主体（有民族特色的‘民族精神’）的过渡，这与其说是哲学的成就，不如说表达了所有经验领域中对世界反应方式的变化的一种表达”②。确如曼海姆所言，在《历史哲学》和《法哲学原理》等著作中，黑格尔关于民族精神和世界精神等意识形态问题的讨论，已经同历史、政治、法律和经济等生活实践密切地联系起来了。

广义意识形态理论发展的第三个阶段是马克思的阶级意识理论。马克思用意识形态概念代替黑格尔的民族精神概念，人类意识被具体化为阶级意识。至此，关于意识形态的分析找到了真实的社会基础——经济利益和经济地位，找到了在经济、政治和文化关系中被具体限制着的社会主体——阶级。从经济条件和阶级矛盾来考察意识形态问题，它的生成根据、内在关系和运动变化的趋向，都能在活生生的社会现实中清晰可见。并且，经济、政治和文化各种社会结构的矛盾关系和矛盾冲突，在意识形态的分析中也能清楚地被把握。

曼海姆对马克思在意识形态理论发展中的贡献给予了高度评价。他认为马克思真正实现了意识形态研究从“个别的意识形态概念”到“总体的意识形态概念”的发展，使意识形态研究真正进入到社会学和政治学的层面。马克思最突出的贡献有两点：第一，阐明了思想意识同社会存在之间的关系，把意识形态研究真正建立在现实生活之上；第二，使意识形态研究超越了纯粹理论的抽象性，明确地开展意识

① 曼海姆．意识形态与乌托邦．黎鸣，李书崇，译．北京：商务印书馆，2000：62.

② 曼海姆．意识形态与乌托邦．黎鸣，李书崇，译．北京：商务印书馆，2000：68.

形态批判，实现了理论与实践的统一。在曼海姆的意识形态理论和知识社会学中，马克思的这些观点产生了重要影响。

三、政治意识形态与知识分子

当曼海姆把意识形态归结为特定社会条件下的阶级意识时，意识形态概念已经获得了强烈的政治色彩，并且，他讨论的意识形态实质上也是政治意识形态，即马克思所说的上层建筑范畴里的意识形式。政治领域充满了冲突，由于阶级利益的矛盾在政治领域得到了最直接、最集中的表现，所以政治领域中的冲突不仅复杂而且十分激烈。曼海姆认为，无论政治活动中的冲突如何复杂与激烈，通过对政治意识形态的分析，都可以抓住政治冲突的本质和规律。因为，作为不同阶级地位、利益和要求的理论表达的政治意识形态，总是在比较基本的方面暴露了政治目的和政治冲突的实质。

从高度概括的层面看，曼海姆把政治意识形态蕴含的最基本的问题看作是理性和非理性的矛盾。他指出："每个社会进程都可以分为理性化的领域和非理性化领域。理性化领域在井然有序地处理再发生的情况中由固定的和程式化的程序所组成，非理性领域是包围理性领域的领域。"① 这就是说，社会生活可以被区分为理性的和非理性的两个方面，而非理性的方面则是由情感和本能支配的无序的方面。各种政治集团或政治党派，或者依凭规范和原则来提出政治主张和政治模式，争取对社会的控制；或者依凭非规范的本能冲动来施展政治手段和政治策略，赢得政治权力。于是，政治领域出现了理性主义与非理性主义的对立，政治意识形态也随之出现理性的和非理性的冲突。

根据理性与非理性的标准，曼海姆从 19 世纪和 20 世纪的政治潮流中概括出了五种政治意识形态：官僚保守主义、历史保守主义、自由—民主主义、法西斯主义、社会主义—共产主义，并且分别揭示了它们从理性主义或非理性主义出发而提出的主张和原则。

官僚保守主义属于理性主义的政治意识形态，它主张用理性原则统治社会，试图把社会生活规则化和制度化。这种官僚保守主义实质就是韦伯的科层制主张，它崇尚规范的作用，追求等级分层和严格秩序，要求排斥情感欲望和个人意志，其结果是确立了静态的社会秩序，但是抑制了个性与社会活力，曼海姆嘲讽官僚保守主义："手术极为成功，不幸的是病人死了。"这也就是韦伯晚年为科层制而忧心忡忡的"铁牢笼"效应。曼海姆认为，官僚保守主义夸大了社会生活中的理性因素，而没有看到非理性因素的存在及其作用。非理性因素虽然变动不居、常常使社会动荡

① 曼海姆．意识形态与乌托邦．黎鸣，李书崇，译．北京：商务印书馆，2000：114-115.

不安，但是，非理性因素中蕴藏着社会活力，过分强调理性因素对非理性因素的控制，将使社会进入死寂状态。

历史保守主义是非理性主义的政治意识形态。它强调社会生活中的非理性因素，认为理性原则不能完全有效地控制社会的非理性因素，因为人们不仅无法包揽无遗地认识各种层面的非理性因素，而且也制定不出有效控制那些属于本能层面的规章制度。历史保守主义主张政治领袖在政治生活中应充分发挥自己的先天本能，不要过分相信原则和制度，凭借自己的政治直觉行使政治权力。历史保守主义属于占统治地位的贵族的政治意识形态，它强调的本能欲望是少数贵族的天性，而不是广大群众的情感意志，它追求的是以个人意志对全社会情感意志的严格控制，实质上也是对社会非理性因素的控制，起到同官僚保守主义一样的抑制社会活力的作用。

自由—民主主义是一种极端的理性主义政治意识形态。这是极端崇尚理性原则的政治主张，它相信理性原则的普遍效力，认为情感、意志和欲望等所有非理性因素都可以被理性原则有效控制。作为资产阶级的意识形态，自由—民主主义主张建立具有系统原则和完整体系的政治科学，把社会政治生活看作像自然过程一样的客观现象，用实证主义立场排斥政治问题研究中的评价因素和情感因素，形成确定的、完全符合客观对象的政治科学理论，以此指导政治家对社会实行准确有效的科学控制。曼海姆认为，这种把社会现象看成纯客观性而追求实证确定性的意识形态，虽然把自由与民主作为政治目标，但是这只能停留在口头上，因为排斥情感意志和价值评价的思想意识不可能承认广大社会成员的自由与民主，其实质不过是把统治者的意志普遍化为基本原则并且披上了科学外衣罢了。

法西斯主义是极端的非理性主义政治意识形态。法西斯主义首先作为群众思潮广泛流传，它歌颂血统、国土、种族、天性，认为优秀种族具有统治劣等民族的天赋权力，宣扬对政治领袖的绝对崇拜与无条件服从，无视理论和知识，主张用实际行动替代理论说教。法西斯主义后来成为资产阶级反动分子的意识形态，在德国和意大利法西斯主义者的鼓动下，法西斯主义掀起汹涌狂潮，给人类社会带来了空前灾难。法西斯主义是最反动的政治意识形态，它对人性的压抑和摧残已经达到了无以复加的地步。

社会主义—共产主义，即马克思主义，是实现了理性主义和非理性主义统一的政治意识形态。在曼海姆看来，马克思主义不仅承认理性原则的作用，而且也承认情感意志的作用。并且，马克思主义承认的情感、意志是广大人民群众的社会心理，是直接在特定的社会历史条件中发生和发展的具有普遍性的心理活动，而不是仅有特殊性并伪装为普遍性的个别人的思想意志。同时，马克思主义所肯定的思想原则和理性观念，在现实生活条件中都能找到它存在的基础，是体现在经济、政治、文化各种社会层面中的基本联系。或者说，马克思主义提出的一系列理性主张和理论观点，都同以感性、物性存在的那些非理性因素直接联系在一起，它不像前述四种政治意识形态那样各执一端，而是对社会生活各种方面的总体性观照。不过，曼海姆认为不能由此而否认以下事实：马克思主义也是特定的阶级意识，而不是超阶级的，因此它也具有局限性。

曼海姆从区分理性主义和非理性主义的角度评析了上述五种政治意识形态，目的在于进一步论证意识形态理论的社会历史性或阶级局限性，即要求人们把意识形态同社会集团的处境、利益和理想追求统一起来，达到对各种意识形态的阶级性的与局限性的比较具体的认识。当曼海姆完成对这些政治意识形态的分析后，立即面临的问题是：既然政治意识形态都是代表特定阶级利益和意志的，都具有局限性，那么从全社会共同利益出发就必须超越这些局限性。然而，依靠谁，通过什么途径来实现对各种政治意识形态的超越呢？

曼海姆主张，依靠知识分子，通过意识形态批判和知识教化来实现对政治意识形态的超越。他提出这种主张的根据是：政治意识形态都是特定阶级的思想意识，任何阶级因其特殊地位、特殊利益和历史条件的限制，都具有局限性，都不可能达到代表人类共同利益或各阶级共同利益的程度。因此，不能指望任何一个阶级来实现对政治意识形态的超越，而应把希望寄托在一个“非阶级”的社会阶层或社会集团身上。不隶属于任何阶级，又可以游移于各个阶级之中的社会阶层只有知识分子，只有知识分子才具有超越政治意识形态的品质与能力。

曼海姆认为，知识分子既是一个超越特定阶级局限性的超阶级的社会阶层，又是来自各种阶级、同各种阶级存在千丝万缕内在联系的社会阶层。他指出：“在这个由于阶级分裂而成为深刻分离的社会里，出现了一个阶层，对于仅仅用阶级术语来指导的社会学，这个阶层几乎不能理解。不过，这个阶层特殊的社会地位却能够充分地表示它的特性。虽然它处于各阶级之间，但并不构成一个中间阶级。它当然不是悬在没有渗入社会利益的真空之中，相反，它包罗了社会生活的所有利益”①

知识分子的特殊地位和特殊品质首先同他们的成长方式直接相关。知识分子虽然出身于各种阶级的家庭，但是一个人要想成为知识分子，首先必须接受教育。教育，尤其是现代公众教育，是以全人类的文化遗产来训练受教育者的，并且受教育者只有在接受了一定程度的人类文化遗产的教育后才能形成创造知识和传播知识的能力，才能进入知识分子阶层。全人类的文化遗产是超越阶级狭隘性的，是所有阶级的共有财富。因此，人们在成长为知识分子的过程中，必然要超越阶级的特殊利益和特殊地位，获得以全人类共同财富为生存条件和发展根据的品质。

知识分子的成长方式和特殊的社会地位，还决定了他们在社会活动和思想方式上的自由性、开放性和选择性。由于知识分子不是确定的社会集团，他们处于各种社会阶级之间，可以在不同的阶级和社会集团中流动，这样知识分子不仅在行动上获得了较大的自由度，而且在思维方式上也具备了开放性的特点。知识分子可以在全人类共同的文化基础上，从不同的阶级利益或各阶级的共同利益出发，在一个很广阔的视野中思考人类的共同问题。各种阶级的偏见都可以在知识分子那里被理性

① 曼海姆．意识形态与乌托邦．黎鸣，李书崇，译．北京：商务印书馆，2000：160.

地审视，各阶级的意识形态也可以在知识分子那里被比较、分析和批判。于是，知识分子可以选择，可以综合，可以把各种思想观点都纳入自己的观点中进行重新建构。

知识分子也受到社会条件的限制，但是知识分子受到的社会条件限制主要表现在历史过程中，也可以说，限制知识分子的社会条件不是哪个阶级特有的，而是来自于整个时代的限制。因此，只有在时代变迁中才能清楚把握和区分知识分子的类型。曼海姆从传统社会向现代社会转变的历史过程中分析出两种类型知识分子：一种是传统知识分子阶层，它披着宗教神学的外衣，作为统治集团的代言人而宣传宗教意识形态。按葛兰西的观点，这种知识分子不是真正的知识分子，而是统治阶级的工具和附庸。另一种是在宗教意识形态统治天下的局面被打破后出现的性质完全不同的新自由知识分子。曼海姆赞颂的正是这些现代的新自由知识分子，是超越特定阶级偏见和个别阶级利益、具有开放性和批判性思维方式的知识分子，是葛兰西称赞的真正的知识分子。

现代的新知识分子肩负着崇高的使命，他们不仅有责任对人类面临的种种困惑给予解释，而且还有责任指引人类开展能够获得自由与幸福的实践活动。而知识分子要想完成这种使命，有两种基本途径：一种途径是把自己的思想观点传输给某个阶级，动员和组织这个阶级成员为实现自己的思想观点而开展社会行动或革命实践；另一种途径是作为社会现实的“守夜人”，面对社会现实中的各种丑恶与黑暗，以精神教化和意识形态批判来为人类迷途导航，呼唤人们从漫漫黑夜中走向光明的未来。

知识分子引导人类从迷途中逃脱出来的方式之一是为人们构想出各种形式的乌托邦。与意识形态不同，乌托邦不是对现实的维护和肯定，而是用理想目标和理想境界来批判现实并号召人们用实际行动来改变现实。乌托邦虽然虚幻，但它是人类存在的希望之光。正是乌托邦同现实之间的距离使人类的理想要求同现实存在之间产生张力，人类在理想目标的指引下而产生否定现存的冲动，进而不断地跃进新的境界并捕捉到新的意义。曼海姆分析了“自由人道主义”“千年王国”“保守主义”和“社会主义—共产主义”几种乌托邦精神，认为“社会主义—共产主义”是最有进步意义的乌托邦精神。

四、知识社会学

知识社会学（the sociology of knowledge）是社会学的一个分支，一般说来，它是以人类认识活动同社会存在的关系为对象展开的，涉及认识过程、认识结果和认识方式亦即思维方式等方面同社会行动、社会系统和社会结构的关系。曼海姆的知识社会学基本上是在这种意义上建构起来的。他说：“知识社会学是社会学最年轻的一个分支；作为一种理论，它试图分析知识与存在之间的关系，作为历史—社会学的研究，它试图追溯这种关系在人类思想发展中所具有的表现形式。”① 把人类认识活动放到社会历史过程中研究，不仅使社会学产生了知识社会学分支，而且在认识论（epistemology）发展史上也具有重要的意义。自从笛卡儿和洛克等人把哲学目光转向人的认识活动，即实现了欧洲哲学的认识论转向后，西方哲学家建构了丰富的关于认识的理论，如洛克的《人类理解论》、莱布尼茨的《人类理解新论》、休谟的《人类理解研究》、康德的《纯粹理性批判》等等，真可谓卷帙浩繁，高论如云。然而，无论近代哲学家关于认识问题研究得多么深入，其学术成果多么丰富，他们都是把认识作为独立自明的过程加以研究的，社会环境或社会因素不过是作为对认识的反映与理解对象而被纳入认识视野的。因此，认识同社会存在的关系不是近代认识论的研究对象。

事实上，人类认识活动都是在特定的社会条件中开展的，并且认识过程、认识结果和认识取向都离不开人的社会活动。所以，只有把人类认识放到社会活动中去考察，才能得出关于认识的具体而真实的研究结论。首先论述这一点的是马克思，他从社会存在决定社会意识这个唯物史观的基本观点出发，探讨了社会实践在人类认识中的决定作用，提出了把各种意识形式都同社会存在联系起来加以研究的基本原则。然而，马克思忙于写作《资本论》，未能把他关于在社会存在中研究认识问题的观点系统展开，马克思的继承者们在这一点上也未有足够的重视。于是，人们今天看到的马克思主义认识论教科书或大部分学术著作，基本上是在笛卡儿和洛克等人展开的认识论框架中研究认识问题的。

在马克思之后，狄尔泰和舍勒等人对认识活动同社会环境的关系做了许多论述。狄尔泰从历史主义和解释学的立场论述了认识活动是在人际交往中展开的，认识同语言、传统和周围世界直接联系在一起，纯粹地在主观同客观二元对立关系中展开的认识过程是不存在的，认识活动不可避免地要同文化背景和历史条件纠缠在一起。舍勒从生命哲学视角把认识过程直接放到社会过程中加以把握，他把认识或心理活动看作社会存在中的“观念要素”（ideal factor），而把社会环境或物质生活条件称为“现实要素”（reality factor），并对二者的内在联系做了深入论述。

马克思、狄尔泰和舍勒等人的观点对曼海姆有很大影响，可以说，曼海姆的知识社会学是从马克思关于社会存在决定社会意识的基本立场出发，吸收了狄尔泰、舍勒的历史主义、解释学和生命哲学观点而建立起来的，是一种试图超越传统认识论或一般认识论的社会认识论，是以认识活动与社会存在的关系为对象的认知社会学。

曼海姆关于知识社会学的论述是很丰富的，就其基本内容而言，他关于知识社会学的论述同他关于意识形态的论述是很难分开的。但是，曼海姆认为知识社会学同意识形态理论是有区别的：意识形态理论的任务在于揭示利益集团、阶级和党派的思想意识的虚假性，而知识社会学的任务则在于揭示人类认识活动的社会背景以

① 曼海姆．意识形态与乌托邦．黎鸣，李书崇，译．北京：商务印书馆，2000：269.

及因社会背景不同而导致的思想观点和思维方式的不同。进一步说，意识形态理论是对特定社会集团思想意识虚假性的批判，而知识社会学开展的是理论研究，是关于认识活动同社会存在关系的结构分析和理论概括。因此，曼海姆在知识社会学中避免了用意识形态这个评价性色彩突出的术语，而用“观点”（perspective）取代之。

在曼海姆的知识社会学中，“观点”一词相当于融合了世界观和思维方式两个概念，它的基本含义是：在特定社会条件中形成的认识世界和理解现实的思想方法、思维方式和评价原则。这里可以看出，曼海姆不是在一般意义上研究知识与社会存在的关系问题，而是在思维方式和评价原则的层面上研究知识与社会存在的关系，而这个层面和哲学认识论所达到的层面具有相同的高度。曼海姆就此所做的解释是：知识社会学作为一种理论有两种表现形式：第一，对思想意识受社会存在影响的各种情况进行描述性的结构分析，亦即开展经验层面的研究；第二，在经验研究基础上提升为认识论的研究，进而揭示出知识与社会存在的关系以及知识的有效性。这就是说，一方面，知识社会学要从经验事实出发而对经验现象进行事实描述和结构概括，这是社会学研究的基本特点；另一方面，知识社会学的研究又不能止于经验层面的描述，要上升到关于思维方式和评价原则的高度上进行深层思考。因此，知识社会学的研究既有社会学注重经验事实的特点，又有在思想意识的深层根据上进行理论追问的形而上学的研究特点。

在经验层面的研究中，知识社会学要研究社会存在或社会关系怎样决定思想意识的问题。曼海姆认为，不能在传统哲学的决定论（determinism）的基础上研究社会存在对思想意识的决定关系。他指出：“我们将把知识社会学作为这样一种理论，即关于实际思维受社会或存在决定的理论。”[①] 曼海姆的注意力在于从动态关系上来揭示认识活动同社会存在之间的联系，而不是像传统认识论那样从本质与现象、原因与结果的机械决定论来研究二者之间的联系。这种从经验层面展开的动态关系研究，使知识社会学不仅能直面经验事实，而且能更具体地把握思想意识与社会存在之间的复杂关系。

曼海姆认为，社会存在对思想意识的决定作用主要表现在：思想意识的发展变化不存在纯粹的内在逻辑，各种社会因素都影响着思想意识的发展与演化，不仅社会因素决定着某些观念的起源，并且思想观念的形式与内容都同特定的社会因素发生着互动关系。无论哪一个阶级或哪一个民族，其思想观念和社会思潮都同它们的社会条件和社会地位直接联系在一起。只有把不同民族、不同阶级在不同时代形成的思想意识放到特定的历史条件中去，才能真正理解其精神实质，领悟到具体的真实意义。对于那些极为抽象的简单的命题，如2×2=4这样的等式，人们难以找到它生成的时代背景和社会条件，但是对于实证主义和马克思主义这样一些对那个时代有重大影响的思想理论，却能够很清楚地揭示出它们与所处社会条件的动态关系。有重大影响的思想理论都是有丰富内容并且对人生现实做出了高度理论概括的

---

① 曼海姆．意识形态与乌托邦．黎鸣，李书崇，译．北京：商务印书馆，2000：272.

世界观或思维方式，即观点。那么，这些观点同社会存在发生着哪些动态关系呢？应当从哪些方面去揭示其中的动态关系呢？曼海姆从以下几个方面给予了回答：

第一，应当对观点中所使用的概念进行意义分析。这是因为，作为世界观和思维方式的观点是由一系列概念构成的，概念通过内涵与外延而成为观点把握对象本质属性和对象存在范围与表现形式的基础。然而，概念的内涵即意义不是一成不变的，它要随着社会背景和所指对象的变化而变化，所以，必须在社会背景和相关社会事实中来把握概念的含义。曼海姆举例说，自由这个概念就会因为时代背景和使用它的主体的变化而变化。在19世纪的德国保守主义者那里，自由是指每个阶级所特有的生存权利；而在浪漫主义和新教运动中，自由则变成了精神要求，是内化于人的心理过程的人格目标；同时期的自由主义者把自由理解为社会平等和个性自由，是对社会控制的抵抗。自由概念在内涵上的变化也引起了外延的变化，根据不同的意义，究竟哪些行为，在何种社会层面上以何种形式表现的行为是自由的，都变得不确定。因此，只有把可以变化的概念放到特定历史条件中去考察，概念及其构成的观点才能得到明确的理解。

第二，要对观点中所包含的反对概念进行分析。由于观点是特定社会集团或阶级与民族的思想意识，而不同社会集团或阶级与民族都是在相互联系中阐发自己的观点的，并且它们之间的联系都是矛盾关系，所以它们的观点一定存在许多相互排斥、相互反对的概念，这些相互反对的概念都比较直接和具体地体现了社会现实中的冲突与矛盾。例如，"民族精神"与"时代精神"这两个互相反对的概念，其中就非常明确地反映和体现了不同阶级的思想要求和价值取向。强调"民族精神"的观点往往是保守的，因为它崇尚传统、维护对过去事情的继承，而对世界潮流、其他先进民族的思想文化和社会发展状况持封闭、排斥的态度；强调"时代精神"的观点往往是进步的，因为它面对现在和未来，立足现在憧憬未来，用未来的理想目标引导现在，并且它以开放的眼光看待各阶级、各民族的进步因素，进而褒扬那些处于时代前列的进步精神。通过对这样相互反对的概念的研究，可以在社会与思想的联系中了解到现实与观念中包含的复杂矛盾。

第三，要对观点中缺乏的概念进行分析。一种思想理论中如果缺乏某种概念，那么则说明这种理论同现实之间存在距离，或现实中相关的社会现象发展不充分。然而，在一种观点中，哪些概念是缺乏的？判断的标准是什么？这应当是前提性的问题。从曼海姆的论述可以看出，当一种观点在某种领域展开后，如果这个领域已经发生了一些现象，但这个观点却没有关于这种现象的概念，那么应当用来反映这个现象的概念在观点中就是被缺失的概念。揭示缺失概念不仅可以暴露观点对现实概括的滞后性，而且也可以在历史过程中把握那些尚未充分展开的社会现象。例如，社会这个概念对近代以前的社会理论来说都是缺失的，这一方面说明古代人对人的社会性的理解程度不够，另一方面也说明古代生产力水平低下，人们不具备足够的社会条件开展层面较广的社会交往。

第四，要对观点中的范畴结构或概念框架进行分析。曼海姆认为，不同的利益集团从不同角度形成的思想观点，不仅在个别概念上有分歧，而且组成思想观点的概念框架或范畴结构也是不同的。因为，观察世界的方式同时也是评价世界的方式，其中包含了观察者的利益要求和价值取向。当观察者用不同的概念框架来分析世界、把握事物时，实质上也就是在给出不同的利益要求和价值取向。曼海姆举以下例子来进行分析：19 世纪早期德国保守主义者和 20 世纪初期的保守主义者，都不对社会现象作解剖性分析，而倾向于用形态学范畴来看待社会现象，因为形态学范畴保留了经验材料的完整性。这种概念框架表示的评价原则是：承认并维护既存事实，顺应已有社会秩序。与此相反，左翼党派则乐于使用分析方法，然后在多元透视中发展其新结构新功能，并力图用这些元素组成新结构。这种概念框架或思维方式，表达了左翼党派否认并试图改变既存现实的要求，是一种同保守主义截然对立的价值取向。

第五，要对观点呈现的思想模式亦即思维方式进行分析。关于观点的范畴结构或概念框架的分析，实质上是对社会集团在思想意识活动中所坚持的方法原则进行分析；而对观点的思想模式或思维方式进行分析，则是进入到世界观层面所展开的分析，其要求在于把握不同社会集团的不同世界观。世界观是对世界的根本观点，实质是看世界的根本方式，它既规定着人们看世界的基本视角和基本出发点，也规定着人们评价世界的基本取向和基本原则。对观点中的思想模式或思维方式进行分析，虽然比较抽象，但是由于触及思想意识活动最基本的方面，因此具有高度概括性，并能够由此而把握思想意识活动各种方面的深层基底。

第六，要对观点所达到的抽象水平进行分析。观点中包含的概念范畴、思想方法和思维方式等因素，都关系到思维的抽象程度问题，只有对现实事物进行一定程度的抽象概括，才能形成关于事物本质属性的概念和把握事物基本联系的判断，也才能形成具有普遍意义的世界观和思维方式。曼海姆认为，很多思想理论达不到对同类事物的普遍性理解，往往是受到自身利益的限制或自我意识程度不够。例如，马克思主义一向以普遍性原则概括思想意识同社会条件的关系，认为任何意识形态都有阶级局限，这本来是正确的。然而，马克思主义却不愿将这条原则用来评价自身，因此，普遍性的评价原则受到了限制，这表现出马克思主义抽象程度不够。可见，曼海姆强调观点的抽象程度，实质是要求人们认识思想意识的局限性。

第七，要对观点中包含的本体论因素进行分析。曼海姆认为，人们看世界的根本观点一定含有本体论的思考，即对世界的本原、本质与规律方面的思考，这是世界观的最深层方面。传统思维方式中认可的本体论都是远离现实的，是把现实世界同本质与规律对立起来的空泛的本体论，是试图以那些空泛概念和空泛逻辑为人类思维活动和生活实践提供基本原则的本体论。这种本体论起不到具体指导人们思维与实践的作用。曼海姆主张，应当通过知识社会学在对现实条件的具体思考中，概括出同社会生活直接相关的本体论，这样才能真正发挥本体论的积极作用。

曼海姆从上述七个方面对观点与社会现实的动态关系做了分析，实质上揭示了知识社会学的基本研究方式和主要研究内容。从曼海姆的这些论述可以更清楚地看出，他的知识社会学是在相当于哲学认识论的层面上展开的。同哲学认识论一样，知识社会学不是研究那些具体的认识活动，而是对认识的条件、结构、原则、取向和方式等方面展开一般性的研究。知识社会学与认识论的不同之处不过在于：认识论把认识过程从社会生活中分离出来研究，而知识社会学则把认识放到社会生活中考察，并重点揭示认识或知识产生的社会条件。因此，知识社会学体现了对社会生活的经验考察和认识论层面的理论概括的统一。

为了使知识社会学的特点更加明晰，曼海姆还对知识社会学的方法论特征做了概括。在他看来，知识社会学在研究方法上的特征主要有以下几点：

首先，知识社会学关注的焦点在于追问知识产生的社会条件。曼海姆认为，这一点不仅是知识社会学区别于传统认识论研究的基本特点，而且是知识社会学的时代意义和生命力所在。现代社会处于不断分化之中，职业、团体、利益追求和价值取向等，都处于空前的多元化状态，任何一种意识形态都无力把人们在不同社会条件中形成的思想意识统一起来，每个社会团体都不再把自己的思想观点看成是绝对正确的，而是在不可回避的交往中开展广泛的对话。然而，由于社会利益和社会地位的差别，每个团体又不肯轻易放弃自己的主张，于是出现了“各持己见”地开展对话的局面。知识社会学就是要在这种“各持己见”的交往中，揭示各种思想意识产生的社会根据，揭示导致各种思想冲突的社会条件，进而使人们从无法统一的争论困惑中解脱出来，在特定的社会条件中寻求思想意识上的协调与沟通。

其次，知识社会学把观点即思维方式或世界观作为研究人们思想意识活动的前提来看待。在曼海姆看来，纠缠在人们关于某些具体事物的意见分歧上，无法达到对认识矛盾和知识冲突的清楚理解，必须透过那些纷繁复杂的争论，揭示人们在世界观和思维方式上的差异，才能实现对认识活动问题和意识形态问题的具体把握。知识社会学对人们的世界观和思维方式的研究，也要坚持同社会条件联系起来。只有同特定的社会地位和社会利益联系起来，才能理解不同世界观和思维方式的合理性与偏失，才能清楚其生成变化和矛盾冲突的根源。

再次，知识社会学强调在“关联”（relation）中研究人们的思想意识活动。曼海姆认为，社会生活都是相互联系的，当把人们的思想意识放到特定的社会条件中考察时，还要注意把考察的思想意识和它的社会条件同其他因素联系起来。只有在特定的并且是复杂的社会联系中，知识社会学才能实现真正的具体性研究。由于曼海姆如此强调思想意识的条件性和特殊联系，他常常被指责为相对主义。曼海姆替自己申辩：知识社会学坚持的是“关联主义”（relationism），而不是“相对主义”（relativism）。关联主义强调联系和特殊性，认为联系和特殊条件变了，思想意识也一定发生变化，而联系和特殊条件未变，则思想意识处于相对稳定状态；相对主义也强调联系和特殊性，但相对主义不承认联系和特殊性的相对稳定性，否认了思想意识相对确定的内涵和不同思想观点的区别。

最后，知识社会学注重知识的有效性问题。曼海姆主张，知识社会学不仅要考察知识形成的社会条件，而且还要考察知识有效发挥作用的范围。通过揭示知识的社会条件、作用范围和有效程度，知识进入了“个别化”（particularization）过程，即知识从各个方面都得到了具体限定，由此而真正同经验事实联系起来，知识的研究也就真正地具有了社会学意义。并且，正是因为同经验事实直接联系起来，知识的量度分析和程度分析也成了可能。

五、计划重建论

在英国期间，曼海姆面对法西斯主义给全世界带来的严重灾难，产生了强烈的社会危机和深刻的忧患意识，他一改在德国期间专注理论研究的学术风格，而把学术的焦点聚集于陷入严重危难之中的现实，在对现实危机的思考中建构了社会计划重建理论。

曼海姆认为，人类社会陷入的危机主要表现在三个方面：第一个方面是人格的危机。这是在工业社会发展过程中由于工具理性过度膨胀而造成的。曼海姆是性善论者，在他看来，人性本来是完满的，人是具有良知、责任心和创造性品格的。然而，工业社会因其技术要求和组织规则的强制作用，而把人的本性肢解和扭曲了。人们要想在充满异化的工业社会中生存下去，就必须无条件地服从技术和生产的要求，不仅要把自己的劳动目的集中在创造物质产品上，而且自己的思维方式也要按照技术规则和生产程序展开，并且长期下去人们已经由习惯变成了自然。完整的人性和人格被技术和生产工具化了，人们失去了自主判断能力，更不具备有选择、有理想的创造能力。

第二个方面的危机是自由社会制度的崩溃。所谓自由社会制度主要指把社会各种层面、阶级或团体整合起来的机制，这被看成自由社会中一种有积极意义的不可缺失的功能。然而，在不断深入的社会分化和越来越严重的阶级对立与社会冲突中，自由的整合机制让位于极权专制，高度集中的权力虽然把社会各种层面限制得十分严格，但是社会失去了活力，能维持社会过程正常运行的民主制度和自由秩序彻底被瓦解。曼海姆认为，这种制度性的危机将引起社会动乱，必须主动地恢复和重建整合社会的内在机制。

第三个方面的危机是文化危机。这既是精神领域里的危机，也是现实生活中的危机。文化危机的主要表现是民众的极端民主化引起了法西斯主义的泛滥。曼海姆认为，社会民主应当是由知识精英按照合理的计划来组织的。否则，一旦社会民主超出了社会计划的调控范围，将引起无秩序甚至可以摧毁一切秩序的大众民主化，其最严重的表现就是法西斯主义。盲目的大众民主轻而易举地被极权专制主义者利用，大众在这种民主化运动中将彻底失掉一切民主，完全成为专制独裁奴役的工具。

从曼海姆对社会危机几个方面的揭示中可以看出，他特别强调社会计划问题。

在他看来，无论是有意识还是无意识，社会都是有计划的，不是被进步的计划指引，就是被反动的计划迷惑。知识社会学或意识形态批判的任务之一就是揭露有害于人类的计划，提出推进人类社会健康发展的计划。曼海姆提倡的社会计划，相当于社会发展战略与规划。他试图通过建构与推行社会计划，改变被法西斯主义搅得十分混乱的社会局面，以便把人类从水深火热中拯救出来。

社会计划的基本目标是推进社会的民主重建。通过民主重建，社会成员将在社会计划的指导下从盲目无序的混乱状态中摆脱出来，重新组织成为有民主精神和创造意识的新型社会群体。可见，曼海姆的社会计划重建理论具有浓厚的理想主义色彩，他相信理性筹划的合理性与可能性，认为计划重建可以在社会成员的社会实践中得到切实贯彻和执行。

曼海姆把社会计划的制定与推进的希望寄托在知识分子身上，认为知识分子可以通过信仰启示、道德教化和公众教育把社会计划付诸现实。他说："过去，宗教曾经是安定剂；而今天，仍需要过渡性地借助它。"① 他还说："教育、成人教育、社会工作、青年法庭、儿童教养所、父母教育，无论它们是新的还是旧的制度，都是掌握在我们手中的工具……。宗派群体、社会群体、利益群体、职业群体及各个年龄的群体都会产生各种不同的价值观，而重要的是要通过合作和价值协调来弥补分歧。只有共同协议的价值政策才能达到这一境界，非此社会不能生存。"② 这里，曼海姆非常重视通过各种途径来重建人们的价值观念。

社会计划中的另一个重要问题是领导人的选举问题，这实质上是社会民主的核心问题。曼海姆主张，在未来的计划社会中，领导人选举不应当是随机的，而应当按照特定的规则、标准和程序来进行。他指出："在目前把一个以群体和个人竞争为特点的非计划社会改造成为一个有计划的社会的过程中，选择领袖的方式将日趋系统化。自由竞争不可能把合适的人物自然而然地推向领袖的地位，而科学的选择方式则可以使人们更严格地根据功绩和能力去挑选领袖。"③ 社会计划是由知识精英制定的，按照少数人的计划来组织与控制社会，这又涉及少数人的意志和广大社会成员的意愿之间的关系问题。曼海姆非常重视社会成员的意愿和选择，认为社会计划必须把社会成员的愿望与要求考虑在内，社会计划应当以社会成员的利益和意志为基础，而不应当把少数人的意志强加于社会。只有这样才能避免社会计划成为少数极权专制主义者统治社会的工具。

曼海姆的社会计划重建论很显然受到了马克思的影响。马克思的基本主张之一是社会生活应当被按照一定的计划组织起来，不应当像资本主义社会那样处于盲目的自发状态，否则，社会冲突将无休止地发生，最终将使社会崩溃于种种危机之中。然而，曼海姆未能有效地解决如何保证社会计划不被错误地制定与实施的问

---

① 科塞. 社会思想名家. 石人，译. 上海：上海人民出版社，2007：389.

② 科塞. 社会思想名家. 石人，译. 上海：上海人民出版社，2007：389.

③ 科塞. 社会思想名家. 石人，译. 上海：上海人民出版社，2007：389.

题。在现代社会中许多曾经引起人们兴奋的社会计划后来在实践中都未能行得通。

思考题

1. 怎样理解曼海姆关于意识形态本质的论述？
2. 如何理解曼海姆对政治意识形态的评述？
3. 怎样理解和评价曼海姆关于知识分子可以超越政治意识形态的观点？
4. 怎样理解曼海姆关于知识社会学的基本观点？其理论意义和局限性如何？
5. 评析曼海姆关于社会计划重建观点的意义与局限性。

推荐阅读书目

1. 科塞. 社会思想名家. 石人，译. 上海：上海人民出版社，2007：379－409.
2. 瑞泽尔. 古典社会学理论. 王建民，译. 北京：世界图书出版公司，2014：375－400.
3. 曼海姆. 意识形态与乌托邦. 黎鸣，李书崇，译. 北京：商务印书馆，2000.

第十六章
舒茨的现象学社会学

本章要点

本章考察了舒茨对现象学和解释学思想观点的继承与发挥，评述了舒茨现象学社会学关于社会行动的意义、生活世界与常人知识、主体间性、多重实在等的思想观点，并展望了现象学社会学未来的发展。

关键概念

现象学社会学；社会行动的意义；生活世界与常人知识；主体间性；多重实在

以舒茨为代表的现象学社会学既延续了传统社会学特别是韦伯解释社会学的一些基本原则，又体现出超越传统社会学、接受现象学和实用主义一些思想观点的崭新变化。现象学社会学的形成，在现代西方社会学向后现代西方社会学的发展过程中，具有承先启后的作用，预示了西方社会学在 20 世纪后期开始的当代西方社会学的理论革命。

一、舒茨与现象学社会学

舒茨（Alfred Schutz，1899—1959）是现象学社会学的创立者和主要代表人物，也是著名的哲学家、社会学家。1899 年，舒茨出生于奥地利维也纳的犹太人家庭。1917 年他高中毕业，应征入伍参加了第一次世界大战。1918 年第一次世界大战结束，他在同年年底进入维也纳大学学习法律。在大学期间，舒茨接受了奥地利经济学派的重要代表人物米塞斯（Ludwig Heinrich Edler von Mises）与维塞尔（Friedrich Freiherr von Wieser）等人的影响。米塞斯和维塞尔提出了经济学也是研究人类行为的科学的观点，主张运用先验的演绎的研究方法，用主观心理来解释价值等经济范畴，试图为人们的经济行动建立一个抽象的理论体系。在舒茨入学维也纳大学之前，韦伯曾到维也纳大学讲学，尽管舒茨没能直接聆听韦伯的讲学，但许多同学向他介绍了韦伯讲学的情况，他对韦伯的学术思想也做了很深入的研究。

大学毕业后，舒茨进入了维也纳一家有名的大银行，并负责该银行的国际业务，成为一名银行家。他在工作之余也进行学术研究，他参加了米塞斯主持的讨论小组，并成为其圈子中的重要成员，受到了米塞斯的亲自指导，而且与当时的很多经济学家、哲学家、社会学家结下了友谊。他还广泛收集和阅读韦伯的著作以及一些哲学著作。他对韦伯的社会科学方法论非常赞同，但又认为韦伯的解释社会学在概念上存在很多模糊之处，因此除了完成银行的工作外，深入研究韦伯的思想理论成为他的又一任务。舒茨大半生都过着一边从事银行工作、一边进行学术研究的“双重的生活”。

在1925—1927年期间，他在阅读柏格森关于意识哲学与内在时间的著作之后，思考并探讨了意义、行动、主体间性等概念，留下了大量的手稿。这些手稿后来以《生活形式与意义建构》(Life Forms and Meaning Structure) 为名出版。但当时他对此并不满意，自己没有发表这些著作。后来在考夫曼 (Fritz Kaufmann) 的鼓励下，他探讨了胡塞尔的现象学，认为对于深化解释社会学对于社会行动的意义的探讨，胡塞尔的现象学是最适合的工具。他由此撰写了《社会世界的意义构成》一书，并于1932年出版，此书后来的英文版书名改为《社会世界的现象学》(The Phenomenology of Social World)。此书出版后得到了胡塞尔的赞赏，胡塞尔想请舒茨做他的助手，舒茨由于某种原因没有接受这一邀请，但二者之间直接的学术思想交流却从此开始了。在这段时间里，他试图把现象学思想与米塞斯、哈耶克等人的思想统一起来，并撰写了关于社会世界中的人格方面的论文，强调了生活世界是社会各种领域的重要基础。

1938年法西斯德国吞并了奥地利，舒茨在帮助很多知识分子逃离奥地利的同时，自己也举家迁往法国。1939年随着法西斯德国的战争步伐逼近法国，舒茨全家又移居美国，从此在美国度过了他的后半生。

到美国后，舒茨一方面继续从事银行业，积极在美国为其原来的公司重新开展业务，帮助知识分子移民美国，支持美国政府参与第二次世界大战。同时他又广泛阅读了美国学者的哲学与社会学方面的著作，特别是对实用主义进行了深入的研究。他发现利用实用主义的经验一元论，可以摆脱胡塞尔现象学的唯我论与超验主体哲学的色彩，从而使他的分析社会世界的现象学发展为现象学社会学。渐渐地，舒茨成了北美现象学运动的关键人物。舒茨与他人一起创建了国际现象学协会，参加了该协会刊物《哲学与现象学研究》的编辑工作，并在上面发表了许多重要的社会学论文。

1943年起，舒茨成为纽约社会研究新学院 (The New School of Social Research) 的客座教授，在该校讲授社会行动理论、韦伯的社会学思想、知识社会学、日常生活的情景社会学、语言社会学等课程。他的许多重要思想都是在这些讲课过程中提出来然后发展成文的。1956年，舒茨终于辞去银行职务，成了这所学校的专职教授，并主持哲学系的工作。在此期间，他与很多学者如现象学家古尔维奇

(Aron Gurwitsch) 等人保持着通信往来，探讨学术问题。但由于长期以来银行事务与学术研究的紧张工作，被胡塞尔称为“白天是个银行家，晚上是个哲学家”的舒茨终因不堪两重生活的重压而病倒，并于1959年在纽约病逝，享年60岁。

舒茨去世后，其学生伯格与卢克曼等人对他的思想进行了重新表述，使其社会学的特点更加突出，从而扩大了现象学社会学的学术影响。他在各种杂志上发表的论文被编纂为四卷本的《文集》(Collected Papers) 出版。其中第一卷名为《社会实在问题》(The Problem of Social Reality)，由其学生纳坦森 (Maurice Natanson) 编纂；第二卷名为《社会理论研究》(Studies in Social Theory)，由其学生布尔德生 (Arvid Broderson) 编纂；第三卷名为《现象学的哲学研究》(Studies in Phenomenology Philosophy)，由其同事古尔维奇编纂；第四卷则由瓦格纳 (Helmut R. Wagner) 等人编纂。

二、现象学社会学的理论渊源

奥地利经济学派、韦伯的解释社会学、胡塞尔的现象学以及美国的实用主义，是现象学社会学的几个最重要的理论渊源。

奥地利经济学派

奥地利经济学派与古典经济学有很大的不同。后者主要研究物质财富的生产等，主张一种客观的价值论，认为经济价值有客观的标准。奥地利经济学派则主张主观价值论与先验范畴论，从主观心理的价值角度，来理解边际效用甚至所有类型的人的行动。它批评实证主义曲解了人类的基本经验，对人类历史产生了根本的误解，用适用于自然科学的认识论方法即主客二元对立的思维方式来分析人的行动，这是毫无意义的。

奥地利学派的经济学思想与韦伯主张的解释社会学具有很多相似之处，并由此成了舒茨理解韦伯社会学的桥梁之一。但是奥地利经济学派强调独特历史事件本身具有人的行动特征，可以用分析人的行动的理念类型来把握历史事件。这种理念类型是先验范畴，并且他们从这种先验范畴出发，逐渐剥离了历史事件的特殊性，分离出了人们不同的固定的行为范畴。[①] 因此，奥地利经济学派具有一种抽象演绎的特点，这实际上又是对古典经济学的研究范式的继承，也就是先假设出一套理论，并先验地将之用于经济行为的分析。这种做法与韦伯的历史主义的方法不同，韦伯关于行动的理想类型，本身是历史性的，他的目的是借用理想类型来研究历史个别的特殊性，分析社会行动者赋予事件的独特意义。

---

① 米塞斯．经济学的认识论问题．梁小民，译．北京：经济科学出版社，2001：16.

舒茨反对实证主义的做法，肯定韦伯的社会科学方法论，但是又不接受韦伯的极具历史主义色彩的做法，而更多接受了奥地利经济学派的观点，认为始终存在先于历史范畴的非时间性范畴，可以借用这些一般理念类型来理解历史。[①] 正是奥地利经济学派的这种观点，使舒茨在对韦伯的行动概念进行深入的分析时，进行了“去历史化”的处理。

韦伯的解释社会学

舒茨很早就对韦伯的著作怀有浓厚兴趣。韦伯的社会学与实证主义社会学不同，实证主义社会学深受近代自然科学的影响，把社会与自然相等同，将社会当作一个客观的整体来进行观察研究，并把发现所谓的社会规律作为研究的目的。而韦伯深受德国历史主义的影响，认为人与动物不同，社会与自然不同，没有客观的规律，自然科学的方法不能被用于研究社会，要正确认识社会，就必须采取理解与解释的方法，通过研究个体行动者的社会行动的意义来研究社会。他认为，所谓社会行动，就是指行动者主观上有目的，并且其行动指向他人，意义为他人所理解的行动。他从社会行动出发，研究社会关系、群体组织、制度与权力等等。他的社会学坚持一种方法论个体主义，把理解与解释结合起来了，注重对主观因素的研究。因此，韦伯的解释社会学与实证主义社会学的方法有着很大的区别。

舒茨认为，韦伯的方法是正确的。但是，舒茨同时又认为，韦伯关于行动意义的概念充满矛盾，对行动意义的理解存在很多不深入与模糊之处，舒茨对韦伯的理想类型的“极端历史主义”也不能接受。因此，舒茨最初的目的就是要为解释社会学建立一个意义理论的基础，并由此生发开来，创立了现象学社会学。由此可见，舒茨的现象学社会学发端于对韦伯的批判性发展。终其一生，韦伯的解释社会学都是舒茨社会学思考的出发点，舒茨的现象学社会学就是对韦伯解释社会学的进一步深化与发展。

胡塞尔的现象学

胡塞尔的现象学是精神现象学，虽然胡塞尔也把经验作为核心论题深入探究，但是他说的经验是意识层面的“直接经验”。现象学坚决反对实证主义仅仅客观描述经验事实，明确肯定主观意识对经验现象的构造作用。在胡塞尔看来，人们所经验的世界十分复杂，包括各种层次、区域、结构和关系，仅仅被动地、分析式地观察这些因素没有任何意义，只有通过意识的能动活动将经验现象的不同方面综合起来，经验世界才能向人们呈现出意义。实证主义忽视主观意识对经验现象的能动构造作用，仅仅强调被动的客观性观察、描述和统计，只能流于对经验现象的表层认识，导致理论思维的浅薄。

胡塞尔强调主观意识对经验现象的构造作用。他认为，意识的能动构造作用是

---

① 舒兹．社会世界的现象学．卢岚兰，译．台北：六大文化公司，桂冠图书公司，1991：英译序 xiii.

先于经验的，是那些特殊实体的经验得以统一的必要条件，是一切经验得以成立并具有意义的必要前提。由于意识的构造活动被认为是先验的，所以胡塞尔明确地把它称为“先验的主观性”或“先验的意识”。应当说，胡塞尔确实抓住了实证主义的要害，实证主义不仅以强调经验现象的客观自在性和排斥主观意识的能动作用而自鸣得意，而且也正是因为无法排除意识能动作用在经验现象中的实际存在，而不断陷入自相矛盾之中。然而，胡塞尔在反对实证主义这一片面性时却滑向了另一种片面性，他过度地强调意识对经验的主观能动作用，而轻视了经验现象的自存性和现实性，由此使自己的意识理论表现出了脱离实际的超验性。

胡塞尔的理论观点不仅在欧洲学术界产生了广泛影响，而且也受到了许多批判，很多人指责他脱离现实，具有神秘主义倾向。面对学术界的批评，胡塞尔调整了自己的理论观点，力图使自己的学说更加完善。特别是到了晚年，胡塞尔在对第一次世界大战和法西斯主义给人类带来沉重灾难的痛苦思考中，反省了自己追求纯粹科学的非现实性，认识到追求真理的理论思维应当关注现实，在真实的生活中寻找人类精神的家园，寻找哲学思考世界的原初根据。而这个家园和原初根据就是他所说的“生活世界”（life world）。

生活世界又被胡塞尔称为周围世界。这是一个人们自在地生活于其中的世界，是人以自主的地位、自主的意识和自主的选择，同其他具有同样自主性的人们交往的世界，因此，它展开的是人与人的主体间关系，而不是像在生产世界和科学世界中那样的人与物，人与征服对象、控制对象之间的主体与客体关系。这是一个原初的、未分化的世界，人们凭着对生活的直接感受，追求着直接的生活利益。这里虽然简单、平淡无奇，但却是人类生活的原初地，人性在这里直接地表现着和展开着，因此，人文社会科学研究应当从这里出发，以之为根据确立最基本的立场和原则。

虽然胡塞尔仍然在精神现象的意义上解释生活世界概念，常常把生活世界称之为“视界”，但是，他也指出生活世界是由人组成的社会共同体，是由不同的社会单位构成的，因此，生活世界也就是社会学视野里的社会世界。胡塞尔指出：“我们应该如何确定本质上原始的态度，即人类生存的基本历史样态呢？回答是：人在生殖的基础上自然而然地生活于共同体——在家庭、血统与民族之中，而这些共同体本身又被不同程度地细分为具体的社会单位。那么，自然水平上的生活就被刻画为一种朴素的直接生活，它沉浸在世界之中。在某种特定的意义上说，这个世界作为普遍的视界被意识到是持久在那儿的，但仅仅根据这个事实，它还不是作为主题的东西。”① 可见，生活世界并非仅仅被理解为精神指向和精神结构，胡塞尔也论及了它的社会存在形式。在这个意义上，现象学同社会学发生了视野重合。这也许是当代社会学不断同现象学对话，并接受了生活世界概念的一个重要原因。

不过，胡塞尔的生活世界概念同实证社会学的经验世界概念具有重要区别。虽

---

① 胡塞尔．现象学与哲学的危机．吕祥，译．北京：国际文化出版公司，1988：149.

然这两个概念指的都是我们生活于其中的周围世界，但是正如胡塞尔所言，这两个概念在现象学和实证社会学那里实质上是展开了两种精神结构。现象学的生活世界概念要求把周围世界当作人与人日常交往、共处的互为主体的世界，亦即从人的自在的、原初的本性去看待人、理解人和评价人；实证社会学的经验世界概念与现象学的生活世界概念正相反，它要求把人们的周围世界当作自然界，当作外在于个体意识的物的世界，亦即把人当作客观的物去看待，人的主体性在这个概念中都被抽象掉了。

因此，现象学和实证社会学分别在自己的理论视野中展开了周围世界或现实世界的不同层面，一个是在主体间关系中展开的日常生活世界，一个是在主客关系中展开的对象世界、客观世界，实质上是人们在科学和生产中所面对的世界。现象学和实证社会学都不仅要观察和理解这两个世界，而且要分别把它们作为自己的立足基础，并以之为根据确立思维方式、研究方式和价值追求。现象学以生活世界为基础，在互为主体的人际关系中去理解人生，实质是要用主体间性的思维方式取代实证主义乃至整个欧洲传统文化的主客二元对立的思维方式，它要求人们以主体间关系为根本、为前提去思考一切、透视一切，把在科学、生产、政治等等主题化领域中的原则和结果都移到生活世界中来衡量、检查和评价，也就是要用人的最基本的生活形式和生存本性来审视一切。

胡塞尔关于返回生活世界思考哲学与关于欧洲人的危机的主张，在海德格尔的《存在与时间》中得到了充分的展开。海德格尔把在日常生活中的人看作最基本的存在，人的基本存在的表现形式是烦、畏、恐惧、沉沦、领会等心理状态或心理活动，而这些基本的表现形式又是在对话、交谈、沟通等日常活动中发生的。从海德格尔论述的丰富内容可以清楚地看出，以日常生活世界为基础，在主体间关系中看到的人生现实，同实证主义在主客关系中看到的客观世界正好相反，是一个直接体验周围世界、理解内在世界的主观世界。也就是说，现象学从生活世界出发看到了一个主观的心理世界，而实证社会学则从它限定的经验世界出发看到了一个客观的物理世界。

实际上，主观的心理世界和客观的物理世界都是现实世界的不同层面，是从不同角度观察到的不同层面。这两个在现实中统一在一起的不同层面，本应都被纳入理论思维的视野之中，但是限于思维方式的片面性，它们在人们头脑里一直处于被分裂的境地。不过，当现象学和实证主义分别以对立的极端形式将这两个层面深入展开后，也就为人们在更高一个思维层次上将二者融合起来做了必要的准备。舒茨正是借用了胡塞尔的这种思想，深化了韦伯的行动理论。

主体间性思维方式要求人们以主体间的关系为根本、为前提去思考和透视一切，把科学、生产、政治等领域中的原则与结果都移到生活中来衡量、检视与评价。生活世界的提法具有重要意义。在生活世界中，人们的行动是通过主体之间的对话、交谈等沟通活动来实现的，人们的心理世界得以在主体性的交往中体现出来，并为人们所认识。这样通过日常生活世界的主体间性交往，人们可以彼此理解对方的行动的意义，舒茨正是在这种观点的基础上发展出他的现象学社会学的。

美国的实用主义

除了奥地利经济学派的认识论与方法论、韦伯的解释社会学、胡塞尔的现象学外，舒茨到美国后，又接触到了美国的实用主义，其彻底的经验主义对舒茨产生了很大影响。

在19世纪后期兴起的哲学思潮中，对经验事实思考最深入、最丰富的莫过于以皮尔士（Charles Sanders Peirce，1839—1914）、詹姆斯（William James，1842—1910）和杜威（John Dewey，1859—1952）等人为代表的实用主义。在美国兴起的实用主义同实证主义有着密切的联系，皮尔士作为实用主义的创始人，曾把实用主义归结为实证主义，他说，如果要承认实用主义，那么“哲学所剩下的将是一系列可以用真正的科学观察方法来研究的问题……从这方面说，实效主义是一种真正的实证主义”①。可见，实用主义在创立之初受到的实证主义的影响是不可低估的。正是接受了从经验事实出发这个基本主张，实用主义才在经验中发现了行动与效用的真实意义，并以之为根据确立了实用主义的基本观点。

美国哲学家M. 怀特曾对皮尔士的实用主义哲学做出了如下概括：“皮尔士所提出的学说，是由三个主要原素合成的，对此我们应当分别指出。首先是它的假设主义，这就是说，它坚持我们应先将单称陈述翻译成假设的形式，然后才能发现其实用主义的意义。其次，是它的动作主义，或者说，强调在‘假如’的句子中，要提到人的一项动作，提到实验者所做的某种事情。第三，是它的实验主义，或者说，强调在‘那么’的句子中，要提到实验者在试验条件安排之后，所经验到或者观察到的某种事情。”② 如果怀特的这三点概括是准确的话，那么可以看出：实用主义同实证主义如出一辙。把单称陈述翻译成假设，就是要求在特定的条件限制中来观察经验事实，并且要研究某种条件的存在将会引起何种后果；所谓“动作主义”即同社会学的行动理论直接联系，亦即在人们的社会行动中把握经验现象；实验主义亦即对经验过程及其存在条件的强调。这些原则都是实证主义者们早已注意并有许多论述的。就实用主义同实证主义的这种联系而言，以反对传统形而上学为起点的实证主义社会学，在19世纪后期又引起了新的形而上学思考，这种新的形而上学在实证主义社会学的兴奋点上引发了一场思维方式的革命。

皮尔士等实用主义者接受了经验论主张，但是没有就此止步，而是要在经验原则基础上建立一种“科学的形而上学”。皮尔士说：“实效主义者不像其他真正的实证主义者一样仅仅嘲笑形而上学……而是从中吸取精华，用来给宇宙论和物理学以生命和光辉。”③ 正是因为实用主义没有简单地嘲笑传统形而上学，对传统形而上学

① 全增嘏．西方哲学史：下卷．上海：上海人民出版社，1985：547.

② 怀特．分析的时代．杜任之，译．北京：商务印书馆，1981：140.

③ 全增嘏．西方哲学史：下卷．上海：上海人民出版社，1985：548.

的思维方式进行了批判性思考，才使它有能力对理论思维做出具有革命意义的贡献。这种贡献在詹姆斯那里得到了集中的体现。

詹姆斯是一位“彻底的经验主义者”，他对彻底经验主义做出如下解释：“我的论点是：如果我们首先假定世界上只有一种原始素材或质料，一切事物都由这种素材构成，如果我们把这种素材叫做‘纯粹经验’，那么我们就不难把认识作用解释为纯粹经验各个组成部分相互之间可以发生的一种特殊关系，这种关系本身就是纯粹经验的一部分，它的一端变成知识的主体或负担者、知者，另一端变成所知的客体。”[①] 这是实用主义在向主客二元对立的传统形而上学思维方式宣战，在詹姆斯看来，不仅唯物主义把世界本原看成是客观的物质是错误的，而且唯心主义把世界本原解释成主观的（或客观的）精神也是错误的，世界最基本的或原始的元素既不是物质也不是精神，而是把二者统一起来的纯粹经验。“同一段‘纯粹经验’……既可以代表一个‘意识事实’，又可以代表一个物理实在，就看它是在哪一种结构里。”[②]

暂且不论詹姆斯的纯粹经验论是否有主观唯心主义倾向，仅就他把经验主要看作行动和效果而言，他说的经验同17世纪的经验论和19世纪的实证主义所说的经验并无本质区别，是指人们的社会行动或社会实践过程。当詹姆斯做出了经验是主观和客观的统一，是派生二者的最初元素时，他是从行动或实践的结果看待经验的实质的，这与他的实用主义方法论完全一致，他说：“实用主义的方法，不是什么特别的结果，只不过是一种确定方向的态度。这个态度不是去看最先的事物、原则、‘范畴’和假定是必须的东西，而是去看最后的事物、收获、效果和事实。”[③] 这就说，实用主义的视点不是在现实事物的本原而是在现实事物本身。

“最后的事物、收获、效果和事实”，实质就是人们通过经验活动构成或创造的现实世界，实用主义的视野不去光顾这个现实世界之外的终极本质和万物之原。彻底突破本体论或本原论追求，直接面对人们经验活动的现实世界——实用主义在这一点上超越了经验论和实证论。17世纪的经验论和19世纪的实证论，在谈及经验的时候，限于二元论的思维方式，往往热衷于坚持世界的物质性、感觉经验的原初真实性、经验过程的客观必然联系和经验现象的外在规定性等等，实质上都是二元本体论思维方式的结果。

实用主义实现了关于经验过程的视角转换，从本体论和二元论的视角转向了效果论或结果论的视角，这不仅使实用主义站在直接现实的经验过程之上，明确了超越主客二元论思维方式的现实基础，而且还使实用主义看到了一个丰富的、真正可以被称为整体的经验世界，不仅主体和客体、物质和意识这个世界里是统一的，而且事实与价值，知识与信念，真理与意义，对象、过程和感受等等原来在传统形而上学和实证主义思维方式中被对立起来或分离开来的因素，都被融为一体了。

---

① 詹姆斯．实用主义．陈羽纶，孙瑞禾，译．北京：商务印书馆，1979：159．
② 全增嘏．西方哲学史：下卷．上海：上海人民出版社，1985：557．
③ 詹姆斯．实用主义．陈羽纶，孙瑞禾，译．北京：商务印书馆，1979：31．

杜威的经验概念的外延十分丰富，他认为自己的经验观真正超越了统治欧洲两千多年的主客二元论思维方式，是哲学史上的一场“哥白尼式的革命”。他的经验概念包括了两个方面：一方面是人们经验的事物，是作为经验对象的，人们做的、遭遇的、追求的、爱的和信仰的各种事物；另一方面是人们接触这些对象或这些事物的过程。这两方面统一起来就是完整的经验活动。在杜威看来，如此看待经验活动，并把它作为人们认识世界、介入世界的立足点，就不会再有经验与自然、主观与客观、精神与物质等等因素在存在论上的区别，而只能有在机能论上的区别，亦即这些原来被对立起来的方面都不能单独地存在，它们是一个统一的整体，只能作为统一整体中的不同因素而存在，它们的区别仅仅在于它们处于整体中时具有不同的机能。

实用主义的经验观受到了许多批判，但是无论是来自哪方面的批判，往往都是在传统的二元论思维方式中进行的，这正说明把经验看作一元的整体过程是对传统思维方式提出的尖锐挑战。如果把实用主义的经验观同实证主义的经验观加以对比，可以清楚地看到，实证主义虽然也认为从经验事实出发将与形而上学划清界限，并引起精神领域的革命，但是由于实证主义没有认识到形而上学主客观对立思维方式的实质，以致未能自觉地立足经验事实而改变思维方式，因而不具有革命意义。相反，实用主义并未主张抛弃形而上学，而是抓住了形而上学思维方式中主客二元对立这个根本问题，依据经验事实的综合性或整体性，自觉地提出了超越主客二元对立思维方式的任务，不论它是否完成了这个任务，它能明确地将之作为一个根本性问题提出来，就已经表现出了十分重要的革命意义。

总之，现象学社会学以韦伯的解释社会学为基础，以韦伯开创的理解行动的意义为核心问题，并借用胡塞尔的现象学的抽象经验论、奥地利学派的经济学先验论与去历史倾向、实用主义的经验一元论与社会整体论，对社会行动、生活世界、主体间性等问题进行了系统的分析，使社会学对社会的研究发生了新的转向。

三、现象学社会学理论概要

现象学社会学的内容主要包括社会世界的意义构成（即对社会行动的意义的理解）、生活世界与常人知识等几个密切相关的部分。

社会行动的意义问题

《社会世界的现象学》是舒茨的成名作，也是舒茨最主要的著作。尽管舒茨的思想在该书出版后有了深化与发展，但他的基本观点都体现在了这本著作中。在这本书中，舒茨探讨了社会学的性质与方法论问题，并评述了韦伯所处时代的德国学者对这些问题的种种看法，分析了韦伯在《经济与社会》中的方法论的基本概念，他同意韦伯关于社会科学研究价值中立与科学的相对独立性的思想，赞同韦伯的方法论个体主义，反对把社会科学降低为自然科学，认为“理想类型”的方法是理解社会现象的适当方法。

韦伯认为，社会关系、社会结构、社会组织以及客观精神等等都是在个体行动的基础上形成的，所有这些社会现象都具有它们的意义，它们的意义都是由行动者赋予的。所以只有了解个体的行动，才能掌握各种社会关系与结构的意义，社会科学本质上所关注的就是这种社会行动，社会学就是一门对社会行动进行解释性理解，并对其行动过程及后果进行因果说明的科学。那么如何才能认识这种社会行动呢？实证主义社会学把人们的行动当成一种客观现象，仅仅通过研究者的观察、对行动的相关资料进行统计分析这种经验主义方法，达不到对行动的正确认识。韦伯认为，必须借助特殊的方法，即必须采取方法论的个人主义，通过移情等方式才能理解他人的行动。韦伯认为行动就是被赋予了主观意义的行为。一种社会行动就是行动者通过将主观意义赋予行为，并考虑到了他人的行为。因此，意义就是社会学在考察社会行动时的着手点。

韦伯把意义区分为主观意义与客观意义。主观意义是一个行动相对于行动者而言的意义，客观意义则是一个行动相对于观察者而言的意义。韦伯认为，观察者可以通过两种方式把握一个行动的意义。一种是借助直接观察而进行理解，另一种是通过考察行动者的动机而进行说明性理解。韦伯认为，上述有关行动、意义、理解的理论可以为解释社会学提供一个牢固的方法论基础。

但舒茨认为，这个方法论基础是不牢固的，其中的主要概念是很模糊的，必须进一步厘清。第一，韦伯认为社会行动的关键是行动者与他人之间的关系，但我们可以根据行动者与他人关系的强度程度不同，区分出从完全不考虑他人，到以对他人的行动意义的理解为基础而产生的行为，因而行动的意义就具有了多种含义。因此，韦伯没有充分考虑行动者与他人的关系对社会行动的意义产生的复杂影响。第二，韦伯在分析主观意义与客观意义时，只是把它们看成是从不同角度出发理解的意义，而没有意识到他们之间的真正区别。第三，韦伯关于观察式理解与动机式理解的区分是无意义的，这种区分并不能帮助人们真正理解行动的意义。第四，韦伯对行动动机的论述，没有认识到动机有两种含义，动机既可以指一个人努力实现的目标，也可以指行动的原因，因此动机有目的动机与原因动机之分。第五，韦伯没有指出行动的核心特征。舒茨认为行动的核心特征是筹划（project），正是通过筹划，行动者将其行动的意义指向他人，对他人产生影响。而韦伯所说的以他人为指向的行动，并不一定会影响到他人，因此我们必须从社会影响的角度，而不是仅仅从“以他人为取向”的角度来分析社会行动。对于这些问题，舒茨进行了深入的思考。

舒茨首先对行动的意义进行了探讨。他认为，行动的主观意义与客观意义涉及的是完全不同的两个问题。主观意义是“我”（行动者）如何确定意义的问题，客观意义是“我”与他人如何建立主体间性的意义问题。主观意义涉及的主要是时间问题，也就是行动者自己的意识流问题；客观意义涉及的主要是观察者与行动者之间的符号与沟通问题。

舒茨认为行动与行为是不同的。行动（action）是一种正在进行和发生的过程，也是一个意识过程，具有时间性。行为（act）则是已经完成的、空间化了的行事状态，是已经完成的行动。他借用柏格森的哲学思想指出，当“我”处在行动的状态时，“我”就处于一种绵延的时间流中，不能发现任何清晰的、可相互分辨的经验。而当“我”意识到这一绵延的时间流，这种意识本身就会使“我”脱离时间流，使我借助对时间的回溯，通过反思，关注“我”的体验、选择，并勾画经验，从而使持续的意识流转化为冻结的、空间化的完成状态，使行动构成行为，最后从中构成行动的意义。

通过意识的反思而建构的意义，并不是孤立的东西，意识关注会从绵延的时间流中挑选出若干经验，并进一步构成一个综合体，这种综合体实际上就是意义结构。这种意义结构不断积累，就组成了我的“手头库存知识”（stock of knowledge at hand），有了这些知识，处于日常生活中的行动者可以把过去的经验进行有序安排，形成一种经验图式，并凭着这些经验图式而赋予行动以意义，这种经验图式也就是日常生活中的行动者的解释图式。

在此基础上，舒茨对行动的主观意义与客观意义、观察式理解与动机性理解进行了区分，并引入了胡塞尔现象学的一个重要概念——主体间性。他认为，韦伯之所以没有进行像他这样的区分，原因之一是韦伯没有认识到每个人的意识流、每个人的行动的主观意义，在本质上他人是无法进入的，因为要理解这种意义就必须与他人一样处于他生活的意义流中，去对他的经验赋予意义，但这是不可能的。因此，仅仅通过观察与移情是不可能真正理解他人行动的意义的。行动者的行动的意义，是行动者主观内部的意义，与作为解释者赋予行动者的行动的意义是不可能完全相同的，行动者的行动的意义相对于解释者来说，则是一种客观存在的意义。

自我的意义确立过程，与对他人的经验的理解涉及的是两种完全不同的经验与解释图式。“我”对他人的行动的理解只有在日常生活中，通过主体间的交流、沟通才能实现。他认为，只有在主体间性（inter-subjectivity）的关系中才能理解他人行动的意义。对主体间性的理解涉及两种情况，一种是没有沟通意图的理解，一种是具有沟通意图、使用符号进行的理解。但不管通过沟通还是不通过沟通，获得的意义都处于纯粹的客观意义与绝对的主观意义之间。因为一方面我们不可能完全达到对行动者的主观意义的同等理解，另一方面我们也不可能通过客观意义对行动达到真正的理解，只有触及他人的主体经验的意义理解才是真正的理解。我们只有在主体间关系中才能实现这一点。

到美国后，舒茨对主体间性的理解日益深入。对于具有常识的人来说，关于其他人的心灵的知识如何可能的哲学问题，根本不会被作为一个正式问题提出来，日常生活中人们也不会提出这种问题。主体间性作为我们世界所具有的明显属性被认为是理所当然的，我们的世界是常识的潜在类型化。舒茨关于主体间性的研究，是通过描述分析常识世界的各种类型化进行的。如果我们把我们的身体作为我们描绘“我”的世界的原点，我的身体是一种此在，而同伴的身体则是一种彼在，而“我”改变“我”的位置，从此在移动到彼在，彼在也就成为一种此在，“我”就可以从彼在观察“我”从此在出发所察觉的同样的事物。这样，人类经验的各种客体和事件就是共通的，对于所有正常的观察者而言都是相同的，因此在日常生活中，从主体间性的角度，我们就可能理解他人的行动的意义。实际上，行动者所经验的外部世界，除了物理客体、同伴之外，也还有一种“变形的自我”，主体间性所说的主体，就包括了自我的各种变形：同伴、前辈以及后来人。这样，主体间性理解就在时空中得以扩展开来，形成了各种“视界”[①]。

由此可见，舒茨对韦伯解释社会学的行动理论进行了重要的完善和深化，从而为解释社会学提供了更加坚实的基础。在这个过程中，舒茨把日常生活世界、主体间性、手头库存知识等概念引入社会学中，结合奥地利经济学派的去历史主张与胡塞尔对生活世界的探讨，得出了与韦伯社会学不尽相同的理论结论，使自己的思想逐渐突破了韦伯的宏观框架，创立了现象学社会学。下面主要简单介绍舒茨关于生活世界、主体间性、多重实在与知识社会学的理论。

生活世界与常人知识

舒茨的生活世界概念来自胡塞尔，他晚年也主要把生活世界作为思考的主要着眼点，研究人们生活世界的基本结构，并且他的研究风格也从哲学思考转向社会学分析。[②]

在《社会世界的现象学》一书中，“生活世界”与“社会世界”这两个概念往往是等同的，是一对可以互换的概念，指的都是一种具体的社会实在。后来，舒茨认识到胡塞尔的社会世界概念与生活世界概念是有区别的。胡塞尔的社会世界指的是远离日常生活的社会现象，包括科学世界与生产世界，具有超验性，而生活世界则是常人世界，是常人的生活世界。生活世界是一种人们所经验的主体间性世界。[③]自然态度与主体间性及其它们之间的紧密关系是日常生活世界的重要特征。在这个世界中，人们持有一种自然态度，即我们把我们所生活的世界视为当然，相信它在自己出生以前预先就是存在的，具有自己的历史，并且是以一种有组织的方式呈现在人们的面前的。这种生活世界因此也是“前科学”“前假设”的世界。

生产世界与科学世界都不同于生活世界，它们是以生活世界为基础的，但同时又参与构成了这个生活世界。主体间性则涉及人们在日常生活世界中彼此交往、相互理解的问题。在生活世界中，尽管每个人在空间和时间上都占据了一个独特的位置，并因此具有了独特的视角，但自然态度使我们相信人们的立场可以相互交换，

---

① 许茨．社会实在问题．霍桂恒，索昕，译．北京：华夏出版社，2001：3-14.

② 杨善华．当代西方社会学理论．北京：北京大学出版社，1999：16-34.

③ 许茨．社会实在问题．霍桂恒，索昕，译．北京：华夏出版社，2001：4.

我们进行各种行动，我们对他人的行动也做出反应，我们可以设身处地站在对方的立场上考虑问题。那么我们在日常生活中是如何理解他人的行动的呢？答案是我们是通过潜在的类型化看这个世界，在这个世界中活动，并解释这个世界。而类型化又是在生平情景中实现的。

生活世界也是一种常识世界；我们在日常生活中依靠常识而行动，这种常识以一种特殊的类型化机制发生作用，这种类型化的依据就是"生平情景"。我们从父母把我们生下来的那一天起，就处在成年人的哺育之下，在这个过程中，我们获得了各种各样的经验片段，在生活的每一个阶段都会获得各种经验，这些经验，影响到我们的欲望、抱负、信仰、世界观等等，并对我们在解释、理解我们遇到的东西时产生影响，从而形成常识。常识是一种具有普遍有效性的历史形式和文化形式。但这种常识又取决于拥有这种常识的人在他的生平中，也就是在具体存在的过程中积累起来的经验。因此生平情景对我们的行动领域以及我们对行动的理解、控制起着重要的限定作用。人们在具体生活过程中积累起来的生活经验，是我们解释日常生活中他人行动的重要前提条件。

生平情景的特征主要是，在个体生活的任何时候，个体都具有一种手头库存知识。手头库存知识是普通人在主体间性的世界中逐渐积累和形成的，生活世界的时间结构是理解手头库存知识的关键，涉及社会行动的意义确立和意义解释过程的内在时间问题，也涉及一个普通人的生活历史，也就是生平情境。一个行动者所在的一个情境不仅仅是现在或此时此刻，也是历史性的。一个人进入的情境与他以往的主观经验的积淀是不可分的，正是这些以往的主观经验构成了一个普通人面对情境时可以利用的手头库存知识。

舒茨对陌生人的分析可以很好地说明生平情景问题。当一个农民的儿子考上大学进入城市，或者一个波兰人移民到美国，他会力图使自己为这个群体所接受，或至少是被容忍。这个农民的儿子或者移民就是陌生人，为什么当他们面对陌生情境、群体时，有时会难以融入其中，甚至会被这个群体排斥，经历种种文化震荡或危机呢？原因在于，对于这个新的群体与情境，这些陌生人是一些没有过去的人，他的生活历史是在这个情境与群体之外形成的，这个情境与群体的文化模式的核心部分并没有成为他的生平情景的有机组成部分，手头库存知识在处理新情境、新的群体关系时失去了作用。因此，他会觉得对新情境与群体难以理解和确定，从而会与这种情境与群体保持距离，也就是不能持有一种日常生活世界的自然态度。

因此我们可看出，手头库存知识是日常生活世界的自然态度的基础，其特点与科学知识不同。手头库存知识是模糊的、不连贯的，但对于普通人来说，这种知识并不需要建立具有逻辑完备性、一致性的无矛盾体系。他们用这些知识可以解决具体的日常生活中的问题，是一种习惯性知识。常人知识包括如下假设：社会生活会一如既往，同样的问题可以用同样的方式来解决；我们可以依靠前人留下的知识；日常生活中我们对于遇到的各种事物，只需了解有关的某些知识即可；我们使用的手头知识，能为我的同伴共同接受和使用。

总之，手头库存知识是一种可以随时随心地使用的知识，在日常事件的发展中产生的成千上万的具体情景，都可以通过这种个体的随时可用的知识储备来理解、解释。当手头库存知识的这些特点面临挑战，手头库存知识不能发挥作用的时候，危机就会产生，想当然的自然态度就会成为问题，并动摇整个世界的实在感。

手头库存知识在日常生活中的作用主要是通过类型化与关联性来实现的。手头库存知识是对生活世界的各种情况的类型化的结果。在日常生活中，我们总是会不断遇到重复发生的大体相同的情况，如我们不断看到很多少女很喜欢小孩，于是就把这种情况类型化并推而广之，认为无论过去、现在、将来，还是此地、他处都是这种情况——少女喜欢小孩。当某一天我们遇见一个少女对一个陌生的小孩很友好时，我们不会感到惊诧，而是根据上述手头的类型化知识，把它视为当然。我们对于有生命、无生命的东西都会产生这样一种类型化。因此，普通人在日常生活中总是将一些情境标准化与类型化，变成一种例行的情况，然后在遇到新情况时，总是把它归于不同的相应的类型，使它与某种类型发生关联，并用手头库存知识来应对。

类型化过程主要有如下几种特征，一是手头库存知识不是一种科学知识，不具有科学知识那样的体系结构，而是由一些不同类型的情境性的办法组成，手头库存知识一般具有“如果情况是这样的，那么我就采取这样的行动”的假设形式；二是我们对遇到的情境进行类型化的程度与这种情境在社会世界的匿名化结构中的位置有关，其匿名性越强，我们就越会更多采用类型化知识，而在越直接的场合，我们就越有可能突破类型化知识，而利用面对面的直接知识；三是我们运用类型化知识的方式是习惯性的，而不是深思熟虑的，但我们应用它时却可以得心应手。

舒茨探讨的与手头库存知识相关的另一个问题就是关联性问题（relevance）。他通过对胡塞尔、莱布尼茨、古希腊怀疑论哲学与古尔维奇的格式塔心理学的研究，指出在生活世界中，情境的构成，获取和运用知识，手头库存知识与具体情境之间的联系都受到关联性的限制。所谓关联，就是指在一个情境中，什么问题会成为“我”关注的焦点、考虑的主题，“我”会对什么问题感兴趣。他认为在日常生活中，所有经验与行动都是以关联性结构为基础的。如果说科学家是将他们的知识组成科学体系的话，普通人则是根据关联性来组织自己的手头库存知识的。舒茨从关联性的角度出发，重新思考了其早期分析的意义确立过程中所反思和关注的问题，并赋予其一种知识社会学的动态趋向。

在日常生活中，关联主要涉及三个方面，舒茨称之为三个关联系统，即主题关联、动机关联、解释关联。我们的手头库存知识的主要特征虽然是想当然的，不容置疑的，但有些事态，却不是以往常曾出现的形态出现，而是出乎我们的意料，从而出现新的非类型化的情况。舒茨认为，恰恰是这种“不是这样，却是另一个样子”的情况产生了陌生的经验。但是在一般情况下，面对变动不居的社会世界，行动者往往会将其转化为典型情况来处理。因此，一方面，只有当行动者确实关注某种变化时，新的事件的非类型性才会显现出来，事件的新颖性取决于行动者的主题关联系统；另一方面，事件的新颖性也取决于行动者本人的解释关联系统对这一事件的处理。

行动之所以会对某些新的问题感兴趣并对它进行独特的解释，又往往取决于他的动机关联系统，而这种关联系统又是由其基本焦虑（即担心不能生存或是不能获得自由）与生平情景决定的。人们之所以对某些事件感兴趣而对其他事件视而不见，则是由这一关联系统造成的。行动者一旦对新颖事件进一步关注、解释，它就会成为行动者新的主题关联，进一步改变原来的动机关联系统与解释关联系统。因此，这三个关联系统彼此之间是相互影响、相互作用的。舒茨对关联系统的分析是对韦伯的价值关联思想的进一步延伸，这也发展为生活世界中的一个重要行动机制。

舒茨还对日常生活世界的日常知识与科学知识之间的关系进行了具体的分析。舒茨认为，在日常生活世界中，人们对一些问题的思考认识，总是要出于实践的目的，但是在科学世界中，思想活动则可以完全不具有任何实践目的，而只是观察与理解世界。科学世界中的科学家采取的是一种与日常生活不同的认知风格，他们会跃迁到一个与日常生活这种最高至尊实在不同的实在秩序中，成为一种超然的观察者，并采取科学特有的悬置方法，即把科学家作为一个普通人而具有的主观性、在生活世界中的取向系统和基本焦虑以及引发的关联系统放置一边，对社会进行科学论述。不过这种观察与论述不是像自然科学那样，没有意义的关联，社会科学对日常生活世界的观察论述是以普通人对日常生活世界的构造为基础的，是以普通人的知识积累、常识构造为基础的。

因此，普通人对社会世界的构造是一种一阶构造，而社会学家对社会世界的构造则是一种二阶构造。尽管二阶构造是社会学家的构造，但也必须把日常生活中普通人的行动作为理解的对象，并构造与常识构造相一贯的科学模式。社会科学家的构造体系与普通人的常识构造不同的是，科学知识必须在逻辑上具有一贯性、高度的清晰性，必须合乎形式逻辑的原理，并以此保证其客观性；社会科学家构造出来的各种体系也必须具有相容性，从而形成统一的科学知识体系。总之科学家关于社会世界的知识具有价值关联性、对象适当性、逻辑一致性与体系系统性，具有解释性与科学性的特征。

舒茨的生平情景与手头库存知识的思想大大地发展了舍勒、曼海姆以来的知识社会学。但就现象学社会学体系而言，我们了解了个体手头库存知识，还只是了解了这个体系的一半。在上面的论述中，个体是以其自身为原点而拓展出他的经验世界的。但是实际上，在日常生活中，总是有不同的个体，也就有着以不同的原点为中心的个体经验世界。日常生活世界中不同的个体又是如何相互理解的呢？舒茨认为，个体是一种社会的存在，根植于各个主体之间的关系中。日常世界是一个主体间性的世界，这是故事的另一半。①

① 许茨．社会实在问题．霍桂恒，索昕，译．北京：华夏出版社，2001：8.

主体间性

在日常生活中，尽管每个人在空间和时间上都占据了一个独特的位置，并因此具有了独特的视角，形成了独特的经验结构，但自然态度使我们相信可以相互交换，我们可以设身处地站在他人的立场上考虑问题，因为在社会世界中根本的公理就是，他人和我们是一样的。生活世界的结构性体现在不同视角的人能够相互理解，行动的意义通过与特定的社会场景的制度化联系，使每一个人的社会行动都是可以被理解的。

每一个正常的成人都会根据日常生活原则来理解他人的存在，而这些被普通人想当然地接受的自然态度包括：他人是具体肉体的存在；他人的身体具有和我自身在本质上一样的意识；外在世界中的事物对于我们来说是同质的，意义也基本相同；“我”可以与他们打交道，并相互采取行动；“我”可以使自己为他人所理解；一个已经层化的社会文化世界是作为一个参照框架被预先给予的，这种给予方式使普通人想当然地视其为“自然世界”；因此，“我”发现“我”自己置身的情景只有一小部分是“我”个人创造的。普通人正是依据这些自然态度，才与他人在主体间性的基础上形成与发展社会交往，并在这种交往的基础上形成社会关系及整个社会结构的。

我们只有在主体间关系中，才能理解他人的行动的主观意义，理解、体会他人的行动的意义构成过程，并尽可能发现其行动所涉及的各种经验的构成。我们在理解行动的客观意义时，面对的是一种观念类型。因此，在理解主观意义时，我们与他人处于一个直接的经验的世界中；而在理解客观意义时，我们则是在一个匿名世界中，不与行动者直接接触。舒茨据此将生活世界描绘成一个具有不同层次结构的主体间性世界。① 这个主体间性世界主要有以下三个部分：

一是直接经验的同伴世界。直接经验的世界的核心是面对面的情况，在这种情况中，空间与时间在本质上具有直接性，参与互动的人会有意识地考虑面对他的人。这种针对他人的态度，舒茨称之为“你们取向”。在这种取向中形成的关系，就是“你们关系”，“我”把“你”当成一个具体的人来看待。如果在这种直接面对面的关系中，每个参与者彼此相互察觉，并抱着同情态度参与他人的生活，就会形成“我们的关系”。在“我们的关系”的范围内，“我们”在一个特定的时刻，以具体的方式获得“你”的经验，“我”实际上处于“我们”共同的意识流中，共同经历意义的构造过程，并不把“你”作为一个对象来看待。“我们的关系”是所有关系的原型，直接经验是其他层次的世界的基础。

二是间接经验的同辈人世界。一旦我们从直接经验过渡到间接的社会经验，他人的鲜活性就会降低。与直接经验的世界的时空直接性相对，这种情况下时空是间接的，形成的是“他们的关系”，“他们”与“我们”形成的是一种非直接接触的同

---

① 许茨．社会实在问题．霍桂恒，索昕，译．北京：华夏出版社，2001：10.

辈人世界。这种由于间接关系构成的同时代人的社会世界又可以分为很多不同的层次。同时代人之间的社会关系是以他群取向为基础的，“我”的同时代人是指“我”知道在时间方面，“他”和“我”同时存在，但“我”并未直接经验到“他”。这种知识总是间接的与非个人的。

如果“我”不能称呼“我”的同时代人为“你”，“我”无法直接理解“你”的存在，那么只能借助过去的经验，通过他人获得的知识与阅读等间接方式来理解。他人与“我”不在一个同一的具体时空中，“我”不能直接察觉你的意识流，“我”对行动者的认识是一种推论与推演，它本质上并未涉及个人，“我”实际上是借助于各种理念类型来理解他人的，把他们看作匿名的过程。而这种类型化的解释图式，构成了“我”的手头库存知识的重要内容。所谓行动的理念类型，是对个人及行动过程的类型化。因此，同代人的世界与直接经验世界是不同的，在前辈人世界中，“我”不接触真实的他人。我们所处理的是一种理念类型。

三是间接经验的前人世界。前人世界存在于“我”出生之前，是一个已经结束并成为过去的世界。前人之间的关系已经是一种固定了的关系，因为他们已经成为过去，在理解他们的行动的意义的时候，“我”不可能影响前人，只有前人能够影响“我”。前人与“我”的社会关系，最后是“我”自己的单向的“他人取向”。当“我”经验前人时，那些经验属于我的记忆范围之外。但是，他人过去的直接或间接经验，对于“我”来说，虽然属于前人世界，但在“我”的理解之下，它们皆有如“我”自己的过去社会经验，“我”可以通过别人的讲述和前人的遗迹来认识前人世界。

除了上述三种情况以外，还有间接经验的后人世界等。总之，舒茨对生活世界的划分，是以主体间的匿名性程度与理想类型的具体性程度，以及主体间空间横向与时间纵向的关系为标准的。从中我们可能看到，生活世界是一个从时空直接性逐渐过渡到不具备这种直接性的世界。我们就是在这样的生活世界中行动，理解他人行动的意义，并在此基础上又形成和影响这样的社会结构的。

多重实在（reality）问题

舒茨在晚年把欧洲的思想传统与美国实用主义哲学、社会学联系起来，从社会实在的角度全面阐述了生活世界的结构，也是对上述日常生活世界的主体间性经验结构世界思想的进一步深化。舒茨对社会实在的分析首先是从对詹姆斯的思想的分析开始的。詹姆斯认为，有形的事物、科学、宗教甚至疯狂与异想天开都是实在世界的构成部分，是一个次级宇宙。如果我们根据每一个次级宇宙自身的方式去注意这个构成部分的时候，它都是真实的。问题是这些次级宇宙之间是如何联系起来的，个体是如何生存在所有这些次级宇宙或者其中一个次级宇宙中的？[1]

舒茨等人认为，詹姆斯所说的各种次级宇宙实际上是一种本体论结构，从现象学的角度来理解，这些次级宇宙应是一些有限的意义域。因为构成实在的不是各种

---

① 许茨．社会实在问题．霍桂恒，索昕，译．北京：华夏出版社，2001：20.

客体，而是我们的各种经验意义。因此，舒茨明确指出，生活世界不仅包括日常实在，也包括许多其他世界，如幻想世界、梦的世界等，这些有限的意义域都延伸到了日常生活世界，但与日常生活世界有区别。日常生活世界是经验实在的原型，其他有限的意义域都是它的变体。在不同的意义域中，有着不同的认知风格，我们不能从一个有限的意义域顺利地跳到另一个意义域，只能通过“跃迁”的方式才有可能实现，如上床睡觉就是从清醒的意义域跃迁到梦的世界，而看戏则是从日常生活世界跃迁到虚构戏剧之中。

这些不同的意义域的地位也是不同的，其中日常生活世界的实在具有至高无上的地位，是“最高实在”或“至尊实在”，是生活世界的中心，其他意义域都是一种准实在，都可以被看作是这个基本实在的变体。一个正常的成人，必须对不同的实在区域赋予不同的实在色调或者说实在感。对于一个具有自然态度的普通人来说，日常生活的实在感首先体现在日常生活这个至尊实在中，体现在直接可以被触及的那部分生活区域中。

在“我”所在的生活世界中，“我”的身体位置始终是各种行动的坐标系统之原点，此时此刻是所有时间的源头，在可以被触及的时空区域中，“我”可以通过直接行动来影响、改变的部分，就是“我”的操作区域，它构成了全部实在的核心部分，只有对这个区域的物体的经验，才给予了“我”最确实的实在感。从这个核心区域向外推，就是“我”可以潜在触及的区域和不能直接触及但可以通过行动间接影响的区域，它们一起构成了“我”的工作世界，从空间上看，日常世界这个至尊实在就是具有不同“层”的工作世界。“我”通过社会行动与社会关系，形成了“我”的日常生活的实在感。

舒茨对日常生活世界的时间结构的分析则更加充分地揭示了我们的超验感是如何产生的。在“我”可以潜在接触的区域，有一部分是“我”以往接触的，只是“我”现在走开了，暂时不再接触，但“我”可以回过头来在任何时候接触这个区域，世界的很多区域并不会因为“我”的不在场就不存在，生活世界的这种时间结构正是普通人超验感的基础。

日常生活的实在感与超验感是密切联系在一起的，二者体现了生活的两面性，一方面，生活世界是我们生活的、经历的或者说是承受的实在；另一方面，它又是我们借助行动来控制或未能控制的实在。不同的行动者就是在不同的实在秩序中互相沟通、彼此协调的，对错综复杂的社会实在的理解是社会学的关键问题。

四、现象学社会学的发展

在舒茨去世后，很多思想家发展了他的现象学社会学传统，如莫里斯·纳坦森研究了日常生活体验中的个别的、存在的、社会的、匿名化维度之间的紧张；托马斯·卢克曼通过对舒茨手稿的创造性编纂，出版了《生活世界的结构》，应用和发展了舒茨的知识社会学思想，研究了科学与日常生活世界之间的差异，突出了语言、象征符号与社会道德秩序的重要性。

伯格与卢克曼对舒茨的现象学进行了重新的表述，使其与社会学的结合更为紧密。他们认为，是人类在建构社会实在，在实在的社会建构过程中，主观过程可以客观化。这个主观过程是指在一个假设的初始情境下，某个行动开始成为习惯，使得这个行动者与其他行动者注意到该行动具有可重复的有规律的特征，也就是他们可以把这种行动类型化。行动者把彼此的行动类型化，并以对方的模式来修正自己的行为。但是，他们认为只有当这种行动在第三方确信为是实在的情况下，行动才能达到实在状态。在这种过程中，通过沟通产生出了一个相互类型化的制度世界。个体与制度之间的关系是辩证的。他们认为社会是一种人类产品，同时又是一种客观实在，人也是一种社会性产品。从人到社会之间的中介是记忆知识，从社会到人的中介是一种制度性角色。

约翰·奥尼尔把舒茨与梅洛·庞蒂的思想结合起来，关注有生命的、沟通中的身体。最重要的是，根据舒茨的思想，哈罗德·加芬克尔创立了常人方法学，并与萨克斯一起创立了谈话分析。除美国的学者外，在世界范围内也有很多学者对现象学社会学的发展做出了重要贡献。当代西方社会学就是在这种推进中，展开了对现代西方社会学的超越。

思考题

1. 如何理解现象学社会学同解释社会学的联系和区别？
2. 如何理解现象学社会学同现象学的联系与区别？
3. 怎样理解现象学社会学同实用主义经验论的联系与区别？
4. 舒茨在哪些方面深化了韦伯的社会行动理论？
5. 分析主体间性和主客二元对立两种立场的区别与联系。
6. 如何理解和评价舒茨日常生活世界的结构理论及其意义。

推荐阅读书目

1. 瑞泽尔. 布莱克维尔社会理论家指南. 凌琪，刘仲翔，王修晓，等译. 南京：江苏人民出版社，2009：371-392.

2. 华莱士，沃尔夫. 当代社会学理论. 刘少杰，等译. 北京：中国人民大学出版社，2008：234-237.

3. 瑞泽尔. 古典社会学理论. 王建民，译. 北京：世界图书出版公司，2014：421-442.

图书在版编目（CIP）数据

现代西方社会学理论/刘少杰著．-- 北京：中国人民大学出版社，2021.7（2026.3 重印）
新编 21 世纪社会学系列教材
ISBN 978-7-300-29496-4

Ⅰ.①现…　Ⅱ.①刘…　Ⅲ.①社会学-西方国家-高等学校-教材　Ⅳ.①C91

中国版本图书馆 CIP 数据核字（2021）第 111691 号

新编 21 世纪社会学系列教材
现代西方社会学理论
刘少杰　著
Xiandai Xifang Shehuixue Lilun

出版发行	中国人民大学出版社		
社　　址	北京中关村大街 31 号	**邮政编码**	100080
电　　话	010－62511242（总编室）		010－62511770（质管部）
	010－82501766（自营网店）		010－62514148（明德书店）
	010－62511173（销售部）		010－62515275（盗版举报）
网　　址	http://www.crup.com.cn		
经　　销	新华书店		
印　　刷	固安县铭成印刷有限公司		
开　　本	787 mm×1092 mm　1/16	**版　　次**	2021 年 6 月第 1 版
印　　张	15 插页 1	**印　　次**	2026 年 3 月第 3 次印刷
字　　数	312 000	**定　　价**	39.90 元

关联课程教材推荐

书号	书名	作者	定价
978-7-300-28794-2	发展社会学	吴忠民 江立华	49.80 元
978-7-300-28683-9	环境社会学	洪大用	49.80 元
978-7-300-28381-4	应用社会学（第三版）	李 强 郑 路	59.90 元
978-7-300-26268-0	外国社会学史（第三版重排本）	贾春增	65.00 元
978-7-300-26451-6	当代社会学理论	文 军	49.80 元

配套教学资源支持

尊敬的老师：

衷心感谢您选择人大版教材！相关的配套教学资源，请到中国人民大学出版社官网（www. crup. com. cn）下载。部分教学资源需要验证您的教师身份后，才可以下载，请您登录出版社官网后，点右上角“注册”，填写“会员中心”的“我的教师认证”项目，等待后台审核。我们将尽快为您开通下载权限。

如您急需教学资源或教材样书，也可以直接与我们的编辑联系：

龚洪训　　电话：010-62515637　　电子邮箱：6130616@qq. com

专业教师 QQ 群：

195761402（全国社会学教师 QQ 群）

欢迎您登录浏览人大社网站，了解图书信息，共享教学资源

期待您加入专业教师 QQ 群，开展学术讨论，交流教学心得